채권의 바이블, 그리고 ETF

신년기 지음

박영사

추천사

채권 투자에 다루고 있는 책은 많다. 그러나 채권의 기초부터 전략까지, 그리고 그 전략을 적절히 따를 수 있는 투자 수단(상품)까지 망라하는 책은 찾기 어렵다. 채권 전문가인 저자는 본인의 실전 경험을 살려 어려운 내용을 쉽게 풀어내고 있다. 채권 투자 이전에 꼭 일독을 권하는 책이다.

- 오건영(신한 프리미어 패스파인더 단장)

이 책은 "금리-스프레드-경기사이클"이라는 입체적 관점으로 채권 시장을 해부하고, ETF라는 효율적 도구를 통해 개인·기관 투자자가 곧바로 실행할 수 있는 전략을 제시한다. 저자는 '연구와 투자 실무'를 오가며 축적한 통찰을 친절한 수식 해설과 입체적 그래픽으로 구현해 냈다. 이 책이 투자 초심자들에게는 '채권이 주식보다 어려운 자산'이라는 편견을 지워버릴 것이며, 전문가에게도 글로벌 채권·ETF 시장을 총망라한 리서치 바이블로 자리잡을 것으로 기대한다. 국내 투자자에게 채권·ETF 분야의 공백은 더 이상 핑계가 될 수 없다. 이 책은 불확실성의 시대에도 흔들리지 않는 포트폴리오 구축에 강력한 나침반이 되어 줄 것이다.

- 홍기훈(토스인사이트 소장, 홍익대학교 경영대학 재무전공 교수)

프롤로그

"신용 투자는 역사적으로 낮은 수익률을 보였습니다. 하지만 이제 상황이 바뀌었습니다. 하이일드 채권의 수익률은 7%에 달하고, 사모 대출의 수익률은 9%에서 11%에 이릅니다." 하워드 막스(Howard S. Marks)는 말했습니다. "이들은 매우 우수한 절대 수익률을 보이며, 계약에 의한 독립적인 방식으로 획득한 주식 수익률과도 경쟁력이 있습니다."

"Credit investments have historically had low yields. Now the tables have turned. High-yield bonds are at 7% … private credit at 9% to 11%," Marks said. "These are very good absolute returns and competitive with equities earned contractually and independently."

(출처) 모닝스타, "Howard Marks expects a lower return from the S&P 500 over the next decade. Here's what he likes better", 2025. 3. 7., (https://www.morningstar.com/news/marketwatch/20250307198/howard-marks-expects-a-lower-return-from-the-sp-500-over-the-next-decade-heres-what-he-likes-better)

채권에 대한 투자자들의 생각은 '주식보다 수익률이 낮다', '인플레이션에 취약하다' 등 투자상품으로서 주식, 부동산, 그리고 최근에는 가상자산 등 위험자산보다 매력이 떨어지는 상품으로 여겨졌다. 주식과 가상자산이 트럼프 2기 이후 관세, 지정학적 위험 등으로 등락을 거듭하고 있는 가운데, 채권은 이전보다 높은 금리를 바탕으로 조용히 자신만의 '매력'을 쌓아가고 있었다. 2025년 3월 말 기준, 트럼프 대통령의 상호관세 위협으로 글로벌 경기침체의 우려가 높아지고 있는 가운데, 위험자산 가격의 하방 위험이 커지고 있다. 반면 높아진 채권금리를 바탕으로 경기침체 시 금리하락에 따른 가격 상승을 기대할 수 있고 주기적으로 받게 되는 꾸준한 이자수익이 채권투자자들의 주머니를 넉넉하게 채워 놓는다. 따라서 결코 채권을 배제한 투자 포트폴리오는 생각할 수 없다.

투자를 처음 접하는 초보 투자자뿐만 아니라 주식을 오랫동안 투자해온 베테랑도, 채권에 대해서 아는 개념이 있냐고 물어보면, 대부분 "아, 그거 주기적으로 이자를 현금으로 받는 투자상품이잖아요?" 정도의 대답에 그친다. 사실 채권을 완벽히 이해하려면 채권의 주요 개념들을 알아야 하는데 쉬운 듯 어려운 개념들이다. 채권을 오랫동안 투자한 사람들이 주로 언급하는 듀레이션이라는 용어는 일반적으로 만기가 긴 채권일수록 듀레이션이 길지만, '=' 관계는 아니라는 것이다. 그 사이에 콜옵션, 풋옵션, 변동금리, 고정금리 이런 개념들이 듀레이션을 결정하는 중요한 요인이라고 설명하면 그 순간 연필을 놓고 책을 덮을지도 모르겠다. 그리고 자국 통화의 강세를 촉진하기 위해 이자수익도 면세로 정한 브라질 채권을 사서 만기까지 보유하는 전략이 더 편할 수도 있겠다.

그런데 요즘 시대는 두 가지를 고려할 때 반드시 채권을 개인 포트폴리오에 담아야 할 때이다. 첫째 수명이 길어지고 있는 반면, 퇴직을 하는 시기는 여전히 55세에서 60세 사이이므로 퇴직 후 오랜 기간 동안 자산가치를 꾸준히 유지해야 한다. 그런데 변동성이 높은 주식, 가상자산, 그리고 거래유동성이 낮은 부동산 등에 100% 투자한다면 자칫 경기침체가 와서 가격 하락기가 도래할 때 큰 손실을 입을 수 있다. 반면 발행 때 이미 약속한 대로 주기적으로 정해진 이율을 투자자들에게 지급하며, 이미 자신의 생을 알아 만기가 되면 원금을 상환받게 되는 채권을 포트폴리오의 일부를 차지하게 되면, 시장의 변동성을 이겨낼 수 있다. 둘째 세계 경제성장률이 점차 낮아지고 있다. [그림 1]에서와 같이 성장 잠재력이 점차 떨어지고 있다. 이는 인구감소, 1990년대 이후 글로벌 성장동력 요인인 세계화가 끝나, 국가별 분업체제가 종료되고 다시 비효율적인 경쟁적 생산체계로 접어든 것에 기인한다. 즉 위험자산 가격 상승 잠재력이 점차 줄어들고 채권과 같이 확정 수익형 자산이 위험자산의 빈 공간을 채워 넣을 여지가 생긴 것이다.

[그림 1] 글로벌 경제 성장률(1961~2024)

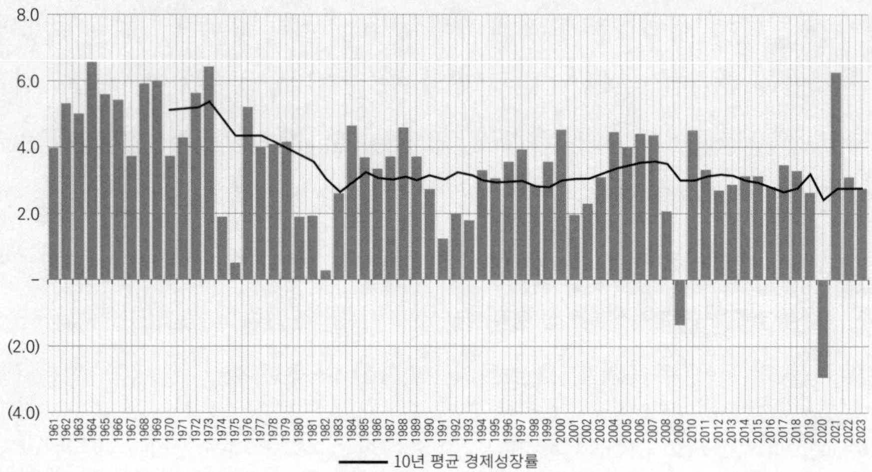

(출처) https://tradingeconomics.com/world/full-year-gdp-growth

단, 해외채권을 직접 투자할 수 있는 방법이 기관투자자에 비해 개인투자자들은 제한되어 있다. 그러나 해외채권형 ETF, 특히 미국 시장에 상장되어 있는 다양한 상품에 접근함으로써 채권 비중을 높일 수 있다. 따라서 이 책에서는 경기사이클에 적합한 다양한 미국 상장 채권형 ETF를 소개하고 독자들이 직접 투자를 할 수 있도록 하는 셰르파[1]의 역할을 하고자 한다.

이 책은 총 4개의 PART로 구성되어 있다. PART 1은 채권의 기본 개념과 함께 주요 전략에 대해 설명한다. PART 2에서는 ETF의 기본 개념 등 이모저모에 대해 개괄한다. PART 3에서는 채권금리에 절대적인 영향을 미치

---

1 네팔의 산악 지대에 거주하는 민족으로 인근 히말라야산맥 등정을 돕는 산악인의 안내자 또는 조력자를 의미한다.

는 요인 중의 하나이자 미국의 중앙은행 격인 연방준비제도의 통화정책 목표, 그리고 물가, 고용, 성장 지표를 살펴본다. 이어 경기사이클 단계와 경기사이클에 맞는 채권전략을 기술하였다. 마지막 PART 4에서는 경기사이클에 맞는 해외채권형 ETF를 소개한다. 유럽에 상장되어 있는 미 10년 만기 기대인플레이션(Breakeven: 10년 국채 명목금리 - 10년 국채 TIPS 금리) 및 미 국채 2~10년 장단기 스티프닝 ETF를 제외하고 미국에 상장되어 있는 ETF들을 소개할 것이다.

어쩌면 세상에 나오지 못할 뻔한 책의 출간에 소매를 걷어붙이고 적극적으로 지원해주신 박영사에 진심으로 감사 말씀을 드린다. 이 책을 읽는 독자들이 실제 채권투자의 매력에 빠져듦과 동시에, 언젠가는 필자 이상의 채권 전문가가 되기를 진심으로 기원한다.

목차

추천사 ······ 3
프롤로그 ······ 4

PART 1 채권투자 기본 개념

01 **금리: 채권의 가격** ······ 16

1 채권의 정의 ······ 16
2 채권가격과 금리 ······ 17
3 금리의 구성요소 ······ 20
4 듀레이션 ······ 26
5 채권전략의 종류 ······ 31

PART 2 ETF의 개요

01 **ETF의 정의와 역사** ······ 52

1 ETF의 정의와 성격 ······ 52
2 ETF의 역사 ······ 56

02 **ETF의 이모저모** ······ 58

1 ETF의 규모 ······ 58

2 ETF의 장점 ··· 63
3 지수의 특징 및 트레킹 에러 ··· 67

PART 3 채권에 영향을 미치는 주요 경제지표

01 **통화정책 목표 및 주요 경제지표 개요** ··· 72

1 연준의 통화정책 목표 ··· 72
2 연준이 주목하는 주요 경제지표 ··· 76

02 **물가지표** ··· 78

1 소비자물가지표: CPI(Consumer Price Index)와 PCE(Personal Consumption Expenditure) ··· 78
2 생산자물가지표: PPI(Producer Price Index) ··· 87

03 **고용지표** ··· 92

1 비농업순고용자수(NFP) 및 실업률 ··· 92
2 JOLTS(Job Openings and Labor Turnover Survey) ··· 102

04 **성장지표** ··· 110

1 ISM(Institute for Supply Management, 공급자관리협회) 제조업, 서비스업 PMI ··· 110
2 GDP(Gross Domestic Product, 국내총생산) 성장률 ··· 117

05 경기사이클과 채권금리 ···126

1 경기사이클 관련 경제지표 ···126
2 실질 GDP로 바라본 경제사이클 역사 ···131
3 경기사이클에 따른 채권전략 ···134

PART 4 미국 채권형 ETF

01 주식의 시대가 가고 채권의 시대가 오다! ···140

02 아생연 전략(내 집부터 지키자!) - 이자수익 초점 전략 ···144

1 단기투자등급 회사채 ETF: VCSH(Vanguard Short-Term Corporate Bond Index Fund ETF Shares) ···145
2 단기하이일드등급 회사채 ETF: SHYG(iShares 0-5 Year High Yield Corporate Bond ETF) ···152
3 커버드콜 국채 ETF: TLTW(iShares 20+ Year Treasury Bond BuyWrite Strategy ETF) ···160
4 MBS(Mortgage Backed Securities) ETF: MBB(iShares MBS ETF) ···168

03 **후살타 전략 1(내 집을 잘 지켰으니 돈 벌러 공격!) - 듀레이션 베팅** ······ 176

1 장기국채 ETF:
TLT(iShares 20+ Year Treasury Bond ETF) ······ 177

2 투자등급 회사채 ETF:
LQD(iShares 20+ Year Treasury Bond ETF) ······ 183

3 하이일드 회사채 ETF:
HYG(iShares iBoxx $ High Yield Corporate Bond ETF) ······ 192

4 크레디트 바벨전략:
국채 + 하이일드(IEF(iShares 7-10 Year Treasury Bond ETF) +
HYGH(iShares Interest Rate Hedged High Yield Bond ETF)) ······ 202

5 역 듀레이션 ETF:
TBT(ProShares UltraShort 20+ Year Treasury) ······ 207

04 **후살타 전략 2 - 스프레드 전략** ······ 213

1 고정금리 회사채 스프레드 전략:
LQDH(iShares Interest Rate Hedged Corporate Bond ETF) ······ 214

2 변동금리 회사채 스프레드 전략:
JAAA(JANUS HENDERSON AAA CLO ETF) ······ 220

3 장단기 커브 전략(스티프닝):
STPU LN(Amundi US Curve steepening 2-10Y UCITS ETF Acc)
······ 229

05 후살타 전략 3 - 인플레이션 헤지 전략 ······ 234

1 실질금리에 베팅하라:
TIP(iShares TIPS Bond ETF) ······ 235

2 기대인플레이션에 베팅하라:
INFU LN(Amundi US Inflation Expectations 10Y UCITS ETF Acc) ······ 243

06 후살타 전략 4 - 하이브리드 전략 ······ 248

1 전환사채 ETF:
CWB(SPDR Bloomberg Convertible Securities ETF) ······ 249

2 이머징로컬 ETF:
EMLC(VanEck J.P. Morgan EM Local Currency Bond ETF) ······ 257

에필로그 ······ 264

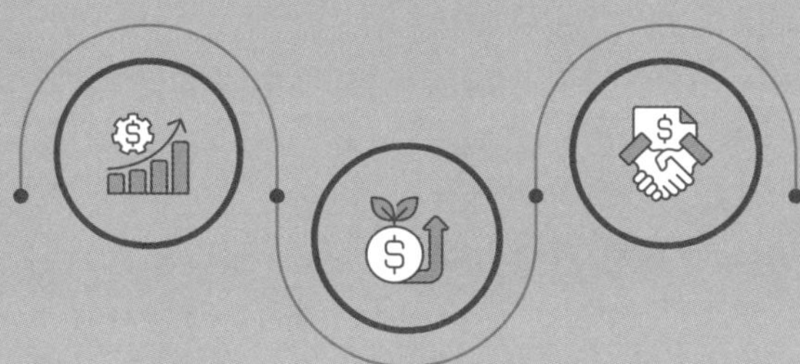

1

채권투자 기본 개념

01 금리: 채권의 가격

01

금리: 채권의 가격

1 채권의 정의

기업이 자금을 조달하기 위한 방법은 '빚으로 조달하느냐', '자본으로 조달하느냐'의 두 가지 방법이 있다. 자본으로 조달한다는 의미는, 기업이 자신의 의결권 또는 이익을 배당할 때 우선권을 기반으로 투자자에게 위 내용이 포함된 주식(투자금액에 비례하는 의결권을 부여하면 보통주, 투자금액에 비례하는 배당우선권을 부여하면 우선주)을 부여하는 대가로 그들에게 자금을 받는 행위이다. 여기에는 언제까지 갚아야 할 만기는 없다. 반면 기업이 투자자에게 빚을 통해 돈을 조달 받을 때, 투자자는 기업에 이렇게 말한다.

> "내가 오늘 꿔 준 200억 원의 돈은 3년 후 오늘 원금을 꼭 갚아야 해. 그리고 매년 나에게 10억 원(5%)씩 내야 해."

빚은 갚아야 할 날짜인 만기, 그리고 빚을 받은 대가로 치뤄야 할 고정비용인 이자로 구성된다. 그리고 은행에 빚을 지게 되는 대출 또는 금융시장에서 직접 빚을 지게 될 때 발행하는 채권의 형태로, 기업은 빚을 조달한다. 채권은 '일정 기간 후 원금상환 및 이자지급 조건이 발행 시 확정되어 있는 차용증서'로 정의한다.

2 채권가격과 금리

> 대박은행 증권운용부에서 해외채권 매니저로 근무하는 나영재 대리는 5% 쿠폰(투자자가 주기적으로 받는 확정 이자수익률을 의미함) 만기 10년짜리 미국 국채를 5%에 1백만 달러 어치를 매입했다. 다음 날 아침 본인이 보유 중인 채권평가표를 보자 나 대리는 얼굴을 찡그린다. 전날 5%였던 국채금리가 5.2%로 급등하여 가격이 하락했기 때문이다.

채권시장에서 금리는 할인율, 요구, 투자, 시장수익률 등으로 불린다. 그리고 기업의 주식은 주당 가격으로 표시되듯이, 채권도 1단위당 가격이라는 것이 존재한다. 그런데 채권가격은 금리의 절대적인 영향을 받는다. 그들의 관계는 어떠한가?

[그림 1-1]과 같이 채권의 금리와 가격은 서로 반비례한다. 이는 언론을 통해 자주 접해온 내용이기 때문에 채권에 대해 잘 모르는 사람이라도 어느 정도는 직관적으로 이해하고 있을 것이다. 왜 이럴까?

[그림 1-1] 채권 금리와 가격의 관계

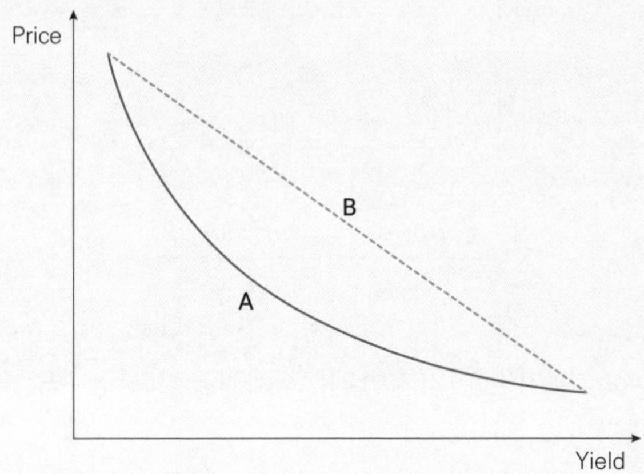

위의 나영재 대리가 국채를 매입했을 당시의 금리, 즉 그가 국채투자를 위해 투자자로서 요구한 수익률은 5%였다. 즉 그가 만기까지 이 채권을 보유할 경우 5%의 수익률이 보장되어 있었다는 것이다. 그런데 다음 날이 되자 그가 매입한 수익률 대비 0.2%(또는 20bp) 상승한 5.2%가 되었다. 나 대리가 하루만 늦게 매입했어도 만기까지 5.2%의 수익률을 얻을 수 있었다는 말이다. 수익률은 [Formula 1-1]로 계산할 수 있다.

[Formula 1-1] 투자수익률 공식

$$\frac{(\text{매도(만기) 시 가격 - 매입 시 가격})}{\text{매입 시 가격}} \times 100$$

채권을 만기까지 보유하면 시장수익률과 관계없이 가격은 100으로 동일하다. 투자수익률을 높이려면 결국 매입 가격이 낮아져야 한다. 즉 하루만에 국채금리가 5%에서 5.2%로 상승하면서, 높아진 수익률을 만족시키기 위해서는 분모인 매입 당시 가격이 내려가야 한다. 즉 금리가 상승하면 채권가격이 하락한다는 관계가 성립한다는 것이다. 이를 일반적인 공식으로 나타내면 다음과 같다.

[Formula 1-2]

$$\sum_{k=1}^{n} \frac{coupon}{(1+y)^k} + \frac{principal}{(1+y)^n}$$

coupon: 매기간 이자지급액, *y*: 채권금리(시장수익률),
n: 채권만기, *principal*: 원금

상품권을 싸게 사는 법

장사가 안 된다는 대한민국 상권의 하소연은 어제 오늘 일이 아니다. 정부는 걸핏하면 특별예산을 편성해서 재정지출을 의회에 승인 요청을 하는 추경 예산을 동원하곤 한다. 각 가계에 지원금을 직접 통장에 꽂아줘서 그 돈으로 시장에 나가서 소비하라는 취지이다. 그런데 실제 돈을 꽂아주면 이것이 실제 소비에 사용되는지, 주식 사는 데 쓰이는지 알 길이 없다. 그래서 지급하는 것이 상품권이다.

상품권을 발행하는 입장에서는 일종의 차입을 하는 셈이다. 상품권을 액면가보다 싼 가격에 소비자가 구입해서 사용처에 물품을 구입하고 그 대가로 상품권을 지급한다. 그리고 사용처는 상품권을 다시 발행자에게 가져가서 액면금액만큼 돈을 달라고 요구한다. 이때 상품권을 구입하는 소비자는 대출자의 역할을 하는 셈이다. 만약 상품권의 쓰임이 다양하다면 (예를 들어, 대형 백화점 상품권과 같이 전국 단위의 백화점, 그리고 관계 가맹점에서 사용이 가능한 경우) 상품권 액면과 비슷한 가격으로 사야만 한다. 반면 도서 상품권, 온누리 상품권 등 사용처가 제한된다면 그 상품권의 가격은 액면보다 상당히 싸다. '비싸다', '싸다'라는 것을 할인율의 크기에 의해 알 수 있다. 상품권을 전문적으로 판매하는 판매소, 백화점, 심지어는 구둣방에서 상품권을 매입할 수 있는데 보통 이렇게 호가를 부른다. '자, xxx백화점 상품권, 5% 할인이요.' 이때 5%는 일종의 이자율인데 이 할인율을 적용해서 원금에서 바로 적용한다는 의미이다(5% 할인은 액면의 95%만큼만 돈을 내면 액면의 100%에 해당하는 상품권을 매입할 수 있다는 말이다).

예를 들면, 10만 원짜리 10% 할인이 적용되는 상품권은 9만 원에 매입할 수 있고, 3% 할인만 적용된다면 97,000원에 매입할 수 있다.

상품권을 채권으로 적용한다면 상품권 가격은 채권가격, 할인율은 시장금리라고 볼 수 있으며, 쉽게 이들 관계는 역의 상관관계, 즉 금리가 높을수록 가격은 저렴해지는 것을 알 수 있다.

3 금리의 구성요소

NEW YORK, June 21 (Reuters) - The spreads between U.S. investment-grade corporate bond yields and U.S. Treasuries have surged to their highest in over three months, in a sign of risk aversion due to political uncertainty in France and as U.S. government bonds rallied.

Spreads indicate the premium investors demand to hold corporate bonds rather than safer government securities. The spread on the ICE BofA U.S. Corporate Index (.MERC0A0), opens new tab, a commonly used benchmark for high-grade debt, rose to 96 basis points this week, its highest since mid-March.

Separately, the Markit CDX North American Investment Grade Index , a basket of credit default swaps that serves as a gauge of credit risk, widened to an intra-day high of over 54 basis points on Friday, its widest since May 1.

The moves followed turmoil in French financial markets where, ahead of France's surprise parliamentary elections, investors sold government bonds because of concerns over a budget crisis in the euro zone's second-biggest economy. (이하 "생략")

뉴욕, 6월 21일 (로이터) - 미국 투자등급 회사채 수익률과 미국 국채 수익률 간 스프레드가 3개월 만에 최고 수준으로 상승했다. 이는 프랑스의 정치적 불확실성과 미국 국채 랠리로 인한 투자자들의 위험 회피 성향을 반영한 것이다.

스프레드는 투자자들이 안전한 정부 채권 대신 회사채를 보유하기 위해 요구하는 프리미엄을 나타낸다. ICE BofA U.S. Corporate Index(.MERC0A0)는 투자등급 부채의 주요 벤치마크로 널리 사용되는데, 이번 주 기준 스프레드는 96bp(1bp = 0.01%)로 상승하며 3월 중순 이후 최고치를 기록했다.

한편, 신용위험을 측정하는 투자등급 신용부도스와프(CDS) 바스켓인 Markit CDX North American Investment Grade Index도 금요일 중반 54bp를 넘어섰으며, 이는 5월 1일 이후 가장 높은 수준이다.

이러한 움직임은 프랑스의 깜짝 총선을 앞두고 유로존 2위 경제대국인 프랑스의 재정위기 우려로 투자자들이 프랑스 국채를 매도하면서 프랑스 금융시장에 혼란이 발생한 후 나타났다.

(출처) Reuters, 'US credit spreads widen on political jitters, Treasuries rally', 2024. 6. 22., (https://www.reuters.com/markets/us-credit-spreads-widen-political-jitters-treasuries-rally-2024-06-21/, 2025. 1. 14. 검색)

위의 기사를 보면 미국 국채수익률은 하락하는데(국채가격은 상승), 회사채 스프레드(또는 크레디트 스프레드)는 확대되고 있다고 한다. 채권을 발행하는 기업 또는 정부의 위험도에 따라 투자자들이 요구하는 프리미엄은 각기 다르다. 예를 들면, 미국 연방정부가 발행하는 미국 국채(US Treasury)와 아르헨티나 정부가 발행하는 동일만기의 국채의 수익률 간 차이는 엄청나다. 차이가 엄청난 만큼 아르헨티나 정부의 부도 가능성이 높으니 투자자들은 그 위험에 상응하는 요구수익률을 높이는 것이다. 따라서 일반적으로 수익률이 하락했다는 의미를 모든 채권 수익률, 또는 시장금리가 하락해서 가격이 상승했다고 생각하면 오산이다. 채권수익률은 [Formula 1-3]과 같이 무위험 수익률(여기서는 미국 국채수익률)과 회사채 스프레드의 합이므로 둘을 쪼개서 분석해야 한다.

[Formula 1-3] 금리 공식 (1)

금리 = 무위험 수익률(미 국채수익률) + 회사채(크레디트) 스프레드

> 한국 경제가 짙은 불확실성에 휩싸였다. 계속되는 일련의 혼란 속에서 우리 경제를 뒷받침하는 국가신용등급이 흔들리고 있다. 계엄 · 탄핵정국이 부른 '설상가상'과 같은 악재가 계속돼 등급이 떨어지면 다시 회복하기 어렵다. 정부는 불확실의 소용돌이 속에서 비상이 걸렸다.
>
> 6일 기획재정부에 따르면 정부는 올해 상반기 역대 최고인 67% 신속 집행 계획을 마련했다. 탄핵 정국이 이어지면서 부작용을 최소화하기 위함과 국가신용등급 하락을 막기 위한 것으로 분석된다. (이하 "생략")

(출처) 데일리안, '정치가 경제 발목 잡을까, 불확실성 지수 '사상최고' ··· 韓신용등급 강등 우려', 2025. 1. 6., (https://www.dailian.co.kr/news/view/1448665/?sc=Naver, 2025. 1. 6. 검색)

회사채 스프레드는 채권을 발행하는 기업의 부도위험을 반영한 프리미엄이라고 했다. 물론 기업마다 고유의 위험은 다르지만, 위험정도를 표준

화한 측정 및 표현방법이 신용등급이다. 달러 표시 채권과 같은 글로벌 채권의 경우, 일반적으로 S&P, Moody's, Fitch 등 3개사가 평가한 신용등급을 기반으로 발행회사 또는 국가의 위험을 추정할 수 있다(3개사 시장점유율이 90%를 넘음). 신용등급은 BBB-를 기준으로 그 위의 등급이면 투자가능등급(Investment Grade 또는 High Quality Grade), 그 미만이면 투기등급 또는 하이일드(Junk 또는 High Yield)라고 부른다. 신용등급별 설명은 [표 1-1]과 같다.

[표 1-1] 국제신용등급 개요

구분	S&P/ FITCH	MOODY'S	등급 설명(S&P Global 기준)
투자 등급	AAA	Aaa	재무적 약속을 이행할 수 있는 능력이 매우 강함
	AA	Aa	재무적 약속을 이행할 수 있는 능력이 매우 강하지만, AAA 등급보다는 약간 낮음
	A	A	재무적 약속을 이행할 수 있는 강한 능력을 보유하고 있지만, 경제 상황이나 환경 변화에 영향을 받을 가능성이 있음
	BBB	Baa	재무적 약속을 이행할 수 있는 적절한 능력을 보유하고 있으나, 불리한 경제 상황에 더 크게 영향을 받을 가능성이 있음
하이 일드	BB	Ba	단기적으로는 취약하지 않지만, 사업, 재무 및 경제적 상황의 지속적인 불확실성으로 인해 더 큰 위험에 직면할 가능성이 있음
	B	B	사업, 재무 및 경제적 조건에 더 취약하지만, 현재로서는 재무적 약속을 이행할 수 있는 능력을 보유하고 있음
	CCC	Caa	현재 취약하며, 사업, 재무 및 경제적 조건이 우호적으로 유지되어야 재무적 약속을 이행할 수 있음
	CC	Ca	매우 취약한 상태이며, 아직 디폴트(채무불이행)가 발생하지 않았지만, 사실상 디폴트가 확실시되는 상황임
	C	C	현재 매우 취약하며, 상환 불이행 가능성이 높고, 높은 등급의 채권보다 회수 가능성이 낮을 것으로 예상됨
	D/RD	-	재무적 약속의 이행에 실패했거나 암묵적 약속을 위반한 상태. 또한 파산 신청이 이루어진 경우에도 사용됨

NEW YORK, Aug 13 (Reuters) - U.S. Treasury yields declined on Tuesday after the release of a tame producer prices report that looked unlikely to divert the Federal Reserve from an easing path, with Wednesday's consumer prices data set to fill out the inflation picture.

The July Producer Price Index increased a less-than-expected 0.1%, after rising 0.2% in June, the Labor Department said, as a rise in the cost of goods was tempered by cheaper services. In the 12 months through July, the PPI increased 2.2%, backing down from a 2.7% rise in June. (이하 "생략")

뉴욕, 8월 13일 (로이터) - 미국 국채 수익률은 화요일, 연준(Federal Reserve)의 완화적 통화정책 기조를 바꿀 가능성이 낮아 보이는 온건한 생산자물가지수(PPI) 보고서 발표 이후 하락했다. 수요일 발표될 소비자물가지수(CPI) 데이터는 인플레이션 상황을 더 구체적으로 보여줄 것으로 보인다.

미 노동부에 따르면, 7월 생산자물가지수는 예상보다 낮은 0.1% 상승했으며, 이는 6월의 0.2% 상승보다 둔화된 수치이다. 이는 상품 가격의 상승이 서비스 비용의 하락으로 상쇄된 결과이다. 7월까지 12개월 동안 PPI는 2.2% 상승했으며, 이는 6월의 2.7% 상승에서 하락한 것이다.

(출처) Reuter, 'Yields fall after benign producer inflation data tees up CPI', 2024. 8. 14., (https://www.reuters.com/markets/rates-bonds/yields-dip-after-producer-prices-report-focus-turns-cpi-2024-08-13/, 2025. 1. 14. 검색)

우리가 금융시장에서 그리고 뉴스에서 관찰하는 금리는 그야말로 눈에 보이는 명목금리이다. 이 명목금리는 인플레이션 차감 전 금리라는 의미로, [Formula 1-4]의 식으로 표현한다.

[Formula 1-4] 금리 공식 (2)

$$\text{명목금리} = \text{실질금리} + \text{인플레이션}$$

한편 실질금리는 실제로 가계에 적용되는 금리수준을 의미한다. 예를 들면, 기업 A가 은행에서 대출할 때 빌리는 이자율이 5%, 인플레이션이 4%라고 가정을 하면, 인플레이션이 0%의 경우와 비교를 하면 인플레이션으로 인한 기업 A의 상품가격이 4%만큼 올라가게 되는 효과로 그만큼의 상품매출 상승을 기대할 수 있다. 즉 기업 A가 은행에 내야 하는 이자비용은 5%가 아니라 1%(= 5% - 4%)라는 의미이다. 만약 인플레이션이 고정되어 있다고 가정하고 실질금리가 상승한다면 실제 차입비용이 늘어나 기업 및 가계 경제에 부담으로 작용할 수 있다.

위의 기사는 시장 기대보다 낮은 생산자물가 상승률로 인해 채권금리가 하락했음을 보여준다. 이를 [Formula 1-4]에 대입을 하면, 인플레이션이 낮아지니 명목금리가 낮아지는 현상으로 이어진 것이다.

2020년 코로나19 팬데믹을 극복하는 과정에서 각국 정부는 엄청난 돈을 시중에 풀면서 인플레이션을 자초했다. 경제가 한때 셧다운이 될 정도로 생산 및 공급에 차질을 빚게되는 과정도 물가상승에 한몫했다. 각국 중앙은행은 기준금리를 인상하고 채권 매입을 중단 및 매각함으로써 시중에 풀린 유동성을 회수하는 데에 온 힘을 기울였다. 어떤 점을 기대한 것일까?

1) 인플레이션 상승으로 명목금리 상승

2) 연준, 기준금리 인상을 통해 명목금리 인위적 상승

3) 2)로 인한 실질금리 상승으로 차입비용 상승, 주식, 채권가격 하락

4) 가처분소득 감소로 소비지출 감소

5) 소비 감소로 시중의 돈이 흡수되는 효과

6) 인플레이션 및 명목금리의 순차적 하락

실제 미국의 중앙은행 격인 연방준비제도(이하 '연준')는 [그림 1-2]와 같이 물가상승에 대응하기 위해 2022년 3월부터 2023년 7월까지 기준금리 인상, 보유 중인 국채 및 모기지 매각 등의 긴축적인 통화정책으로 물가상승을 억제하는 데 성공했다.

[그림 1-2] Core CPI, 기준금리 및 연준 보유 자산 현황(2020. 1.~2025. 1.)

(출처) Bloomberg

4 듀레이션 - 실질만기라고 부르고, 금리 민감도라고 쓴다

> (중략)
>
> 블랙록이 출시한 미국 장기물 국채 상장지수펀드(ETF)인 TLT(아이셰어 20+ Year Tresury Bond ETF)가 인기몰이를 하는 이유도 여기에 있다.
>
> 신규 자금이 밀물을 이루는 가운데 TLT는 최근 1개월 사이 4.66%의 수익률을 냈다. 지난 2020년 7월 171.00달러에 거래됐던 TLT가 추세적인 하락을 연출하며 8월 28일(현지시각) 97.85달러에 거래를 마쳤지만 단기 수익률에서는 뚜렷한 턴어라운드가 확인된다.
>
> 시장 전문가들은 TLT가 만기 20년 이상 장기물 국채에 집중 투자하기 때문에 금리 인하 사이클에 더욱 투자 매력이 크다고 말한다.
>
> 단기물 국채에 비해 수익률 변동폭이 상대적으로 작으면서 듀레이션이 긴 장기물의 특성상 수익률 변동에 대한 가격 민감도는 단기물보다 크기 때문에 기대 수익률이 높다는 설명이다. (이하 "생략")

(출처) 뉴스핌, '[GAM]' 피벗 전에 베팅' 채권 투자 골드러시, TLT에 뭉칫돈 - ②', 2024. 8. 30., (https://www.newspim.com/news/view/20240830000772, 2025. 1. 14. 검색)

채권의 만기는 다양하다. 바로 내일 만기가 도래해서 발행기업이 원금을 투자자들에게 납입한다면 채권투자자들은 돈 떼어 먹힐 가능성이 거의 없으므로 두 다리 쭉 뻗고 잘 수 있다. 반면에 만기가 10년 남은 채권의 경우, 10년 안에 무슨 일이 일어날 지 아무도 모르므로, 발행기업이 원금을 과연 갚을 수 있을지에 대한 물음표가 찍히기 마련일 것이다. 만기가 길어질수록 원금 상환에 대한 불확실성이 커지고 이것이 투자자가 요구하는 수익률, 그리고 가격으로 반영되는 것이다. 불확실성이 커질 수록 요구수익률은 높아지고 수익률이 변할 때마다 채권가격의 변동 정도도 커질 것이다. 주식종목에서 종합주가지수(예: S&P, KOSPI)가 1% 변할 때마다 가격민감도를 나타내는 베타라는 것이 있듯이 채권은 금리 0.01%(또는 1bp) 변동 시 움직이는 채권가격 민감도가 있다. 이것을 실질만기, 또는 듀레이션이라고 한다.

[그림 1-3] 시장금리에 따른 채권가격

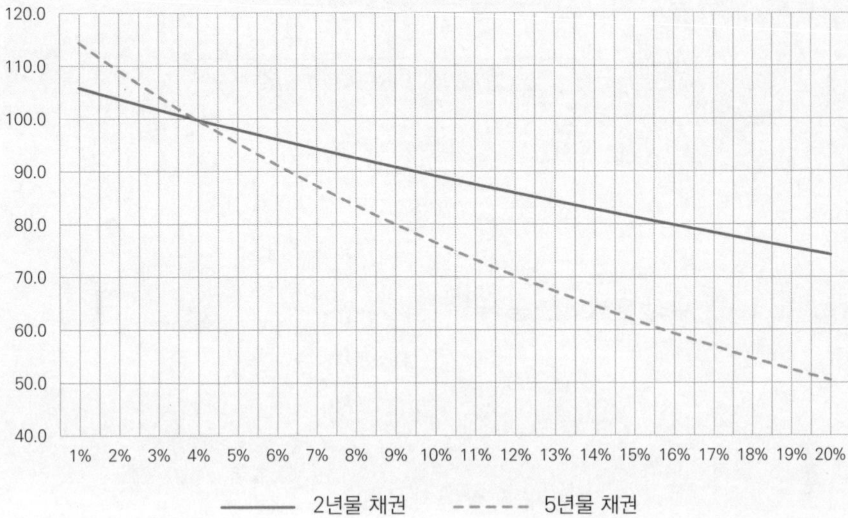

※ 쿠폰: 4%, 원금: 100, 이자지급주기: 반기 조건은 동일

[그림 1-3]은 다른 조건은 동일한 채권만기 2년 및 5년의 금리 변화에 따른 채권가격의 변화를 그래프로 나타낸 것이다. 실질만기가 긴 5년물 채권의 가격 변동이 2년물 대비 크다는 것을 알 수 있다.

듀레이션을 실질만기라고 하므로 [그림 1-3]처럼 2년 만기, 5년 만기처럼 법정만기를 기준으로 듀레이션을 대략적으로 측정할 수 있다. 그런데 만약 채권의 법정만기가 10년이나 매년 마지막 영업일에 발행사가 원금을 갚을 권리(이것을 콜옵션이라고도 함)가 있다면 듀레이션은 얼마일까? 아마 콜옵션을 행사할 가능성을 감안해서 듀레이션을 계산해야 할 것이다. 그러면 듀레이션은 10년에 가까운 수치가 아닌 1년에 가까운 수치로 재계산되어야 할 것이다.

듀레이션 공식은 [Formula 1-5]의 맥컬리 공식 및 이를 이용한 [Formula 1-6]의 수정 듀레이션 공식을 주로 쓴다.

[Formula 1-5] 맥컬리 공식

$$MacD = \frac{\sum_{t=1}^{n} \frac{t \times coupon}{(1+y)^t} + \frac{n \times principal}{(1+y)^n}}{CURRENT\ BOND\ PRICE}$$

t: 매 시기(년, 반기 등), *y*: 기간 이자율,
n: 총 기간 수, *principal*: 만기 시 가격

[Formula 1–6] 수정 듀레이션 공식

$$ModD = \frac{MacD}{(1 + \frac{r}{k})}$$

r: 금리(현재 시장이자율),
k: 이자지급횟수/년(예: 연간 1, 반기 2, 분기 4)

한편 수정듀레이션은 가격 변동 및 금리 변동을 통해서 산출할 수 있다. 이 공식을 통해서 [Formula 1–7]과 같이 채권 가격 변동은 수정듀레이션과 금리 변화(민감도)의 곱셈(마이너스 부호)으로 표현한다. 이 식에 의해 듀레이션은 "실질만기라 부르고 금리 민감도라 쓴다."라고 말할 수 있다.

[Formula 1–7] 채권가격 변동 산출 공식

$$\frac{\Delta P}{P} \approx -ModD \times \Delta r$$

[Formula 1–5] 및 [Formula 1–6]에 의해서 채권의 조건에 따라 듀레이션 크기가 달라질 수 있다. 이는 [표 1–2]로 나타낼 수 있다.

[표 1-2] 조건별 듀레이션 크기 변화

조건	듀레이션의 크기
법정만기가 길수록	크다
쿠폰이 클수록	작다
수익률이 낮을수록	크다
콜옵션이 존재하면	작다
풋옵션(투자자가 상환을 요구할 권리)이 존재하면	작다

DV01은 무엇인가요?

듀레이션의 단위는 '년'이며, 이는 듀레이션이 '실질만기'를 의미한다는 점에서 비롯된 것이다. 그런데 투자자들은 듀레이션을 통해 금리 변동에 따라 자신의 수익이 얼마나 변하는지를 파악하고 싶어한다. 그래서 나온 개념이 DV01(Dollar Value of an 01)이다. DV01이란 금리가 0.01%, 즉 1bp가 변할 때 채권의 손익 변동을 나타낸 개념이다. DV01 공식은 다음과 같다.

$$\text{DV01} = \text{채권투자금액} \times \textit{ModD}(\textit{수정 듀레이션}) \times 0.01\%$$

법정만기가 없는 채권이 있다고 하는데 그것의 듀레이션은 어떻게 계산하나요?

만기가 없는 채권을 '영구채(Perpetual)'라고 한다. 일반적으로 은행(금융지주), 보험사 등 금융기관들이 위험조정 자기자본비율(은행은 BIS(Bank for International Settlements) 비율 8% 이상, 보험사는 RBC(Risk Based Capital) 비율 100% 이상)을 맞추기 위해, 자기자본으로 인정되는 영구채 발행 니즈가 있다.

그리고 투자자들은 만기가 없고 원리금 상환 순위에서 일반채권보다 뒤에 있음에도 불구하고, 부도 가능성이 거의 없는 우량 금융기관이 발행하며, 금리가 일반채권보다 높은 영구채 투자를 늘리고 있다. 최근에는 비금융회사도 부채비율 개선을 위해 영구채 발행을 검토하고 있다.

영구채 발행 역대 최대 … 기관이 쓸어 담았다

국내 기업의 신종자본증권(영구채) 발행액이 올해 사상 최대치를 기록할 것으로 전망된다. 국제회계기준위원회(IASB)가 지난 2월 "영구채는 부채가 아니라 자본"이라는 방침을 재확인하자 부채비율을 올리지 않으면서 유동성을 확보하려는 기업들이 앞다퉈 발행에 나섰다.

수요도 꾸준하다. 웬만한 고금리 상품은 일반 개인 투자자에게 풀지 않고 기관이 모두 독식하고 있다. 하지만 최근 발행되는 영구채는 발행 3~5년 뒤 콜옵션 행사를 통한 상환이 일반적이어서 "실질적으로는 중기 채권이나 다름없다"는 지적도 나온다. (이하 "생략", 한국경제, 2024. 11. 6. 일부 발췌)

법정만기가 없는 '영구히' 존재하는 채권이나, 실제 발행사가 3~5년 후에 해당 채권을 상환할 권리가 있는 콜옵션을 가지고 있어, 위의 기사처럼 실질적으로는 중기 채권이나 다름없다. 콜옵션 행사 여부는 전적으로 발행기업이 가지고 있으나, 만약 첫번 째 도래하는 콜옵션에 맞춰 원리금을 상환하지 않는다면, 투자자들은 회사의 지속가능성에 대해 의문을 가질 것이고 해당 회사의 부도 가능성을 높게 예측할 것이다.

흥국생명이 외화 신종자본증권의 중도상환(콜옵션)을 행사하지 않기로 하면서 글로벌 시장에서 국내 기업의 외화채권 발행이 위축될 것이라는 우려가 나오고 있다.

2일 금융투자업계에 따르면 흥국생명은 이달 9일로 예정된 5억 달러 규모의 외화 신종자본증권에 대해 콜옵션을 행사하지 않기로 했다. 흥국생명은 신종자본증권을 발행해 상환 자금을 조달하려고 했지만, 시장 투자 심리가 위축되면서 차질이 생기자 이처럼 결정한 것으로 알려졌다.

국내 금융기관의 신종자본증권에 대해 콜옵션이 미실시된 것은 2009년 우리은행 후순위채 이후 13년 만으로, 시장에서는 파장에 대해 예의주시하고 있다.

신종자본증권은 콜옵션 조건이 부여돼 있어 조기상환을 미실시했다는 것이 디폴트(부도)의 의미는 아니지만, 시장에서는 암묵적인 관행으로 여겨진다.

우리은행 콜옵션 미행사 사태 때도 한국물 채권 가격이 급락하는 등 시장에 전반적인 타격을 입었다. (이하 "생략", 연합뉴스, '흥국생명 콜옵션 미행사에 시장 우려 … 해외발행 위축 전망(종합)', 2022. 11. 2. 일부 발췌)

따라서 영구채 투자 시 듀레이션 계산은 최초의 콜옵션 기한에 맞춰 계산하는 것이 타당하다.

5 채권전략의 종류

1) 듀레이션 베팅 전략

In light of the progress on inflation and the balance of risks, the Committee decided to lower the target range for the federal funds rate by 1/2 percentage point to 4-3/4 to 5 percent. In considering additional adjustments to the target range for the federal funds rate, the Committee will carefully assess incoming data, the evolving outlook, and the balance of risks. The Committee will continue reducing its holdings of Treasury securities and agency debt and agency mortgage-backed securities. The Committee is strongly committed to supporting maximum employment and returning inflation to its 2 percent objective.

인플레이션 진전 상황과 리스크의 균형을 고려하여, 위원회는 연방기금금리(Federal Funds Rate)의 목표 범위를 0.5%p 인하하여 4.75%에서 5%로 조정하기로 결정했습니다.

위원회는 연방기금금리 목표 범위에 대한 추가 조정 여부를 고려함에 있어, 향후 발표되는 데이터, 경제 전망의 변화, 그리고 리스크의 균형을 신중히 평가할 것입니다.

또한, 위원회는 미국 재무부 증권, 기관 부채 및 기관 주택저당증권(MBS) 보유량을 계속 축소할 것입니다.

위원회는 최대 고용을 지원하고 인플레이션을 2% 목표 수준으로 복귀시키는 데 강하게 전념하고 있습니다.

(출처) FOMC statement(2024. 9. 18.), 일부 발췌

위의 성명문대로 연준은 2024년 9월 18일 기준금리를 0.5%(또는 50bp) 인하하였다. 이는 채권시장에서 채권 매입수요를 늘리는 유인이다. 채권금리 하락은 곧 채권가격의 상승을 의미하기 때문이다. 채권금리가 하락하는 추이를 보일 때 투자자들은 듀레이션이 높은 채권들을 매입해서 금리하락에 따른 가격 상승으로 중도 매각할 경우 자본차익을 얻을 수 있다. 예를 들면,

수정듀레이션 30년짜리 미국 국채가 있다고 가정을 하자. 쿠폰은 5%, 현재 시장금리가 5%라고 하면, 이 채권을 100(시장금리 = 쿠폰 시 채권가격은 원금가치 100과 같다)에 매입했다고 하자. 다음날 인플레이션이 하락할 것임을 확신한 시장 반응으로 해당 미국 국채 시장금리가 4.8%로 전일 대비 0.2%(또는 20bp) 하락하였다. 이때 금리 변동폭에 따른 채권가격 변동률은 [Formula 1-7]에 의해 다음과 같이 계산할 수 있다.

$$\frac{\Delta P}{P} \approx -30 \times (4.8\% - 5.0\%) = 6\%$$

즉 5.0%에서 5.2%로 금리가 상승함으로써 채권가격은 현재가격 대비 6% 상승하였다. 따라서 수정듀레이션 30년이며 쿠폰이 5%인 동 채권의 가격은 현재가 대비 6% 상승한 106(= 100 × (100 + 6)%)이다.

듀레이션 베팅 전략은 채권금리가 확실히 내려갈 것이라고 확신이 들 때, 듀레이션을 높게 해서 예상대로 금리가 하락할 때 수익을 얻는 전략이다. 역사적으로 중앙은행이 기준금리를 인하하는 시기에 금리 하락에 대한 확신으로 듀레이션을 높게 하여 금리민감도를 크게 가져갈 때 이익을 얻는다. 반면 기관투자자는 운용하는 자산 규모가 워낙 커서 듀레이션 베팅 전략을 사용할 때 예상과 반대의 금리 방향성을 가질 때 자칫 회사 명운을 좌우할 수 있는 수준의 손실을 볼 수도 있음을 명심해야 한다. 만약 5조 원의 자금 전부를 듀레이션 30년짜리 채권에 투자하였는데, 0.2%가 상승했다고 가정해보자. 그러면 총 6%(= -30년 × 0.2%)의 손실을 보게 되는데, 손실규모는 약 3,000억 원(= 5조 원 × 6%)이 되는 것이다.

2) 회사채 스프레드 전략

회사채 스프레드는 회사채 수익률에서 무위험 채권 수익률을 차감한 것을 말한다(21쪽의 [Formula 1-3] 참조). 이것은 회사채를 발행하는 기업(또는 국가) 부도 가능성 등 고유의 위험을 의미한다. 그런데 채권금리가 상승한다고 해서 회사채 스프레드가 상승한다는 것은 사실이 아니다. 일반적으로 경기 사이클 호황 국면에는 투자자들은 안전자산인 국채를 팔고 주식 등 위험자산에 투자를 한다. 이 위험자산에 회사채도 포함이 되어 있다. 이 말은 국채금리가 상승하더라도 회사채 스프레드는 축소(수익률 하락과 동일한 의미, 반대의 경우 '확대'라 함)가 된다는 의미이다. 반대로 코로나19 팬데믹이 발생해서 모든 경제활동이 멈췄을 때, 주가나 위험자산은 급락하고 무위험 자산인 미국 국채금리는 하락, 즉 채권가격 상승으로 이어진다. 이때 회사채 스프레드는 확대가 되는 현상을 보인다. 미 국채금리와 회사채 스프레드의 추이를 통해 대체로 반대 방향의 관계를 [그림 1-4]에서 확인할 수 있다.

[그림 1-4] 미 국채금리(10년) 및 회사채 스프레드 추이(2008. 1.~2025. 1.)

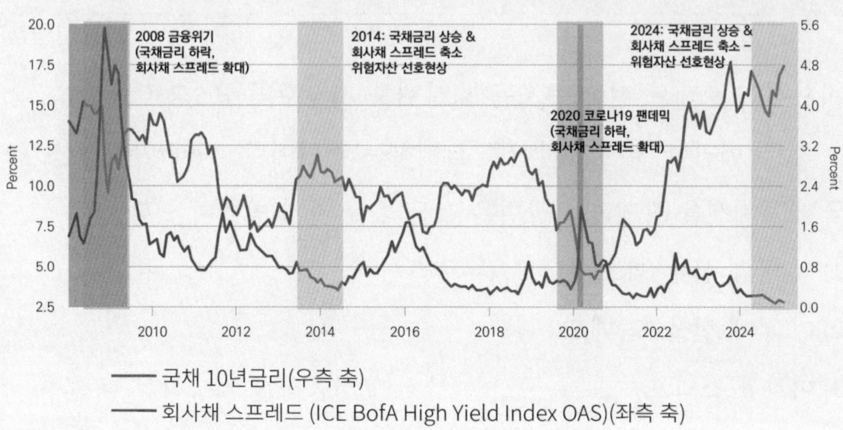

(출처) 세인트루이스 연은

회사채 스프레드는 발행기업의 고유 위험을 의미한다고 했다. 이것은 해당 기업이 증시에 상장되어 있다면 기업의 주가의 흐름과 유사하게 움직인다. [그림 1-5]와 같이 증시와 회사채 스프레드는 양(+)의 상관관계를 지니며 매우 유사한 모양의 추이를 보인다.

[그림 1-5] 주가(S&P 500) 및 회사채 스프레드(하이일드 스프레드) 추이 (2015. 1.~2025. 1.)

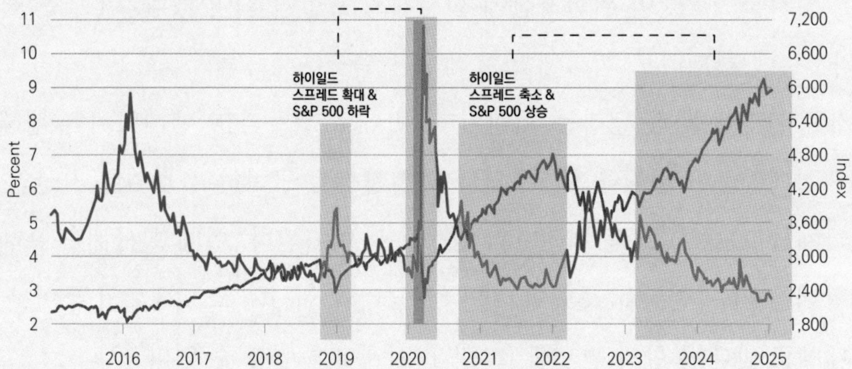

S&P 500(우측 축)
회사채 스프레드(ICE BofA High Yield Index OAS)(좌측 축)

(출처) 세인트루이스 연은

회사채 스프레드 전략 구조는 회사채를 시장수익률(= 국채 수익률 + 회사채 스프레드)에 매입한 후 안전자산을 삭제하는 전략이다. 이때 안전자산, 즉 미국 국채 포지션을 삭제하는 방법은 다음의 세 가지 방법이 있다.

1) 미 국채 선물[1] 매도

2) 미 국채 현물 (공)매도

3) 이자율 스왑 - 보유 중인 회사채 고정금리를 지급하는 대신 이에 상응하는 변동금리 수취

1 선물(Futures)은 품질, 수량, 규격 등이 표준화되어 있는 파생상품을 말한다. 미 국채 선물은 6% 쿠폰의 가상채권을 기초자산으로 한다. 선물 거래로 인한 손익은 시장 종료 직후 청산소(Clearing House)에서 매일 손익을 정산한다.

1)과 2)를 실행한 경우(1)은 파생상품으로서 투자자가 자유롭게 매도 포지션을 정하며 2)는 회사채 매수 당시 보유하고 있는 국채를 매도하거나 제3자에게 빌린 후 매도하는 공매도를 통해 포지션을 정함), 회사채 시장수익률을 구성하고 있었던 국채 수익률이 제거되고 회사채 스프레드만 남게 된다. 3)과 같이 이자율 스와프를 실행할 경우, 투자자가 보유한 회사채 수익률은 변동금리 벤치마크 + 회사채 스프레드로 구성된다. 이때 변동금리 벤치마크는 미 연방정부 신용등급과 동일한 1일 주기의 변동금리인 SOFR(Secured Overnight Financing Rate)를 사용한다. 변동금리 벤치마크는 금리가 상승하면 이에 상응하는 회사채의 이자수익이 늘어나는 효과로 인해 채권가격 하락을 상쇄한다. 따라서 3)을 통하더라도 마치 국채 수익률을 제거하고 오로지 회사채 스프레드의 움직임에 의해 수익이 결정되는 구조를 갖게 된다.

Case) 나영재 대리는 쿠폰 4%인 만기 5년, 수정듀레이션 4.5년인 IT업종 채권을 1천만 달러(액면기준) 매입하려고 한다. 그런데 해당 기업의 성과가 지속적으로 좋을 것으로 예상하는 동시에 경기사이클이 확장국면에 있어 여전히 위험자산에 대한 수요가 높은 상황이다. 동시에 인플레이션 압력도 높아지고 있다. 따라서 그는 이 채권을 시장수익률 4.5%에 매입함과 동시에 만기 5년짜리 미국 국채 선물을 매도함으로서 국채 포지션을 제거하고자 한다. 당시 5년 국채금리는 3%이므로 이 채권의 회사채 스프레드는 1.5%(= 4.5% − 3%)이다.

나 대리 예상대로 시장금리가 상승하여 동 회사채 금리가 4.5%에서 5%로 상승했다. 그런데 국채 5년 금리가 3%에서 4%로 대폭 상승하는 바람에 회사채 금리가 상승한 것이었다. 실제 나대리 보유 채권 스프레드는 1.5%에서 1.0%로 축소되었다. 안도의 한숨을 쉬며 회사채 스프레드 전략으로 얻은 수익률을 계산하니 다음과 같다.

$$-4.5\text{년} \times (1.0\% - 1.5\%) = 2.25\%$$

회사채 전략은 채권금리 자체의 방향성과는 관계없이 발행사의 실적 개선, 기준금리 인하 등 완화적인 통화정책, 경기사이클이 호황세로 접어들어 위험자산 투자수요가 증가할 때 회사채 스프레드가 축소될 것을 기대할 때 주로 사용한다. 안전자산인 미국 국채 포지션을 현, 선물 매도 또는 이자율 스와프를 통해 제거함으로써 듀레이션 노출을 없앴으나, 발행기업 고유위험이 커지거나 경기 불확실성 확대, 지정학적 리스크 등이 발생할 경우, 안전자산 선호현상으로 채권수익률 자체가 하락하더라도 회사채 스프레드만 투자 포지션으로 가지고 있으므로 스프레드 확대로 손실을 볼 수 있다. 그럼에도 불구하고 회사채 스프레드의 변동성은 미국 국채 금리 변동성 대비 일반적으로 작다. 따라서 미국 국채 포지션을 제거하면 금리 변동성을 상당부분 제거할 수 있다. 금리 민감도 노출을 가급적 꺼리는 기관투자자들이 회사채 매매 시에 회사채 스프레드 전략을 기본적인 전략으로 사용한다.

3) 장단기 커브 전략

Beginning in 2022 and continuing into 2023, the Federal Reserve (Fed) raised the short-term federal funds target rate, an overnight lending rate used by banks that influences mortgage rates, credit card borrowing and automobile loans, by more than 5%. The Fed's dramatic rate hikes spurred the inverted yield curve scenario. After holding rates at elevated levels for more than a year, the Fed, between September and December 2024, initiated rate cuts totaling 1%. In response to the Fed's cuts, short-term Treasury yields declined, while long-term rates moved higher.

2022년부터 2023년까지 연방준비제도(Fed)는 은행들이 사용하는 단기 연방기금 목표 금리(기준금리)를 5% 이상 인상했다. 이 금리는 주택담보대출, 신용카드 대출, 자동차 대출 등 다양한 대출 금리에 큰 영향을 미치며, 시장에 큰 변동성을 일으켰다. 연준의 급격한 금리 인상은 역전된 수익률 곡선 현상을 촉발했으며, 이는 장기 금리가 단기 금리보다 낮아지는 현상이다.

> 그러나 2024년 9월부터 12월 사이, 연준은 금리를 다시 조정하기 시작했다. 연준의 금리 인하 조치에 따라 단기 국채 수익률은 하락했지만, 장기 국채 수익률은 상승했다. 이는 금리가 다시 정상화되는 과정으로 볼 수 있다.

(출처) U.S. Bank, 'As the inverted yield curve fades, are recession concerns receding along with it?', 2024. 1. 3., (https://www.usbank.com/investing/financial-perspectives/market-news/treasury-yields-invert-as-investors-weigh-risk-of-recession.html, 2025. 1. 15. 검색)

동일한 발행자의 채권은 만기가 짧을 수록 채권투자자가 원금을 상환받을 확률이 높아지므로 그들이 요구하는 수익률이 낮다. 반면 만기가 길어질수록 원금 상환 가능성이 점점 줄어든다. 2000년대 중반 모바일 시장을 주름잡던 노키아, 블랙베리와 같은 회사가 아이폰 등장과 함께 순식간에 사라지는 모습을 보며, 아무리 우량한 회사가 발행한 채권이라도 회사의 영업실적, 환경에 따라 자칫 원금 조차 못 갚는 현상이 발생할 수 있음을 알 수 있는 것이다. 그 채권의 '생존기간'인 잔존만기가 길수록 투자자들은 보다 높은 수익률을 요구하는 것이다. 따라서 [그림 1-6]과 같이 동일한 발행자의 채권 곡선(Term Structure)은 일반적으로 우상향하는 모습을 보인다.

그런데 경기가 지나치게 과열되어 자칫 거품이 터질 위험이 있고 물가가 급등하여 살림살이가 궁핍해지는 시기에, 중앙은행은 기준금리 인상을 통해 경기과열을 적당히 식히면서 물가를 안정시키는 역할을 하게 된다. 기준금리를 올리기 시작하면 기준금리와 인접한 단기 금리부터 상승한다. 단기금리의 방향성은 중앙은행의 통화정책 방향에 전적으로 의존하기 때문이다. 반면에 장기금리는 당장의 기준금리 인상뿐만 아니라 앞으로 기준금리가 얼마나 언제까지 올라갈 것인가, 경제성장률, 물가상승률 등 여러 요인[1]에 의해

---

1 장기금리에 영향을 미치는 요인: 기준금리 인상기 장기금리 상승이 단기금리의 그것 대비 느린 이유는?
1) 기준금리 인상: 중앙은행이 기준금리를 인상하는 초기 단계에서는 앞으로 계속 인상할

[그림 1-6] 채권 곡선

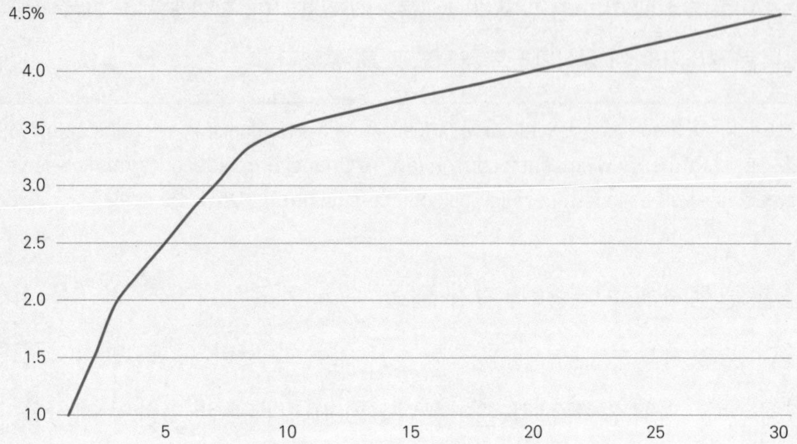

(출처) https://www.investopedia.com/terms/t/termstructure.asp

변하기 때문에 단기금리만큼 빨리 오르지 못한다. 따라서 기준금리를 단기간에 지속적으로 올리는 상황에서는 단기금리가 장기금리보다 높은, '장단기 금리 역전 현상'이 발생한다. 미국 채권시장에서 대표적인 장단기 금리 차인 '10년 국채금리 - 3개월 국채금리' 간 스프레드는 지난 2022년 3월 기준금리 인상

것이라는 기대감으로 장기금리도 상승한다. 그러나 기준금리를 여러 번 인상한 후, '과연 더 올리겠어?'라는 시장 심리로 장기금리 상승 정도는 둔화된다. 예를 들어 10년 만기 국채금리가 4.5%, 기준금리가 4.0%로 가정하고 앞으로 기준금리를 최소 1~2차례 추가 인상할 것으로 예상할 때, 시장에서는 '10년 후 기준금리 예상치가 현재 미국 국채 10년 금리인데, 과연 10년 후까지 기준금리를 계속 올리겠어?'라는 심리로 기준금리 인상에 동조하지 않는다는 의미이다.

2) 경제성장률: 장기금리(미국은 10년 국채금리를 명목성장률의 대용치로 사용하기도 했다)는 경제성장률을 반영하는 지표이기도 하다. 기준금리 인상은 시중의 돈을 빨아들여 기업투자, 소비를 위축시키는 요인이므로 경제성장률은 둔화할 것으로 예상한다. 즉 10년과 같은 장기금리는 정체 또는 하락할 수 있다.

3) 물가상승률: 중앙은행이 금리를 올리는 가장 중요한 이유는 물가를 안정시키기 위함이다. 기준금리를 충분히 올렸다고 판단될 때에 물가상승률은 둔화할 것이고 '명목금리 = 실질금리 + 인플레이션' 공식에 의해 인플레이션 둔화가 명목금리 흐름을 하락으로 전환시키는 요인으로 작용한다.

을 시작한 이래 최근까지 마이너스(-)를 보인 바 있다([그림 1-7] 참조).

[그림 1-7] 미 국채 10년 - 3개월 스프레드((+)가 클수록 10년 금리가 더 크다)

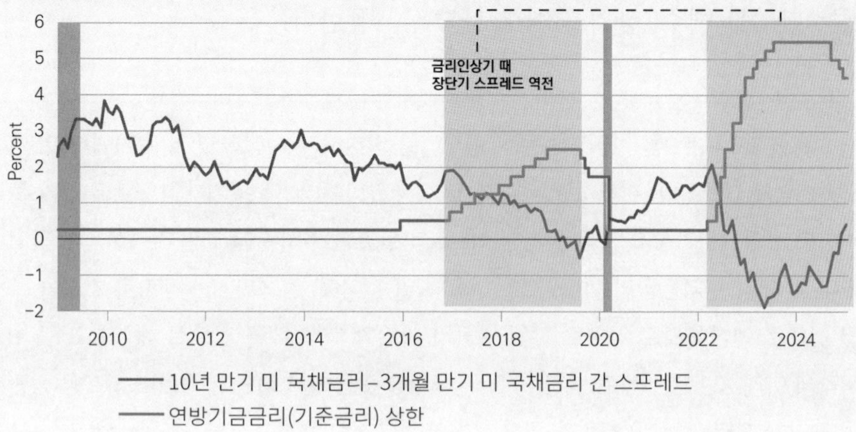

(출처) 세인트루이스 연은

장단기 금리 스프레드가 축소(확대)될 것으로 예상하는 환경은 다음과 같다.

1) 물가 급등(안정)

2) 경기 과열(둔화)

3) 기준금리 인상(인하)

4) 경기침체 우려(경기 활성화 기대)

일반적으로 장단기 커브 전략은 단기금리는 미 국채 2년, 장기금리는 미 국채 10년(또는 30년)을 사용하는데, 축소에 베팅을 하는 경우에는 단기물 매도와 장기물 매수 전략을 사용한다. 이 전략은 오로지 장기금리 - 단기금리 간 차이의 방향을 예측하여 만드는 전략으로, 듀레이션을 0으로 만드는 것을 원칙으로 한다. 반면 물가가 안정되고 경기 과열을 충분히 식혔다고 판단하면 앞으로 중앙은행은 기준금리를 인하할 가능성이 높아진다. 단기금리는 기준금리와 함께 내려갈 가능성이 높은 반면, 장기금리는 완화적인 통화정책, 물가상승압력 등을 감안, 금리 내려가는 속도가 느리거나 도리어 금리가 상승하는 경우가 있으므로 장단기 금리 스프레드 확대 전략을 사용한다. 이때에는 단기물 매수, 장기물 매도 전략을 사용한다.

Case) 2024년 9월부터 연준은 기준금리를 인하하기 시작하였다. 여기에 2025년 1월 트럼프 대통령이 취임하면서 감세 및 규제완화 등에 대한 기대감으로 주가가 들썩이고 있다. 친 가상자산 정책 기대감으로 비트코인을 비롯한 코인 가격이 상승하고 있다. 나대리는 기준금리 인하를 몇 차례 더 할 것이며, 경제가 지속적으로 호황을 누릴 것으로 예상하므로 앞으로 장단기 금리 차이가 더 확대될 것으로 예상하고 있다. 따라서 아래 2년 만기와 10년 만기 미국 국채를 활용해서 장단기 커브 스티프닝(장단기 금리 스프레드 확대) 전략을 세우고자 한다.

나 대리가 계산한 바로는 2년 국채의 듀레이션은 1.9년, 10년 국채의 듀레이션은 9.5년이다. 그가 커브 전략을 배울 때 장단기 커브는 듀레이션을 0으로 만들어야 한다고 배웠기에 다음과 같이 매수, 매도 포지션을 취한다.

2년물 매수: 5천만 달러

10년물 매도: 1천만 달러

1.9년 $\times x =$ 9.5년 $\times$ 1 (10년 국채 1단위 매도 시, 2년 국채 매수 단위 계산 → x: 5단위)

일주일 후 2년 국채금리는 4.3%에서 4.2%로 0.1% 하락했으며, 10년 국채금리는 4.5%에서 4.48%로 0.02% 하락했다. 채권들의 듀레이션은 동일하다고 가정을 한다면, 나 대리의 장단기 커브 스티프닝 전략을 통해 얻은 손익은 다음과 같다.

2년물 매수 포지션 손익 (1): 5천만 달러 × (−1.9년 × (4.3 − 4.2))% = 95,000달러

10년물 매도 포지션 손익 (2): −1천만 달러 × (−9.5년 × (4.48 − 4.5))% = − 19,000달러

(1) + (2) = 76,000달러

나 대리는 장단기 커브 스티프닝 전략으로 총 76,000달러의 이익을 얻게 되었다.

4) 크레디트 바벨전략

미국 국채 등 안전자산 또는 고등급 채권과 같이 채권금리가 낮으면서 듀레이션이 큰 채권을 투자할 경우, 금리가 내려갈 경우 수익을 얻을 수 있지만 금리 변동성이 별로 없거나 상승할 경우 투자 매력을 상실한다. 반면 하이일드 채권과 같이 저등급의 경우 비교적 높은 금리의 이자를 제공하나 경기가 불확실해질 경우 부도 가능성이 커져 손실을 보는 경우가 발생한다. 일반적으로 크레디트 바벨 전략은 안전자산(또는 고등급 채권)과 하이일드 채권 가격 간 음(-)의 상관관계를 이용해서, 시장상황과 관계없이 일정한 수익을 얻기 위한 '타협점'을 찾은 전략이다. 즉 안전자산 선호현상으로 하이일드 채권의 손실을 국채금리 하락에 따른 안전자산 가격 상승으로 상쇄하고, 반면 경기가 호황이어서 위험자산 선호현상이 발생하면 금리 상승으로 국채가격은 하락하나 하이일드의 높은 금리를 통한 이자수익 등으로 안전자산으로부터 나오는 손실을 막는 전략이다. 크레디트 바벨전략 실행 시, 안전자산과 하이일드 등급의 비중, 듀레이션 등은 시장상황에 따라 다르나 필자의 경우 안전자산은 미 국채 10년물, 하이일드는 평균 듀레이션 3~5년(일반적으로 하이일드 등급 채권의 신규물 듀레이션은 약 3~5년 수준임)으로 5 대 5로 구성한다. [그림 1-8]과 같이 미 국채와 하이일드 채권을 5 대 5로 구성한 크레디트 바벨전략 포트폴리오는 안전자산 및 하이일드 채권의 기준가 흐름과 비교할 때 변동성을 낮추면서 안정적인 수익을 얻을 수 있다.

[그림 1-8] 크레디트 바벨전략 기준가 흐름(2015. 1.~2025. 1.)

(출처) S&P Global 자료 재편집

Case) 2025년 1월 트럼프 대통령 취임에 즈음하여 시장 불확실성이 커지고 있다. 그가 감세, 관세를 강하게 주장하며 자칫 물가가 상승할 수 있지만, 관세 정책은 궁극적으로 물가를 올려 소비를 감소시키는 역효과를 낳기 때문에 예상과 달리 안전자산 선호현상으로 선회할 수 있다. 이러한 불확실성 때문에 나대리는 100% 국채 또는 100% 하이일드 채권에 투자하는 것이 부담스럽다. 대신 그는 만기 10년물(듀레이션 9년 가정) 미 국채(이자율 4.0%)와 만기 5년(듀레이션 4년 가정)인 신용등급 BB(S&P 기준) A사 하이일드 채권(쿠폰 7.5%)을 각각 1천만 달러씩 투자하기로 했다. 현재 시장가격은 모두 100이라고 한다.

10년 만기 미국 국채 매입(안전자산) + 5년 만기 A사 하이일드 채권 매입나 대리가 생각하는 시나리오는 두 가지이다. 향후 1년 간 트럼프 대통령의 감세가 경기를 활성화시켜 위험자산 선호현상이 강해진다. 이때 안전자산인 국채 10년 금리는 4.5%에서 5.5%로 1%p 상승하였고, 하이일드 채권 금리는 국채금리 상승에도 불구하고 크레디트 스프레드 하락으로 0.3%p 하락하였다(시나리오 1).

다른 한편으로는 감세의 효과가 별로 없었던 반면, 그의 보편적 관세 20% 및 대중국 관세 60%를 전격적으로 부과하여 전 세계 소비가 둔화하여 경기 둔화 가능성이 커진 시나리오이다. 이 경우 안전자산 선호현상 강세로 미국 10년 금리는 4.5%에서 3.5%로 1%p 하락하고 하이일드 금리는 국채금리 하락에도 불구하고 크레디트 스프레드 확대로 0.3%p 상승하였다(시나리오 2). 듀레이션은 1년간 변하지 않는다고 가정한다.

나 대리가 시나리오별 예상 수익률을 계산해 보니 [표 1-3]과 같다.

[표 1-3] 시나리오별 수익률

구분	시나리오 1			시나리오 2		
	평가손익	이자수익	계	평가손익	이자수익	계
10년 국채	-9.0%	4.0%	-5.0%	9.0%	4.0%	13.0%
하이일드	1.2%	7.5%	+8.7%	-1.2%	7.5%	6.3%
크레디트 바벨	-3.9%	5.8%	1.9%	3.9%	5.8%	9.7%

5) 주가와 연계한 추가수익 전략 – 전환사채 투자 전략

일반적으로 채권상품은 안전자산 선호현상 등 경기가 불확실한, '우울'할 때 빛을 발하는 금융상품이다. 하이일드 등급의 일반채권도 발행할 때 정한 높은 수준의 이자수익 이외에 금리 하락에 따른 추가 수익도, 주식에 비해 제한된다. 이를 보완할 하이브리드형 채권이 있는데, 이것이 전환사채이다. 전환사채는 발행사가 채권형태로 발행하나, 특정한 행사가격에서 채권 보유자가 주식으로 전환할 권리(전환권)가 있는 채권의 종류이다. 예를 들면, 애플의 현재 주가가 230달러/주(2025. 1. 17일 종가 기준)인데, 만기 5년, 쿠폰 0.5%

에 행사가격 300달러/주에 전환권을 부여한 전환사채를 발행하는 경우를 들 수 있다. 일반적으로 발행사 입장에서 전환사채를 발행하는 이유는 투자자에게 전환권을 부여, 주가 상승에 따른 추가수익을 얻을 수 있게 하는 유인을 주는 대신, 쿠폰을 낮춰서 이자비용을 절감하는 효과를 얻기 위함이다. [그림 1-9]와 같이 전환사채는 행사가격보다 주가가 낮을 때 채권가격과 같이 금리의 영향을 받으나, 주가가 행사가격에 근접하기 시작하면서 채권가격이 금리뿐만 아니라 주가에 직접적인 영향을 받게 되며(균형 단계), 행사가격보다 주가가 높을 때는 주가와 같은 가격 흐름(주식 단계)을 보인다.

[그림 1-9] 전환사채 수익구조

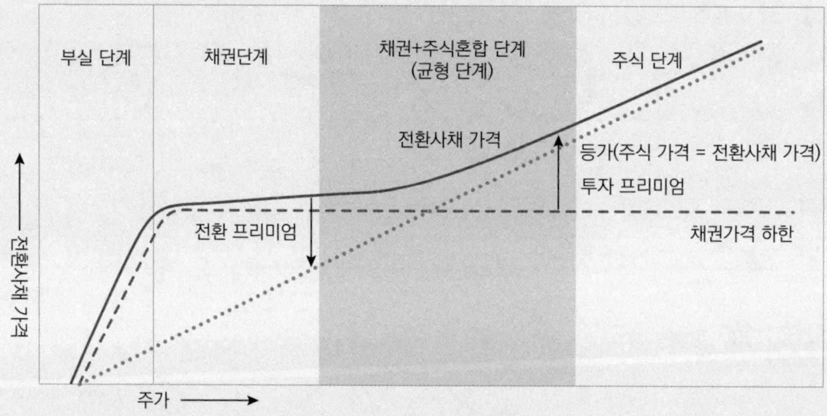

(출처) 신년기, '20년 차 신 부장의 채권투자 이야기', 지음미디어, 103면

전환사채 투자는 경기사이클이 바닥을 찍고 다시 상승하는 초기 국면에서 수익을 극대화할 수 있다. 이때에는 기준금리의 인하로 채권 수익률이 낮아지면서도 돈을 풀면서 금융시장에 유동성이 늘어나면서 위험자산에 대한 수요가 늘어나기 때문이다. 그럼에도 불구하고 작지만 주기적으로 받는 이자수익과 혹시나 기대보다 낮은 주가 상승 때문에 추가 수익 기대가 낮아질

수 있음을 염려할 때 전환사채 투자가 개별종목 주식에 투자하는 것보다 유리하다.

6) 배당수익 증대 전략 – 커버드콜 전략

> "미국 장기채보다 성과 좋다" … 'SOL 미국30년 국채 커버드콜' ETF 눈길
>
> 신한자산운용의 'SOL 미국 30년 국채 커버드콜(합성)' 상장지수펀드(ETF)의 연초 이후 수익률이 미국 장기채 성과를 상회했다.
>
> 22일 신한운용에 따르면 연초 이후 SOL 미국 30년 국채 커버드콜 ETF 수익률은 –0.2%를 기록한 반면, 같은 기간 국내 상장된 미국 장기채 ETF들의 성과는 –7%에서 –13% 수준에 머물고 있다. 신한운용 측은 "최근 연방공개시장위원회(FOMC)를 전후로 연내 금리 인하 폭이 감소될 수 있다는 시장의 우려 등과 함께 금리 변동성으로 미국 장기채 ETF의 수익률도 엇갈리고 있다"고 밝혔다. SOL 미국 30년 국채 커버드콜 ETF는 매월 지급하는 배당금을 통해 손실을 일정 부분 보전할 수 있었음을 고려하면 차이가 더 커진다는 설명이다(이하 "생략", 매일경제, 2024. 3. 22.).

주식, 비트코인 등 위험자산을 투자하는 이유는 바로 업사이드 수익, 즉 가격 상승에 따라 돈을 많이 벌 수 있다는 점 때문이다. 반면 채권투자를 하는 이유는 주기적으로 지급받을 수 있는 이자수익 때문이다. 금리가 상승해서 채권가격이 떨어지더라도 채권은 주식과 달리 생명이 유한하다. 만기가 되면 채권가격은 액면가에 수렴한다. 따라서 채권을 장기적으로 투자하는 사람들은 이자수익을 높이는 것이 유리하다.

장기간 운용해야 하는 퇴직연금을 중심으로 인기를 끌고 있는 전략이 커버드콜 전략이다. 커버드콜의 구조는 [그림 1-10]과 같이 채권을 매수함과 동시에 동일 채권을 살 수 있는 권리, 투자자의 콜옵션을 매도한다. 이때 발생하는 수익은 채권 보유 시 얻는 이자수익에 콜옵션을 팔아서 얻는 프리미

엄을 합친 수익이다(총 배당수익 = 이자수익 + 옵션 프리미엄).

[그림 1-10] 커버드콜 구성과정*

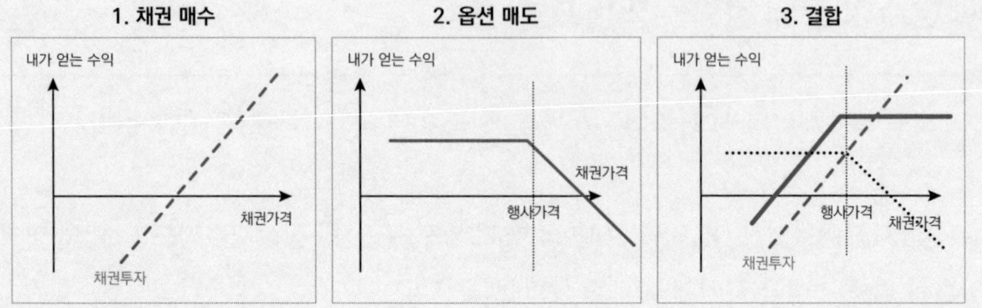

* 행사가격 이하: 옵션 매도 시 프리미엄 + 채권투자 payoff로 채권투자 시 수익 방향처럼 우상향하는 기울기 형성
행사가격 이상: 채권가격 상승에 따른 수익 증가(채권투자)와 수익 감소(옵션 매도)가 상계되어 행사가격 시 수익으로 고정

(출처) 신년기, '부자 아빠는 주식투자만 가르치지 않는다', 지음미디어, 147면

커버드콜 전략은 [그림 1-11]처럼 금리가 장기적인 추세 없이 소위 상한과 하한의 폭이 크지 않은 '박스권'을 형성하여 왔다 갔다 할 때 유리하다. 이러한 금리 환경에서 자칫 듀레이션 베팅 전략을 잘못 사용하면 금리상승에 따른 손실을 감내해야 한다. 만기가 짧은 채권의 경우 일반적으로 불확실성이 작아 수익률이 낮기 때문에 충분한 이자수익을 얻을 수 없다. 이때 장기 국채를 활용해서 커버드콜을 사용할 때 설사 금리상승으로 손실을 시현하더라도 높은 이자수익으로 충분히 상쇄하고도 남는 수익을 얻을 수 있다.

[그림 1-11] 미 국채 30년 금리 추이(2023. 1.~2024. 12.)

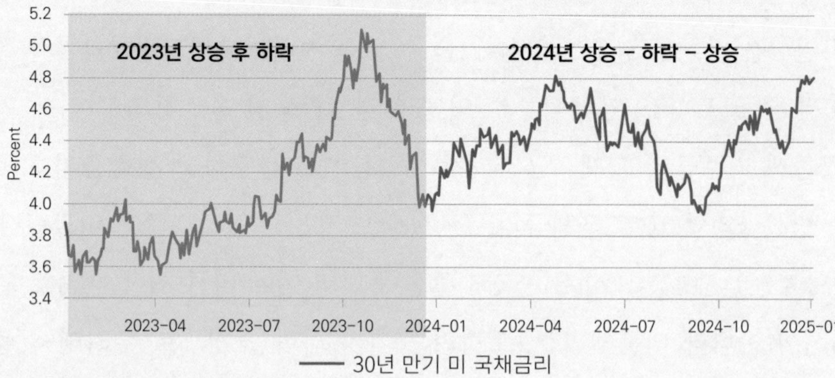

(출처) 세인트루이스 연은

7) 인플레이션(실질금리) 베팅 전략

[Formula 1-4](23쪽 참조)와 같이 금리는 실질금리와 인플레이션으로 합이다. 인플레이션이 상승하면 금리 또한 상승하면서 채권가격은 하락한다. 따라서 인플레이션 상승기에 아무리 이자수익을 얻을 수 있다고 하더라도 채권에 맹목적으로 투자하는 것은 부적절하다. 그러나 식을 [Formula 1-8]로 바꾸면 또 하나의 채권 전략을 만들 수 있다.

[Formula 1-8] 실질금리 공식

실질금리 = 명목금리 - 인플레이션

명목금리가 상승하더라도 인플레이션이 더 많이 상승한다면 실질금리는 하락하게 된다. 인플레이션 연계 채권은 바로 실질금리 변화에 따라 가격이 결정되는 구조를 가지고 있다. 미국의 경우 TIPS(Treasury Inflation Protected Securities)라고 부르는, 인플레이션 연계 국채가 활발히 거래되고 있다. 인플레이션 베팅 전략은 인플레이션이 상승하나 당장의 기준금리 인상을 할 만큼 경기가 과열되지 않은 경우, 또는 경기과열에도 불구하고 기준금리 인상을 미루는 경우 수익을 얻을 수 있는 전략이다. [그림 1-12]와 같이 2020년 초 코로나19 팬데믹으로 인해서 경기활동이 올스톱되고 이에 연준이 급하게 기준금리를 제로금리까지 내렸음에도 불구하고 실질금리(회색 실선)는 명목금리인 10년 국채금리(남색 실선)보다 높은 금리수준에 머물렀다(회색 음영 부분 1) 참조). 그 이유는 경제활동 중단과 이에 따른 침체 우려로 인플레이션이 아니라 디플레이션, 오히려 물가가 하락할 것으로 우려해서 실질금리가 상승한 탓이다. 그리고 2021년 중 인플레이션이 상승해서 시장에서는 연준의 기준금리 인상을 통한 물가안정을 기대했으나, 연준은 코로나19 팬데믹 후유증에 따른 공급망 붕괴에 기인한 것으로 노동력이 다시 유입되면 저절로 해결될 것으로 생각했다. 따라서 기준금리를 2022년 초까지 제로금리를 유지하였는데 이 시기 명목금리와 실질금리 레벨이 역전되어 실질금리는 하락추이를 보이는 반면, 명목금리는 상승압력을 받았다(남색 음영 부분 2) 참조). 이때 인플레이션 채권에 투자했다면 짭짤한 수익을 얻었을 것이다. 2025년 1월 트럼프 2기 정부 출범 직후, 트럼프 대통령이 기준금리를 낮춰야 한다고 다시 주장하고 있다. 경기는 여전히 강한데, 금리를 계속 낮춰라? 그러면 인플레이션 압력이 다시 커질 것이다. 인플레이션 베팅 전략은 2025년 1월 기준, 가장 유망한 전략이다.

[그림 1-12] 국채 10년 및 TIPS 2030년 만기 금리 추이(2020. 2.~2025. 1.)

(출처) 세인트루이스 연은

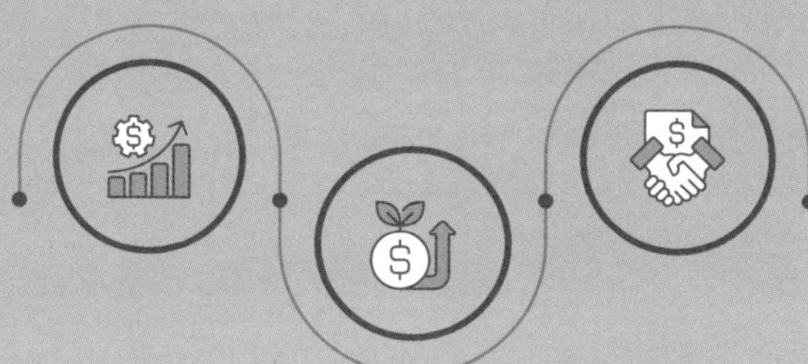

2

ETF의 개요

01 ETF의 정의와 역사
02 ETF의 이모저모

01

ETF의 정의와 역사

1 ETF의 정의와 성격

ETF는 Exchange(거래소에서) Traded(거래가 되는) Fund(펀드)이다. 우리말로 하면 상장지수펀드라고 한다. ETF의 주요 특징은 다음과 같다.

1) 투자자는 펀드 자체를 판매사를 통해 가입 및 환매하는 대신, 동 상품이 상장되어 있는 거래소에서 매매가 가능하다.
2) 지수(예: S&P 500, KOSPI 200)를 추종하는 패시브 형태가 대부분이다.
3) 운용 매니저의 적극적인 판단 대신, 지수를 그대로 복제하여 추종하는 상품이므로 운용보수 등 비용이 싸다.
4) 거래소 마감 후 보유 기초자산 현황을 공개한다.

흔히 우리가 증권사 창구에서 때로는 온라인을 통해 투자하거나 환매하는 펀드는 뮤추얼 펀드이다. 과연 무엇이 다를까?

[표 2-1] ETF와 뮤추얼 펀드 차이

구분	ETF	뮤추얼 펀드
거래방법	거래소 내에서 자유롭게 매매	지정 창구에서 매입 및 환매
환매방법	거래소에서 매도	판매회사 창구에서 환매 신청
폐쇄형/개방형	폐쇄형	개방형
거래가격 결정	매매 시 바로 결정	매입 및 환매 신청 후 약관에 의거, 수일 후에 결정
투자전략	대부분 지수추종형(소극적)	운용역 재량에 의한 운용
비용	비교적 저렴	비싼 편임
기초자산 공개	매일 공개가 원칙*	1~3개월마다 공개

* 단, 액티브 ETF의 경우, 2019년 이후 일간 편입 공개의무를 면제

(출처) 신년기, '20년 차 신 부장의 채권투자 이야기', 지음미디어, 68면

그런데 ETF와 뮤추얼펀드 간 경계가 점점 허물어져가고 있다. 뮤추얼 펀드도 거래비용을 낮추기 위해 거래소에 상장하여 참여자 간 직접 거래를 할 수 있게끔 하며,[1] ETF도 지수 추종 중심에서 운용역 재량에 의해 적극적으로 포트폴리오를 구성하는 소위 액티브 ETF가 증가하고 있다. 수수료는 높아졌지만 추가 수익(알파 수익)을 창출하기 위한 ETF의 진화가 계속되고 있다. 예를 들면, 주식, 채권, 상품(commodity) 등 분명하게 구분되어 있던 ETF 상품들이 그 경계를 허물어 기초자산 간 비중 조절 및 장내, 외 파생상품, 차입을 통해 보다 높은 수익을 추구하고 있다.

1 금융위원회는 2024년 11월 13일, 국내 소재 24개 자산운용사, 3개 증권사 및 6개 수탁기관, 한국거래소 등 34개사를 혁신금융서비스 사업자로 선정하였다. 이들 기관은 공모펀드(뮤추얼펀드)를 거래소에 상장하여 주식이나 ETF처럼 낮은 비용으로 거래할 수 있는 서비스를 제공한다.

About the Ark Innovation ETF

Ark Invest's flagship fund, the Ark Innovation ETF, debuted in 2014. This thematic ETF focuses on companies poised to benefit from technological advancements in areas like cryptocurrency, robotics, artificial intelligence and fintech.

This $5.8 billion fund has experienced volatile returns. It doubled in value in 2020, briefly becoming the largest active ETF on the market while generating significant returns for investors. However, the fund plummeted over the next two years.

Since inception, the fund's annualized performance is much less impressive than its 2020 highs, averaging a 10.1 percent return per year.

Investors have endured significant losses along the way, including a 23 percent loss in 2021 and a 67 percent loss in 2022, due to declining value in holdings like Zoom, Roku and Roblox.

Despite a 68 percent gain in 2023, the Ark Innovation ETF is down about 9.5 percent year-to-date as of Oct. 16, 2024. The fund's concentration in high-risk, high-reward stocks is a key factor contributing to its ongoing volatility.

Despite these risks, Wood remains optimistic about the long-term prospects of her investment targets.

As an actively managed ETF, the Ark Innovation ETF charges higher fees than passively managed index funds, which generally have lower fees because they don't need to pay professionals to pick stocks. For example, ARKK charges an annual expense ratio of 0.75 percent, while many passively managed S&P 500 ETFs, such as the Vanguard S&P 500 Index ETF (VOO), charge expense ratios of 0.03 percent or less. (이하 "생략")

아크 혁신 ETF에 대해

아크 인베스트의 대표 펀드인 아크 혁신 ETF(Ark Innovation ETF)는 2014년에 처음 출시되었다. 이 테마형 ETF는 암호화폐, 로봇공학, 인공지능, 핀테크와 같은 기술 발전으로 혜택을 받을 가능성이 높은 기업들에 초점을 맞추고 있다.

이 펀드는 58억 달러 규모로, 극심한 수익률 변동성을 경험해 왔다. 2020년에는 가치가 두 배로 뛰어오르며 시장에서 가장 큰 액티브 ETF로 잠시 자리 잡았고, 투자자들에게 큰 수익을 안겨주었다. 하지만 이후 2년 동안 펀드는 급락을 겪었다.

출시 이후 펀드의 연평균 수익률은 2020년 최고점에 비해 크게 떨어져, 연평균 10.1%의 수익률을 기록하고 있다.

투자자들은 이 과정에서 상당한 손실을 견뎌야 했다. 대표적으로, 2021년에는 23% 손실을, 2022년에는 줌(Zoom), 로쿠(Roku), 로블록스(Roblox)와 같은 보유 자산 가치 하락으로 인해 67%의 손실을 기록했다.

2023년에는 68%의 수익률을 기록했음에도 불구하고, 2024년 10월 16일 기준 연초 대비 약 9.5% 하락한 상태다. 펀드가 높은 위험과 높은 보상을 동반하는 주식에 집중 투자하는 전략을 택하고 있다는 점이 이러한 변동성의 주요 원인으로 꼽히고 있다.

이러한 리스크에도 불구하고, 캐시 우드는 그녀의 투자 대상들이 장기적으로 유망할 것이라는 낙관적인 입장을 유지하고 있다.

한편, 아크 혁신 ETF는 적극적으로 운용되는 ETF로, 소극적으로 운용되는 지수 펀드에 비해 높은 수수료를 부과하고 있다. 소극적으로 운용되는 펀드는 운용역이 주식을 선택할 필요가 없기 때문에 일반적으로 낮은 수수료를 유지한다. ARKK는 연간 0.75%의 비용을 부과하지만, 뱅가드 S&P 500 지수 ETF(VOO)와 같은 소극적으로 운용하는 S&P 500 ETF는 0.03% 이하의 비용을 부과하고 있다.

(출처) Bankrate, 'Who is Cathie Wood? The controversial figure behind Ark Invest', 2024. 10. 21., (https://www.bankrate.com/investing/cathie-wood/, 2025. 1. 16. 검색)

2 ETF의 역사

원래 금융상품의 꽃은 개별 주식이었다. 가호지세의 기세로 가격 상승 중인 주식에 올라타는 모멘텀 전략, 주가와 기업의 내재가치를 비교하여 주가가 내재가치 이하일 때 매수하는 가치투자 전략 등 다양한 전략 등으로 집중적으로 투자하는 것이 유행이었다. 그런데 개별주식에 '몰빵'하는 투자는 1929년 대공황, 2008년 금융위기 등 위기가 와서 급락을 할 때 상당한 손실을 보게 된다. 그래서 1950년대 해리 마코위츠라는 유명 경제학자가 20대 때 쓴 논문인 Portfolio Selection에서 언급한 다음의 유명한 포트폴리오 이론이 나온다.

"한 바구니에 모든 달걀을 담지 마라."

장기적으로 S&P 500 같은 시장을 이기기 어렵다고 판단한 투자자들은, '시장'에 투자할 수 있는 상품을 개발하는 데 힘썼다. 상장되어 있는 종목들을 포함한 각종 지수들을 투자한다는 의미는 '시장'에 투자한다는 의미와 같다. '시장'에 투자한다는 것은 마코위츠의 철학처럼 한 바구니에 모든 달걀을 담는 것이 아니라 적절하게 분산하여 투자함을 의미한다. 마코위츠의 이론을 버턴 말킬(Burton Malkiel)이 1973년 쓴 『A Random Walk Down Wall Street』(한국어판 제목 『랜덤워크 투자수업』)에서 대부분의 투자자들은 시장을 이기려고 노력하기보다는 저비용의 분산된 포트폴리오에 투자하여 광범위한 시장 지수를 추적하는 것이 더 나을 것이라는 점을 과거 데이터를 통해 입증했다.

이러한 지수 추종형 상품에 대한 열망으로 1976년, 인덱스 펀드의 아버지라고 불리우는 존 보글 뱅가드그룹 회장의 주도 하에 최초의 인덱스 추종형 투자신탁(뮤추얼펀드)이 출시되었다. 뮤추얼 펀드는 앞서 ETF와 비교할 때 설명했듯이, 거래소에 상장을 해서 매매하는 개념이 아닌, 투자자가 자신의 재량으로 동 펀드를 판매하는 회사에 가입과 환매를 하는 과정을 거친다. 최초의 ETF는 스테이트스트리트(State Street)의 ETF 브랜드인 Spider 이름으로 1993년 1월 22일 S&P 500을 기초로 한 SPDR S&P Depository Receipt ETF가 미국증권거래소에 상장한 것이 시초이다. 한편 최초의 채권형 ETF는 2002년 블랙록(BlackRock)의 ETF 브랜드인 iShares(출시 당시에는 바클레이스의 관계회사였음)가 미국 국채를 기초자산으로 한 상품이었다. [표 2-2]는 기초자산별 최초 ETF 상품 출시 현황을 정리한 것이다.

[표 2-2] 기초자산별 ETF History(미국)

연도(년)	기초자산
1993	주식(S&P 500)
1998	주식(섹터특화형)
2002	채권
2004	상품(Commodity)
2008	액티브 ETF
2009	주식변동성(VIX)
2021	가상자산 선물
2024	가상자산 현물

(출처) Investopedia 재편집

02

ETF의 이모저모

1 ETF의 규모

ETF 규모는 [그림 2-1]에서 보듯이 기하급수적인 증가를 보이고 있다. 2024년 3분기 말 기준 전 세계 거래소에서 거래가 되는 ETF 규모는 약 10조달러(1.4경 원) 수준으로 성장했다. 미국에 상장되어 거래가 되는 ETF는 2024년 11월 말 기준 3,544개에 이르며([그림 2-2] 참조), 이 중 주식형 펀드

[그림 2-1] ETF 자산규모 추이(2000. 1분기~2024. 3분기) [단위: 백만 달러]

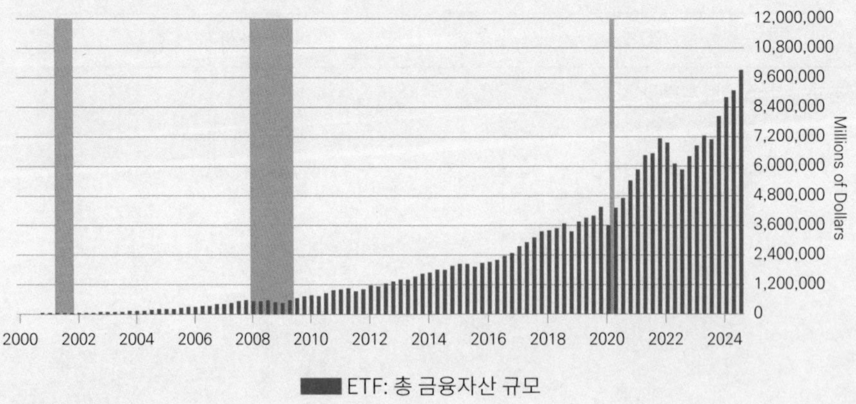

(출처) 세인트루이스 연은

2,579개, 채권형 펀드는 714개 등 두 개의 기초자산을 '기초'로 한 ETF가 전체 ETF 시장 대부분을 차지하고 있다(2025년 1월 기준).

[그림 2-2] 미국 상장 ETF 개수 추이(2020. 10.~2024. 11.)

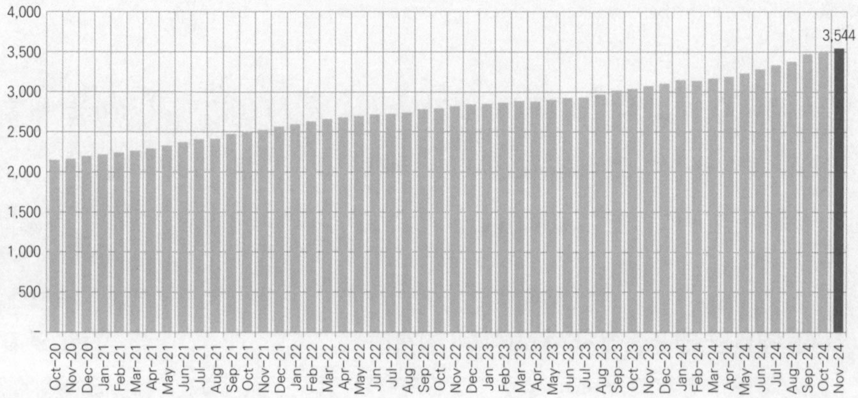

(출처) YCHARTS (https://ycharts.com/indicators/us_number_of_etfs, 2025. 1. 16. 검색) 재편집

운용사별 규모로는 블랙록(ETF 브랜드명은 iShares(아이쉐어즈)임)이 약 3조 1천억 달러(4,400조 원)로 1위이며, 뱅가드, 스테이트스트리트 등이 그 뒤를 잇고 있다. 운용사별 규모 순위는 [표 2-3]과 같다.

[표 2-3] ETF 운용사 규모(상위 10개) [단위: 억 달러]

운용사명	규모	ETF 개수
블랙록	31,430	451
뱅가드	29,765	86
스테이트스트리트	14,845	158
인베스코	6,329	232
찰스슈왑	3,929	32
퍼스트트러스트	1,909	270

제이피 모건	1,836	64
디멘셔널	1,683	41
피델리티	1,105	76
밴에크	844	70

(출처) Stock Analysis (https://stockanalysis.com/etf/provider/, 2025. 1. 17. 검색)

미국 거래소에 상장된 ETF 전체 자산규모 중 채권형이 차지하는 비중은 약 18%인 1조 8천억 달러 수준이며, 전체 규모 순위와 비슷하게 블랙록, 뱅가드, 스테이트스트리트 순이다([표 2-4] 참조).

[표 2-4] 채권형 ETF 운용사 규모(상위 10개) [단위: 억 달러]

운용사명	규모	ETF 개수
블랙록	726,554	134
뱅가드	488,458	27
스테이트스트리트	155,057	54
인베스코	55,438	54
찰스슈왑	51,770	11
제이피 모건	48,776	19
그레이스파트너스	33,526	26
알리안츠	31,322	18
야누스 핸더슨	27,821	8
FMR	21,120	13

(출처) Bloomberg 재편집(2025. 1. 17. 검색)

티커(Ticker)는 무엇인가요?

티커는 주식 또는 ETF(ETF는 기초자산의 종류와 상관없이 주식 취급을 받음)의 고유 이름이다. 일종의 주민등록번호이다. 해외채권형 펀드 중 가장 규모가 큰 'Vanguard Total Bond Market ETF'의 티커는 BND인데 통상 다음과 같이 표기한다.

BND US Equity

여기서 BND가 티커, US는 상장 거래소 소재국, Equity는 상품 종류(주식, ETF)를 의미한다. 우리나라는 미국과는 달리 티커로 6자리 숫자를 사용한다. 예를 들어, 삼성자산운용의 'KODEX 200' ETF는 '069500 KS Equity'로 표기한다. 구글, 야후 파이낸스, ETF.com 등에서 ETF 상품을 검색할 때 티커를 활용하여 주요 정보를 찾을 수 있다.

[그림 2-3] ETF 검색 예 – 야후 파이낸스(finance.yahoo.com)

1) 검색창에서 원하는 티커를 입력한다.

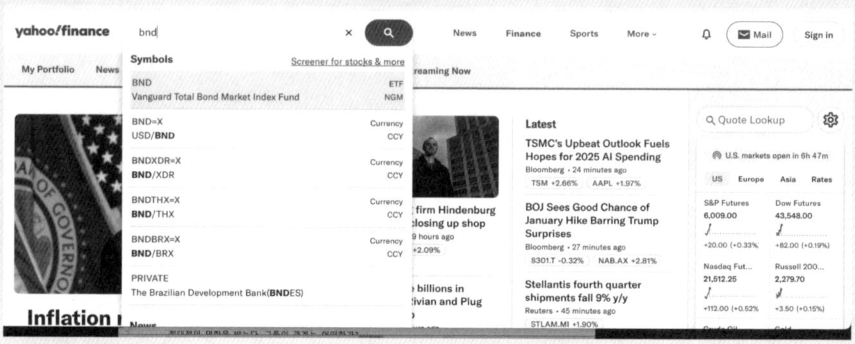

2) 왼쪽 메뉴에서 원하는 정보를 찾을 수 있다.

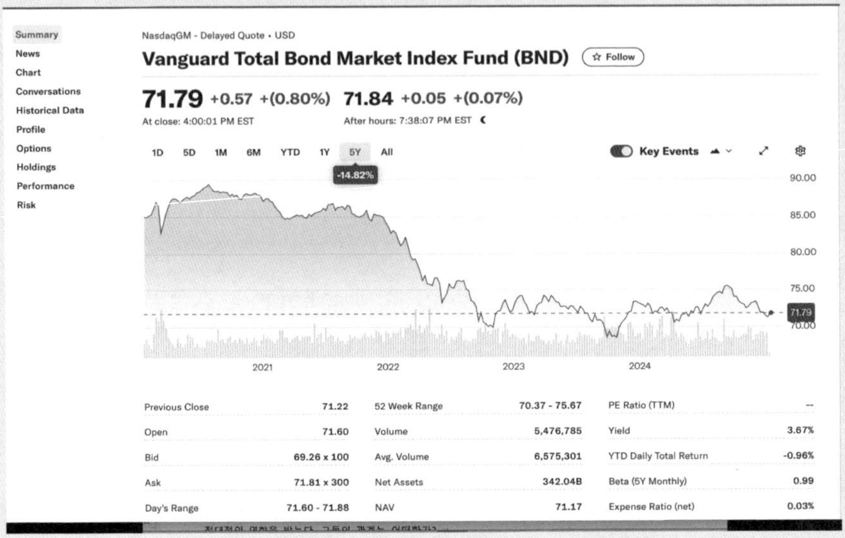

2 ETF의 장점

1) 거래하기 편하다.

안정적인 이자수익에 초점을 맞추고 투자하는 개인들이 모바일을 통해 증권사가 보유하고 있는 채권을 매입할 수 있다. 그러나 채권은 거래소를 통한 장내거래와 거래소 바깥 장외거래(하나의 부동산 매물을 놓고 여러 부동산 중개업자가 각기 다른 가격으로 매수 희망자에게 보여주는 것을 상상하면 됨)에서 동시에 가격 호가가 제시된다. 앞으로 원유 가격이 오를 것으로 예상해서 선물 시장에서 원유 선물을 거래할 수도 있다. 그러나 원유 선물은 만기가 있으므로 주기적으로 롤오버(보유 선물을 매도하고 새로운 선물을 매수하는 행위)를 해야 한다. 만약 롤오버 일정을 잊어버리는 경우 자칫 선물 만기 때 원유 현물을 어디 창고에 보관하느냐를 놓고 고민해야 한다.

그러나 ETF 보유 기초자산이 무엇이든 ETF는 주식과 같은 논리로 거래소에서 거래가 된다. 거래소에서 ETF는 일물일가, 즉 하나의 상품에는 단일가가 적용된다는 것이다. 시장에서 형성되는 가격 이외에 더 매력있는 가격이 있음을 의심할 필요도 없고, 투자자 본인의 부주의(?)로 상품을 어디에 보관할 고민을 할 필요도 없다. 거래소에서 원하는 ETF 티커를 통해서 검색하고 매매하기만 하면 된다.

2) 싸다.

자동차, 가전제품 등 수리를 의뢰한 후 받아보는 청구서의 항목을 보면, 인건비 비중이 가장 높다. 특히 난이도가 높은 수리의 경우에 인건비가 차지하는 비중이 점점 높아진다. 금융상품도 마찬가지이다. 펀드 또는 ETF를 운용하는 매니저의 '개인기'를 바탕으로 수익률을 제고하는 전략이라면 운용사에게 지불하는 운용보수가 높아진다. 2020년 코로나19 팬데믹 극복과정 이후 인기를 끌고 있는 액티브 ETF는 예외이지만, 대부분의 패시브(소극적) ETF는 운용사는 벤치마크로 삼는 지수를 복제하고 이 지수와 최대한 똑같이 만드는 것을 목적으로 할 뿐이다. 이때 운용역의 아이디어나 개인기는 전혀 개입하지 않는다. 앞으로 상승할 것으로 기대가 되는 지수를 찾아서 그것을 복제하는 ETF의 종류를 늘려서 투자자들의 선택권을 넓히면 되는 것이다. 따라서 ETF의 수수료는 매우 저렴하다.

3) 내가 원하는 모든 종목을 살 수 있다.

'커피 한 잔 값으로 내가 애플의 주주가 된다고?' ETF는 지수를 복제하여 만든 상품이라고 했다. 지수 안에는 다양한 종류의 개별종목들이 포함되어 있다. S&P 500은 500개의 개별종목으로 구성되어 있다. 따라서 스테이트스트리트가 출시한 SPY US Equity 같이 S&P 500을 추종하는 ETF의 경우, 투자자가 최소단위로 투자만 해도 500개 종목을 가지고 있는 것이나 다름없다.

ETF 투자를 통해 다양한 종목을 투자할 수 있으므로 투자자는 저절로 분산투자의 장점을 취할 수 있다. 앞으로 일어날 일들에 대해, 나의 예측대로 진행되지 않음을 다 알고 있을 것이다. 포트폴리오 이론에 따르면, 종목 수가 많은 포트폴리오 일수록 종목 고유의 위험(비체계적 위험)을 많이 제거할 수 있으며 결국 시장 위험(체계적 위험)만 존재한다([그림 2-4] 참조).

[그림 2-4] 종목 수에 따른 비체계적 위험 감소

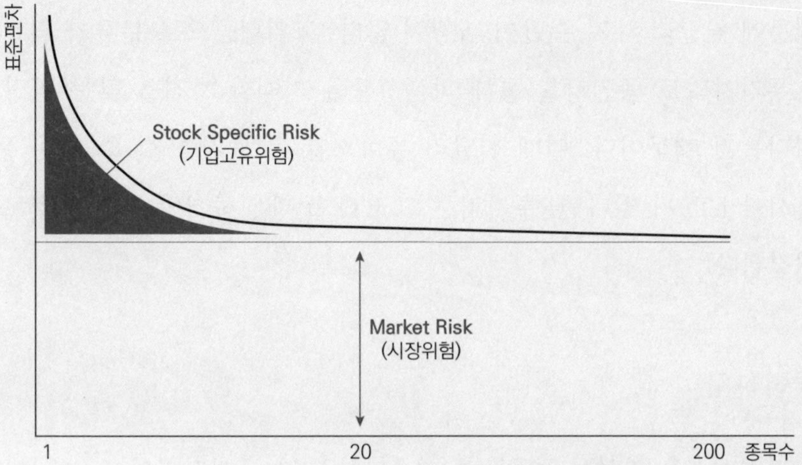

(출처) Investopedia(https://www.investopedia.com/investing/dangers-over-diversifying-your-portfolio/, 2025. 1. 17. 검색)

4) 투자하기 어려운 상품도 쉽게 매매할 수 있다.

주식, 채권 같은 전통자산은 개별종목별 접근이 용이하다. 거래소에서 직접 거래를 하거나 채권을 보유하고 있는 증권사 등 중개인을 통해서 매매가 가능하기 때문이다. 그러나 레버리지(보유 자산을 담보로 원금의 몇 배를 차입해서 투자금액을 늘리는 전략)이나 스왑(은행 등 금융기관과 사전에 약속한 대로 주기적으로 현금을 주고 받는 장외파생상품) 같은 장외파생상품은 기관투자가 조차 제한이 많은 전략이다. 간단한 예로 원달러 환율이 달러당 1,500원 근처까지 간 2024년 12월, GDP 기준 세계 12위인 우리나라의 경제규모 및 체력을 감안하면 원화가치가 과도하게 떨어진 것으로 판단할 수 있다. 이 경우 원화가 앞으로 달러 대비 가치가 상승할 것으로 예상하고 달러표시 금융상품을 투

자 시 원화 매입, 달러 매도라는 원달러 헤지 수단을 통해 달러가치 하락에 대비할 것이다. 그런데 개인투자자의 경우 기관투자자에 비해 투자금이 적기 때문에 원달러 헤지 수단이 마땅치 않다. 고위험군으로 분류가 되는 고액보유 투자자라도 증권사를 통해 파생상품을 거래할 자격을 갖는 과정이 매우 까다롭기 때문이다. 이때 원달러 통화스왑 등 헤지를 할 수 있는 운용사가 출시한 ETF가 있다면, 투자자는 그 ETF를 매입하기만 하면 저절로 문제가 해결된다.

5) 투명하다.

ETF 운용사는 영업시간 종료 후 기초자산 내역, 순자산가치(Net Asset Value), 특이사항 등을 공시해야 한다(액티브 ETF는 예외). 반면 뮤추얼펀드는 국내 기준 매분기 운용보고서를 통해 과거의 운용실적, 보유내역을 체크할 뿐이다. 미국에서는 1억 달러 이상의 총자산(Asset Under Management 또는 AUM)을 운용하는 사모펀드 및 헤지펀드는 3개월마다 13F라는 양식으로 공시하기도 한다. 일별 공시는 운용사 입장에서는 번거로울 수 있겠지만, 상품의 투명성을 제고한다는 점에서 투자자에게 올바른 정보를 제공하는 데에 의의가 있다.

3 지수의 특징 및 트레킹 에러

[그림 2-5]와 같이 대부분의 ETF는 패시브형이 차지하고 있다. 패시브형은 벤치마크인 지수를 추종하는 상품이다. 따라서 지수의 신뢰성이 매우 중요하다. 미 증권거래위원회(SEC)에 따르면 미국에 상장한 ETF 상품의 지수의 조건은 다음과 같다.[1]

[그림 2-5] 패시브/액티브형 ETF 비중

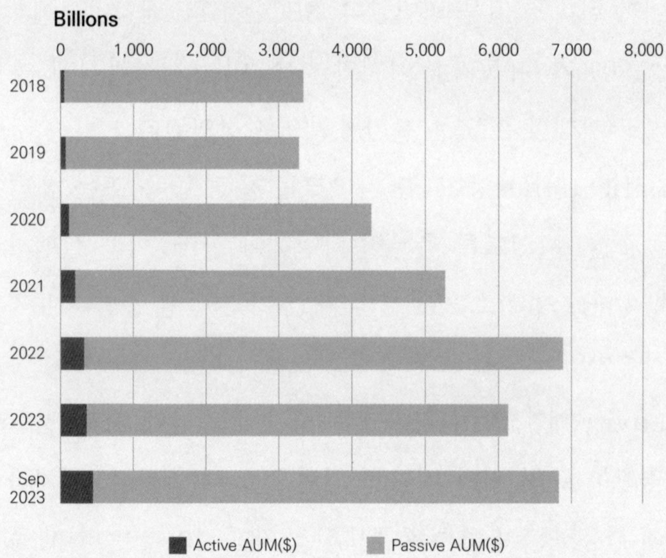

(출처) NASDAQ, FactSet 재인용

1) Public Availability(공용성): ETF가 사용하는 벤치마크는 널리 인정받고 공개적으로 이용할 수 있어야 한다. 이는 벤치마크가 공인된 금융지표 제공자와 같은 독립적인 제3자에 의해 발행되어야 하며 인터

1 신년기, '20년 차 신 부장의 채권투자 이야기', 지음미디어, 87-88면

넷, 신문 또는 금융 출판물과 같은 널리 이용 가능한 채널을 통해 배포되어야 한다는 것을 의미한다.

2) Transparency(투명성): 벤치마크를 구성하는 데 사용되는 방법론은 투명해야 하며 벤치마크의 구성 요소는 대중이 이용할 수 있도록 해야 한다. 여기에는 벤치마크에 포함된 유가증권에 사용되는 선택 기준, 사용되는 가중치 방법론 및 주기적 재조정에 대한 모든 규칙이 포함된다.

3) Liquidity(유동성): 벤치마크에 포함된 유가증권은 유동적이어야 하며, 이는 ETF의 효율적인 거래가 가능하도록 충분한 거래량과 시장 깊이가 있어야 한다는 것을 의미한다. SEC는 ETF 벤치마크에서 유가증권의 최소 90%가 '유동자산'이어야 하며, 이는 시장가격에 큰 영향을 미치지 않고 거래할 수 있는 유가증권으로 정의된다.

4) Diversification(다양화): 벤치마크는 특정 종목 또는 섹터에 집중될 위험을 줄일 수 있도록 충분히 다양해야 한다. 이를 실행하기 위하여 ETF 벤치마크의 최소 25%를 비계열 기업 발행 증권에 투자하고 벤치마크 가중치의 30%를 초과하지 않도록 한다.

5) Objectivity(객관성): 벤치마크는 시간이 지남에 따라 일관되게 적용되는 명확한 규칙 기반 기준을 기반으로 해야 한다. 벤치마크를 구성하는 데 사용하는 방법론은 투명하고 객관적이어야 하며, 증권의 포함 또는 제외에 대한 규칙이 일관되게 적용되어야 한다.

6) Independence(독립성): 벤치마크는 이해충돌이 없는 독립적인 제3자에 의해 생성되고 유지되어야 한다. 벤치마크 제공자가 ETF 스폰서와 독립적이어야 하며, 벤치마크 제공자의 수익이 ETF 후원자 또는 제휴사로부터 크게 파생되지 않아야 한다.

ETF를 잘 만들었는가를 판단하는 기준은 수익률이 아니다. 지수와 얼마나 똑같이 만드느냐가 ETF의 질을 결정한다. S&P 500, KOSPI 200과 같이 주식시장이 상승으로 마감했느냐 여부를 우리는 지수의 움직임을 보고 판단한다. 장기적으로 지수로 대표하는 시장 수익률보다 높은 전략이 별로 없기 때문에, 적지 않은 투자자들은 마음 편하게 시장과 동일한 포트폴리오를 가지고 싶어한다. 그런데 실제 지수에 직접 투자할 수는 없다. ETF는 시장과 거의 같은 수익률을 얻기 위해 만든 금융상품이다. ETF의 수익률이 그것의 벤치마크의 수익률과 얼마나 일치하는지를 판단하는 지표가 트래킹 에러(Tracking Error) 또는 추적 오차이다. [Formula 2-1]과 같이 트래킹 에러는 지수와 ETF 수익률 차이의 표준편차이다.

[Formula 2-1] 트래킹 에러 공식

$$\text{트래킹 에러} = \sqrt{\frac{\sum(\text{지수수익률} - ETF\ \text{수익률} - (ETF\ \text{초과수익률의 평균}))^2}{(\text{관찰 기간} - 1)}}$$

$$ETF\ \text{초과수익률} = ETF\ \text{수익률} - \text{지수수익률}$$

괴리율: 주당 순자산가치(NAV(Net Asset Value))와 시장가 간 차이

NAV는 ETF의 재무제표상 자산에서 갚아야 할 부채(미지급비용 형태로 부기가 되는 운용보수 등)를 차감한 순자산총액을 발행주수로 나눈 값이다. ETF 기초자산은 일별 평가를 통해 자산가치를 공시하는데, NAV는 개별 기초자산 평가값의 합에서 부채를 차감한, ETF의 본질가치라고 생각하면 된다. 이론적으로는 NAV와 시장가가 동일해야 하나 해당 상품의 수급, 향후 시장방향 등 요인들에 의해 시장가가 영향을 받는 바, 일반적으로 NAV와 시장가 간 차이가 발생한다. 이것을 괴리율이라고 한다. 괴리율이 작을 수록 좋은 ETF라고 할 수 있으며, 일시적으로 괴리율이 커질 때 투자 또는 매도의 기회로 삼아야 한다.

3

채권에 영향을 미치는 주요 경제지표

01 통화정책 목표 및 주요 경제지표 개요
02 물가지표
03 고용지표
04 성장지표
05 경기사이클과 채권금리

01

통화정책 목표 및 주요 경제지표 개요

1 연준의 통화정책 목표

채권금리에 영향을 미치는 절대적인 요인은 중앙은행이 앞으로 어떻게 통화정책을 펼쳐나갈 것인가이다. 그중에서도 미국의 중앙은행, 연준의 통화정책이 전 세계 금융 및 경제활동에 절대적인 영향을 미친다. 왜 그럴까?

미국은 2022년 기준 전 세계 경제 규모의 약 1/4을 차지하고 있으며, 무엇보다도 달러라는 기축통화를 이용해서 전 세계 금융, 실물경제에서 환전을 위한, 또는 외환보유 목적으로 한 번쯤은 가지고 있어야 할 수단을 가지고 있다. 연준의 주요 의사결정, 그리고 연준을 구성하고 있는 멤버들의 공개발언들에 주목해야 하는 이유이다. 결국 미국의 금융시장 동향이 다른 나라의 그것, 그리고 실물경제에 순차적으로 영향을 미치는 '독립변수'인 셈이다.

통화정책은 여러 가지가 있지만 가장 영향력 있는 도구로서, 기준금리와 공개시장조작이라는 두 가지 방법이 있다. 기준금리 조절은 단기금리를 연준이 인위적으로 설정 및 향후 경제활동에 어떤 영향을 미칠 것인가의 신호를 금융시장 및 실물경제에 주어, 장기금리에 영향을 미치는 수단이다. 반면 공개시장 조작은 연준이 직접 목표로 하는 만기의 채권(주로 국채와 연방정부

보증 모기지 채권)을 직접 매입 또는 매도하여 금리에 영향을 미친다. 예를 들어, 지난 2020년 코로나19 팬데믹으로 경제활동이 셧다운이 되었을 때, 연준은 기준금리를 제로금리로 내려서 단기자금시장에서 사실상 무이자로(돈을 빌려가는 기관의 신용도에 따라 크레디트 스프레드가 부과되기 때문에 실제 무의자는 아님) 돈을 빌리게끔 환경을 만들고, 앞으로 시장을 살리기 위해 연준이 무엇이든 하겠다는 의지를 보여줌으로써 장기금리도 함께 내리게끔 간접적인 영향을 미친다. 기준금리 인하로는 연준의 의지를 보이는 것이 부족했는지, 연준은 미국 국채와 모기지 채권을 만기 가리지 않고 무제한으로 매입하겠다고 발표했다. 여기에 아예 회사채까지 매입하겠다고 재무부의 협조로 특수목적회사를 설립하여 매입한다. 이에 미국 금융시장을 시작으로 경제가 다시 살아나기 시작하고 전 세계의 금융시장 및 실물경제도 연이어 살아났다.

> Recent indicators suggest that economic activity has continued to expand at a solid pace. Since earlier in the year, labor market conditions have generally eased, and the unemployment rate has moved up but remains low. Inflation has made progress toward the Committee's 2 percent objective but remains somewhat elevated.
>
> The Committee seeks to achieve maximum employment and inflation at the rate of 2 percent over the longer run. The Committee judges that the risks to achieving its employment and inflation goals are roughly in balance. The economic outlook is uncertain, and the Committee is attentive to the risks to both sides of its dual mandate.
>
> In support of its goals, the Committee decided to lower the target range for the federal funds rate by 1/4 percentage point to 4-1/4 to 4-1/2 percent. In considering the extent and timing of additional adjustments to the target range for the federal funds rate, the Committee will carefully assess incoming data, the evolving outlook, and the balance of risks. The Committee will continue

reducing its holdings of Treasury securities and agency debt and agency mortgage-backed securities. The Committee is strongly committed to supporting maximum employment and returning inflation to its 2 percent objective.

In assessing the appropriate stance of monetary policy, the Committee will continue to monitor the implications of incoming information for the economic outlook. The Committee would be prepared to adjust the stance of monetary policy as appropriate if risks emerge that could impede the attainment of the Committee's goals. The Committee's assessments will take into account a wide range of information, including readings on labor market conditions, inflation pressures and inflation expectations, and financial and international developments. (FOMC 성명문, 2024. 12. 18)

최근 경제 활동은 견조한 속도로 계속 확대되고 있습니다. 올 초 이후 노동 시장 여건은 전반적으로 완화되었으며, 실업률은 다소 상승했지만 여전히 낮은 수준을 유지하고 있습니다. 인플레이션은 위원회의 2% 목표를 향해 진전을 보였으나, 여전히 다소 높은 수준을 유지하고 있습니다.

위원회는 장기적으로 최대 고용과 2% 수준의 인플레이션 달성을 목표로 합니다. 현재 고용 및 인플레이션 목표 달성에 대한 위험 요소는 대체로 균형을 이루고 있다고 판단하고 있습니다. 경제 전망은 불확실하며, 위원회는 이러한 이중 책무에 대한 위험 요소를 면밀히 주시하고 있습니다.

이러한 목표를 지원하기 위해 위원회는 연방기금금리 목표 범위를 0.25%포인트 인하하여 4.25~4.50%로 조정하기로 결정했습니다. 향후 목표 범위 조정의 규모와 시기를 결정하는 과정에서 위원회는 경제 지표, 전망 변화, 위험 요소의 균형을 면밀히 평가할 것입니다. 또한, 위원회는 국채, 기관 채무 및 기관 모기지담보증권(MBS) 보유 규모를 지속적으로 축소할 계획입니다. 위원회는 최대 고용을 지속적으로 지원하고 인플레이션을 2% 목표 수준으로 복귀시키기 위해 강력히 노력할 것입니다.

통화 정책의 적절한 기조를 평가하는 과정에서 위원회는 경제 전망에 대한 최신 정보를 지속적으로 모니터링할 것입니다. 만약 위원회의 목표 달성을 저해할 수 있는 위험이 발생할 경우, 이에 따라 정책 기조를 조정할 준비가 되어 있습니다. 이러한 평가에는 노동 시장 여건, 인플레이션 압력과 기대 인플레이션, 금융 및 국제 경제 동향을 포함한 폭넓은 정보가 반영될 것입니다.

그러면 연준은 어떤 정책적인 목표를 가지고 통화정책을 펼치는가? 바로 고용과 물가 안정이다. FOMC 성명문에 빠지지 않고 나오는 문구가 '장기적으로 최대 고용과 2% 수준의 인플레이션 달성을 목표로 한다'이다. 이를 위해 연준은 고용과 물가에 영향을 미치는 요인인 다양한 경제지표를 통해 살펴보고 어떻게 이 두 가지 목표를 달성하기 위한 통화정책을 수립한다. 일반적인 경기흐름과 연준의 개입 경로는 다음과 같다.

1) 경제성장률 증가
2) 기업실적 호조로 고용 확대
3) 고용확대에 따른 개인별 가처분 소득 증가
4) 기업실적 호조로 투자 증가 및 가처분 소득 증가로 소비가 확대
5) 기업투자 및 소비확대로 시중에 풀리는 돈이 증가하면서 물가 상승
6) 지나친 물가 상승이 경제활동에 악영향을 미칠 수 있음
7) 연준이 기준금리 인상 등 긴축적인 통화정책 시행
8) 기업 및 개인의 차입비용 증가 등으로 기업투자 및 소비여력 축소
9) 시중의 돈이 수익률이 높아진 은행 등 금융기관 저축으로 전환
10) 소비감소로 기업 실적 둔화, 이어서 구조조정 등 인건비 지출 감축
11) 소득 감소, 차입 어려움 등으로 경기 침체 가능성 높아짐
12) 연준이 기준금리 인하 등 완화적인 통화정책 시행

2008년 금융위기 이후 연준에게 주어진 또 하나의 목표가 금융시장 안정이다. 연준은 정기적으로 일정 규모 이상의 금융기관에 대해 스트레스테스트(연준이 주는 가상의 경기의 극심한 침체 조건에서 금융기관들이 적정한 유동성을 보유하고 있는지 등을 점검하는 정책)를 실시하며 유사시에 비상대출(Emergency Lending) 등을 실행할 수 있는 권한을 부여받았다.

2 연준이 주목하는 주요 경제지표

결국 전 세계 금융시장, 실물경제에 영향을 미치는 연준의 통화정책에 절대적으로 영향을 미치는 요인은 미국의 경제지표라고 할 수 있다. 따라서 주요 경제지표가 발표될 때, 해당 경제지표의 흐름 및 시장의 예상과 얼마나 괴리가 있느냐에 따라 주가 및 채권금리가 즉각적으로 영향을 받게 된다. 연준이 주목하는 물가, 고용, 그리고 성장[1] 지표는 [표 3-1]과 같다.

[표 3-1] 연준이 주목하는 지표

구분	지표명	발표 주기	지표설명	주목해야 할 세부항목
물가	CPI	월	대표적인 물가지표로 구매대상 물건의 가격 흐름에 초점	핵심(Core) CPI, Supercore CPI
	PCE	월	연준이 목표인플레이션으로 여기는 지표로, 소비자의 행위에 초점	핵심(Core) PCE, Supercore PCE
	PPI	월	생산자물가지표로 소비자물가의 선행지표 역할을 함	핵심(Core) PPI (최종재 기준)
고용	비농업 순고용 (NFP)	월	농업을 제외한 전체 산업별 순고용건수	
	실업률	월	실업자 수/전체 노동가능인구 비율	샴의 법칙
	JOLTS	6주	Job Opening and Labor Turnover Survey의 약어로, 구인, 구직, 해고, 퇴사 등의 정보 등을 포함	채용공고, 실업자 1인당 고용자 수

1 경제성장은 미 의회에서 부여한 연준의 명시적인 책무는 아니나, 3, 6, 9, 12월 FOMC 개최 시 경제성장률 예측치를 발표하며, 실질적으로 성장률을 산출하는 과정에서 고용 및 물가항목들이 반영되므로 이와 관련한 세부항목들을 점검해야 한다.

성장	실질 GDP	분기	물가를 감안한 경제성장률(미국의 경우 전분기 대비 연율화한 성장률) 주목	개인소비(PCE), 기업투자, 정부지출, 순수출, GDI(국내총소득), 디플레이터
	ISM PMI	월	ISM(Institute for Supply Management) 회원 대상 경제전망 관련 서베이 - 50	제조업, 서비스업 지표, 고용(Employment), 생산물가(Price paid)

특히 고용, 성장 및 물가 지표의 경우 최근 3번 및 6번 발표지표의 평균 추이 및 시장 예상 대비 실제 지표 결과를 비교하면서 봐야 한다. 예를 들어, 물가가 3개월, 6개월 평균 추이가 지속적으로 하락하며, 예상보다 실제 지표가 낮게 나오면 채권금리는 급락할 것이다.

02

물가지표

1 소비자물가지표: CPI(Consumer Price Index)와 PCE(Personal Consumption Expenditure)

발표일: CPI는 매월 셋째 주 화요일 또는 수요일, PCE는 매월 마지막 주 목요일 또는 금요일 오전 8시 30분(미국 동부시간 기준)

나 대리는 2025년 1월, 전월 CPI 지표가 예상치보다 상승할 것으로 예상한다. 시장 예상보다 높게 나올 경우, 채권금리가 인플레이션 상승으로 동반 상승(채권금리 = 실질금리 + 인플레이션)할 것으로 예상하고, 물가 상승으로 인해 연준이 기준금리 인하를 종료할 경우 주가도 하락할 것으로 예상한다. 그런데 CPI 발표일인 2025년 1월 15일 한국시각 10시 30분, 핵심 CPI 기준 시장예상 전월 대비 0.3% 상승 예상 대비 0.2% 상승, 전년 대비 3.3% 상승 예상대비 3.2% 상승으로 물가상승이 예상보다 둔화하는 모습을 보이자, [그림 3-1]과 같이 채권금리는 급락하고 주식은 상승하였다. 나 대리는 보유한 채권 평가가격 상승에 흡족해한다.

[그림 3-1] 채권금리 및 주가 일일 추이(2025. 1. 15.)

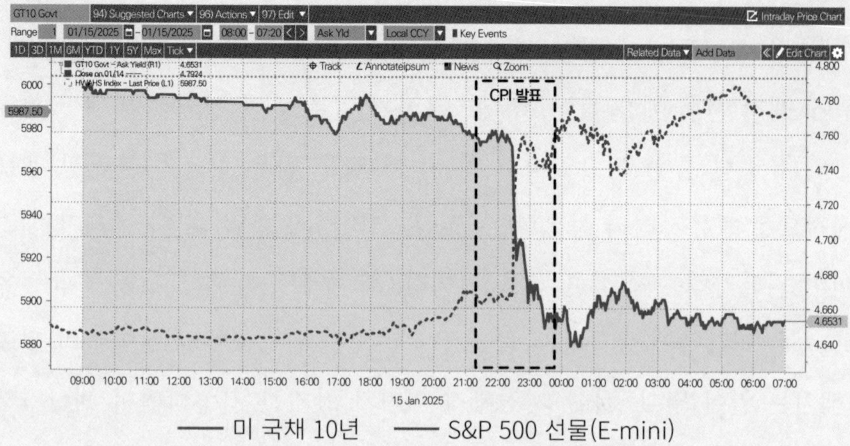

(출처) Bloomberg

연준을 비롯한 대부분의 중앙은행이 물가안정, 최대고용, 그리고 금융안정을 가장 중요한 정책목표로 삼고 있다. 중앙은행의 책무 중 우선순위를 정하자면 물가안정을 달성하는 것이 가장 중요한 책무이다. 그래서 대부분 중앙은행은 물가목표를 설정하는데, 연준의 경우 물가목표를 핵심 PCE 기준 2%를 설정하였다.

먼저 연준이 물가목표를 핵심 PCE를 삼는 이유는 크게 3가지를 들 수 있다. 첫째, 물가를 안정시킬 수 있는 방법이 개인의 소비행동 패턴을 통제하는 것이라는 점 때문이다. CPI는 소비자가 직접 구매한 상품 및 서비스를 대상으로 지표를 산출하는 반면, PCE는 모든 개인소비지출을 대상으로 산출한다. 이를 통해 CPI는 재화(물건)와 용역(서비스) 값 변화를, PCE는 개인의 소비패턴을 파악할 수 있다. 연준이 목표로 하는 물가안정은 개인의 소비 패턴을 조절하기 위함이다. 상품 및 서비스 가격이 상승하더라도 소비자들이 대체로 해당 상품 및 서비스가 마음에 든다면, 의식주를 아껴서라도 아낌없이 지출할 것이기 때문이다. 이때 물가는 더욱 상승하기 마련이다.

둘째, 물가를 목표지표로 삼을 때, 경기사이클과 관계가 적고 변동성이 심한 요소를 뺀 후 측정해야 올바른 물가흐름을 알 수 있다. CPI나 PCE 자체보다는 음식 및 에너지가격 처럼 지정학적 요소, 일시적인 수급 불균형으로 발생하여 변동성이 심한 요소를 뺀 Core(핵심) CPI, Core PCE를 더 중요하게 생각한다. 예를 들어, 수에즈운하가 일주일 간 정비를 위해 일정규모 이상의 유조선 통행을 막았다고 하자. 이 경우 원유 수급의 불안정 때문에 일시적으로 원유가격이 상승할 수 있다. 그러나 일주일 후 이 문제가 해결될 것이며 원유가격은 안정을 찾을 것이다. 그럼에도 불구하고 연준이 원유가격 상승을 민감하게 반응해서 금리를 올려버린다면 그야말로 연준의 신뢰성을 해치는 일이 된다. 물론 지정학적 위기가 장기간 지속되면서 생산가격이 상승하고 이어 소비자 가격이 상승한다면 지속적인 물가상승 요인으로 작용할 것이다. 이 또한 핵심 물가에 반영되어 있다.

셋째, 실시간으로 물가를 반영하지 못하는 주거비 비중이 PCE가 상대적으로 낮은 것도, 연준이 목표 물가지표로 선호하는 이유이다. [표 3-2]와 같이 CPI는 주거비 비중이 높다. 주거비 중 가장 높은 비중을 차지하는 임대료의 경우 일반적으로 연 단위로 계약한다. 따라서 임대료가 빠르게 상승하더라도 적어도 1년 동안은 사전에 계약한 대로 지불하면 되니, 실제 물가에 반영되지 않는다. 반면 PCE는 주거비 비중이 15% 수준에 불과하다. 실제 소비자가 얼마나 지갑을 열고 지출하는지를 파악하는 데에는 핵심 PCE가 유리하다.

[표 3-2] 소비자물가지표 구성 비중 [단위: %]

구분	헤드라인		핵심						
				슈퍼코어					
	음식료	에너지	주거비	헬스	금융	비영리	여가	수송	기타
CPI	15	7	32	9	3	0	6	11	18
PCE	13	4	15	21	8	3	9	9	17

(출처) 모닝스타(https://www.morningstar.com/markets/whats-difference-between-cpi-pce) 재편집

슈퍼코어 CPI는 무엇인가요?

주거비 항목은 물가 반영이 지연된다는 단점이 있다. 따라서 핵심 CPI나 PCE로도 한계가 있다. 따라서 아예 주거비 항목까지 제외한 슈퍼코어(Supercore) 물가지표를 통해 현재시점 반영된 물가가 추세적 상승 또는 하락하고 있는지를 점검해야 한다. 즉 슈퍼코어 CPI는 [그림 3-2] 및 [그림 3-3]과 같이 전월 대비 및 전년 대비 추이 분석을 해야 한다. 이 지표는 파월 현 연준의장이 선호하는 지표로 알려져 있다.

[그림 3-2] 슈퍼코어 CPI(전월 대비)

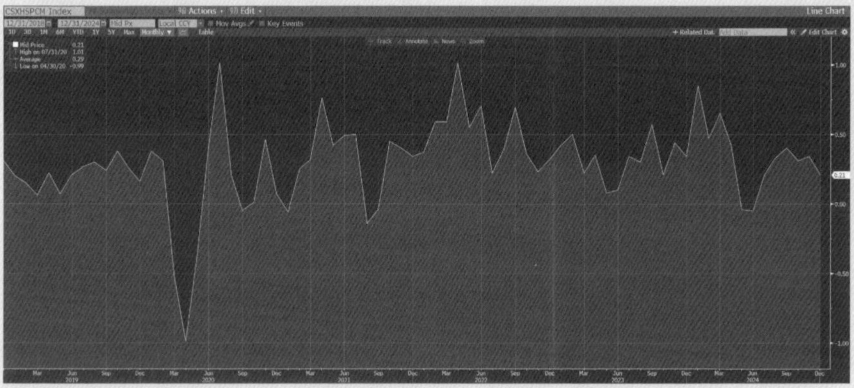

(출처) Bloomberg

[그림 3-3] 슈퍼코어 CPI(전년 대비)

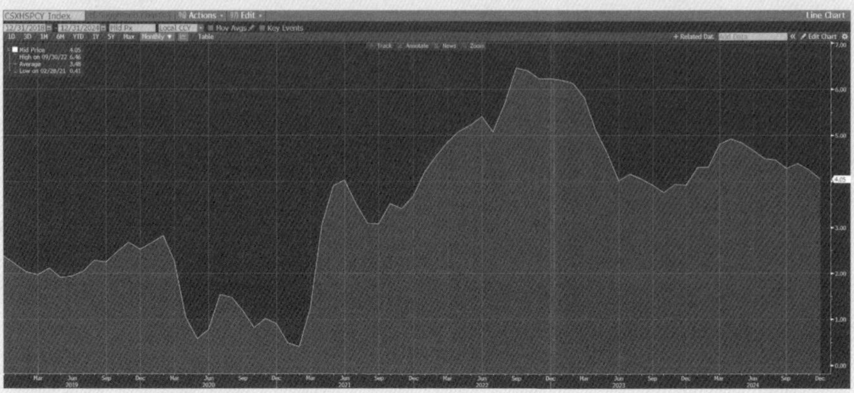

(출처) Bloomberg

그런데 금융시장에서는 PCE보다는 CPI 결과에 의한 반응이 훨씬 크다. 왜 그럴까?

금융시장은 실물경제보다 먼저 움직인다. 왜냐하면 앞으로 실물경제가 어떻게 변할 것이라고 예측을 하기 때문이다. 예를 들어, 물가가 계속 가파르게 오른다면 연준은 기준금리를 올릴 것이다. 이는 일정 수준의 경기둔화를 감수하고서라도 물가를 잡기 위함이다. 금융시장에서는 보다 빨리 발표하는 지표를 통해서 앞으로 통화정책과 경기흐름을 예상하고 먼저 선반영을 하게 되는데, 물가가 예상보다 빠르게 올라가면 앞으로 연준이 기준금리를 올리고, 그렇게 되면 경기가 둔화할 것으로 예상하니 위험자산인 주식가격은 하락하고, 채권금리도 오르게 된다.

발표일 기준으로 CPI가 PCE보다 빨리 발표하고 CPI를 통해 PCE를 미리 예측할 수 있으므로 금융시장에서는 CPI 비중이 더 크다고 하는 것이다.

1) 지표 읽는 법(인베스팅 닷컴)

2024년 11월 PCE 발표(발표일: 2024. 12. 20.) 자료를 토대로 보면, 시장에서 예상하는 수치(전월 대비, 전년 대비) 대비 실제 수치가 얼마나 나올지 본다. 이어서 핵심물가를 중심으로 전년 대비 추이 2020년 코로나19 이후 물가상승을 거쳐 현재 목표치(2%)에 얼마나 접근하고 있는지를 파악한다([그림 3-4] 참조).

[그림 3-4] 핵심 PCE 발표일(2024. 12. 20.) 수치 및 추이(2020. 1.~2024. 12.)

예상치 대비 실제 수치를 비교하면서, 남색 박스를 선택(더블클릭)하면 선택기간(5년) 추이를 볼 수 있다.

Friday, December 20, 2024						
발표 시각 (미 동부시간 기준)	통화	시장 영향도	발표 지표명	실제치	예상치	직전 수치
07:30	USD	★★☆	FOMC Member Daly Speaks			
08:30	USD	★★★	Core PCE Price Index (MoM) (Nov)	**0.1%**	0.2%	0.3%
08:30	USD	★★★	Core PCE Price Index (YoY) (Nov)	**2.8%**	2.9%	2.8%
08:30	USD	★★☆	PCE Price index (YoY) (Nov)	**2.4%**	2.5%	2.3%
08:30	USD	★★☆	PCE price index (MoM) (Nov)	**0.1%**	0.2%	0.2%

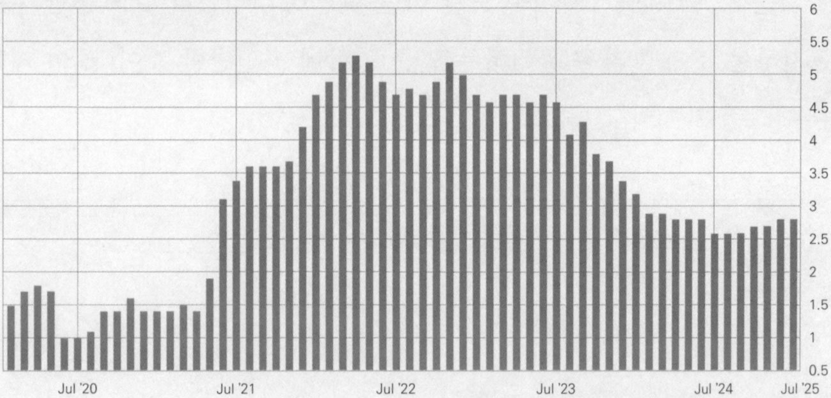

(출처) 인베스팅닷컴(https://www.investing.com/economic-calendar/, 2025. 1. 20. 검색)

2) 보조지표

가. 뉴욕 연은 기대인플레이션

뉴욕연방준비은행에서 일반적으로 CPI 발표일이 포함된 주의 월요일에 발표하는 자료이다. 연준의 물가안정 목표란 장기적으로 목표치를 핵심 PCE 기준으로 2%를 맞추는 것이다. 장기적이라는 의미는 소비자들이 기대하는 인플레이션 수준 역시 계속 2% 수준을 유지함을 의미하는 것이다. 적어도 여기서는 기대인플레이션 안에 핵심물가, 헤드라인물가 구분하지 말자. 왜냐하면 기대인플레이션 자체가 장기적인 의미를 가지고 있으므로 지속적으로 에너지나 음식료값의 변동이 핵심물가품목에도 반영되기 때문으로 이해하면 된다.

기대인플레이션은 실제 수치가 아니라 가계별 서베이이다. 뉴욕 연은에서 'Survey of Consumer Expectation' 설문지를 미 전역을 대표하는 약 1,300여 개 가구를 대상으로 1, 3, 5년 기대인플레이션 예측치를 조사한다. 특히 CPI 수치가 예상치 대비 높게 나오느냐 여부를 보는 수치는 1년 기대인플레이션이며, 3, 5년 기대인플레이션이 상승 추이로 전환할 경우 인플레이션 압력이 지속될 것이라는 의미이다. 참고로 1년 기대인플레이션은 2024년 12월 기준 3.0%로 물가 둔화속도가 더딘 것으로 나타났다. 2% 중반 수준에서 유지하는 것이 물가를 관리하는 연준 입장에서 편안할 것이다. 이 지표의 흐름은 [그림 3-5]와 같다.

[그림 3-5] 뉴욕연은 기대인플레이션 추이(2013. 6.~2025. 1.)

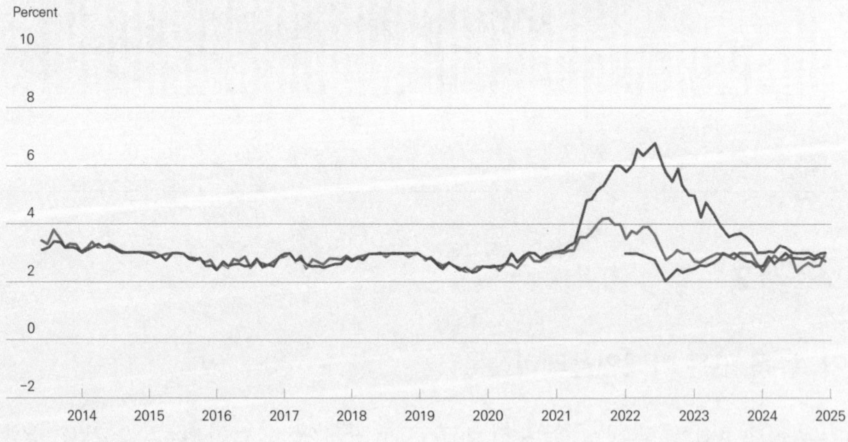

(출처) 뉴욕연방준비은행(https://www.newyorkfed.org/microeconomics/sce#/inflexp-1, 2025. 1. 20. 검색)

나. 클리블랜드 연은 인플레이션 나우캐스팅(Inflation Nowcasting)

정식 물가지표가 나오기까지 약 1개월을 기다려야 한다. 그런데 클리블랜드 연방준비은행에서 '친절하게' 각종 경제지표가 나올 때마다 발표 기준월의 CPI와 PCE 추정치를 보여준다. 이때 사용하는 주요 항목은 일별 유가, 주간 휘발유 가격, 월별 CPI 및 PCE 인플레이션 데이터 등을 활용한다. 과거 발표치와 클리블랜드 연은이 발표하는 수치를 비교할 때 클리블랜드 연은 수치가 다소 높게 반영하는 경향이 있으나, 지역 연은에서 발표하는 공신력 있는 발표자료라는 점에서 공식 발표자료의 선행지수로서의 역할을 한다. [표 3-3]과 같이 이 지표는 발표 기준월 및 차기월 수치를 예측하여 보여준다. 채권형 ETF를 실제 투자하고 있거나 관심있는 투자자들은 홈페이지(https://www.clevelandfed.org/indicators-and-data/inflation-nowcasting)를 참조하면 된다.

[표 3-3] 인플레이션 나우캐스팅 예측치(2025. 1. 20. 검색)

전월 대비 변화

Month	CPI	Core CPI	PCE	Core PCE	Updated
January 2025	0.21	0.27	0.20	0.23	01/17
December 2024			0.32	0.19	01/17

Note: If the cell is blank, it implies that the actual data corresponding to the month for that inflation measure have already been released.

전년 대비 변화

Month	CPI	Core CPI	PCE	Core PCE	Updated
January 2025	2.82	3.13	2:38	2.55	01/17
December 2024			2.61	2.83	01/17

Note: If the cell is blank, it implies that the actual data corresponding to the month for that inflation measure have already been released.

3개월 평균 추이

Quarter	CPI	Core CPI	PCE	Core PCE	Updated
2024:Q4			2.33	2.53	01/17
2025:Q1	3.78	3.14	2.93	2.45	01/17

Note: If the cell is blank, it implies that the actual data corresponding to the month for that inflation measure have already been released.

(출처) 클리블랜드 연은

2 생산자물가지표: PPI(Producer Price Index)

발표일: CPI 발표 주간(일반적으로 CPI 발표일 1일 전 또는 1~2일 후 발표) 오전 8시 30분(미국 동부시간 기준)

연준의 통화정책 목표는 물가안정이라고 했다. 여기서 말하는 물가 안정은 소비자물가지표 중 핵심 PCE를 2% 수준을 장기간 유지하는 것이다. 그러면 생산자물가지표는 그들이 신경 안 써도 되는 항목일까?

그렇지 않다. 소비자들은 생산된 제품에 기업 마진과 소비세 등의 비용을 합산한 가격에 물건을 구입하거나 서비스를 이용한다. 따라서 생산단계에서의 물가가 소비자물가의 출발점이다. 생산자물가의 대표적인 지표가 PPI인데 이것은 CPI 및 PCE 지표의 선행지표 역할을 한다. 일반적으로 생산자 물가가 상승하면 소비자에게 전달되는 시차를 두고 소비자 물가가 상승하는 모습을 보인다. 때로는 생산자 물가가 상승해도 정부의 통제로 소비자 물가에 반영되지 않는 경우도 있다. 예를 들면, 우리나라 전기료 및 휘발유 가격 인상 제한 사례를 들 수 있다. 따라서 미국의 생산자 및 소비자 물가의 흐름을 보면, 생산자 물가가 변동성이 더 높고 먼저 고점 또는 저점을 찍은 후 소비자 물가가 이를 따르는 경향을 보인다([그림 3-6] 참조).

생산자물가는 생산단계별로 원자재, 중간재, 그리고 최종재 물가로 나눌 수 있는데, 원자재 및 중간재 물가가 최종재에 반영이 되기 때문에, 금융시장 참여자들은 최종재 물가 흐름에 대해서만 초점을 맞추면 된다. 최종재 기준으로 PPI의 구성항목 비중은 [표 3-4]와 같다.

[그림 3-6] PPI 및 CPI 추이(2000. 1.~2024. 12.)

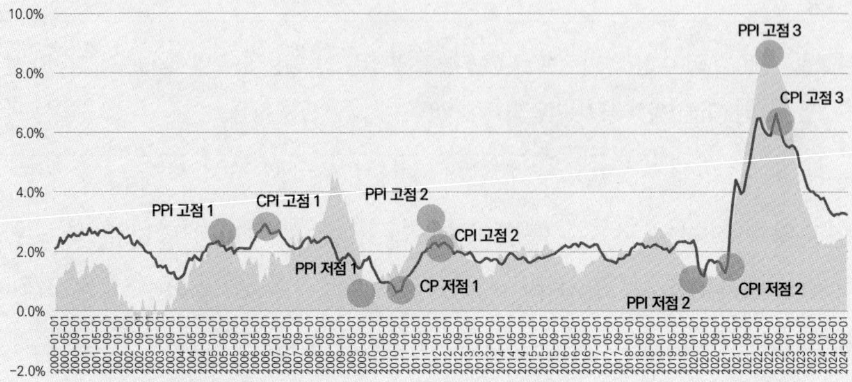

(출처) 세인트루이스 연은 재편집

[표 3-4] 생산자물가지표 구성 비중 [단위: %]

구분	제품(30%)					서비스(70%)				
	헤드라인		핵심							
	음식료	에너지	소비재	민간자본 장비	기타	운송 보관	무역 서비스	그 외 서비스	건설	기타
PPI	6	6	6	5	2	5	19	38	3	5

(출처) 미 노동통계국 재편집

생산자물가지표 발표일이 보통 CPI 발표 이후라서 CPI 만큼 금융시장에 영향을 주지 않으나 CPI 및 PCE의 선행지표라는 점에서 향후 소비자물가 전망을 할 수 있다. 때로는 CPI보다 먼저 발표하여 시장 예상치를 상회하였을 경우에는 금리 및 주식가격에 상당한 영향을 미치기도 한다.

1) 지표 읽는 법(인베스팅 닷컴)

PPI의 경우에도 CPI와 동일하게 핵심물가항목 중심으로 전월 및 전년 기준 시장 예상치 대비 실제 상승률을 관찰하는 것이 중요하다. 일반적으로 생산자물가는 소비자물가 대비 고점은 더 높은 수준에서 형성되는 반면 저점은 더 낮은 수준에서 형성되므로, 시장 예상대비 수치 및 전년 대비 기준 증감 수준이 소비자물가지표 대비 낮은지 여부, 그리고 추이를 파악한다([그림 3-7] 참조).

[그림 3-7] 핵심 PPI 발표일(2025. 1. 14.) 수치 및 추이(2020. 1.~2024. 12.)

예상치 대비 실제치를 비교하면서, 남색 박스를 선택(더블클릭)하면 선택기간(5년) 추이를 볼 수 있다.

Tuesday, January 14, 2025						
발표 시각 (미 동부시간 기준)	통화	시장 영향도	발표 지표명	실제치	예상치	직전 수치
06:00	USD	★★☆	NFIB Small Business Optimism (Dec)	105.1	101.3	101.7
08:30	USD	★★★	Core PPI (MOM) (Dec)	0.0%	0.3%	0.2%
08:30	USD	★★★	Core PPI (YoY) (Dec)	3.5%	3.8%	3.5%
08:30	USD	★☆☆	PPI (YoY) (Dec)	3.3%	3.5%	3.0%
08:30	USD	★★★	PPI (MOM) (Dec)	0.2%	0.4%	0.4%

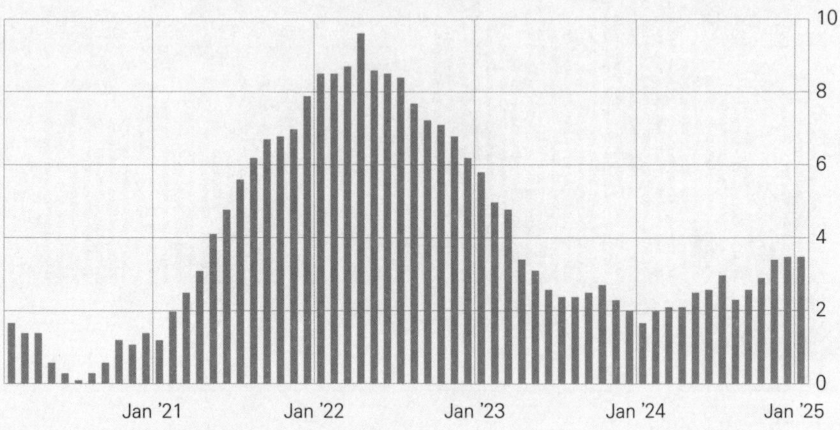

※ 위의 PPI는 CPI 보다 하루 일찍 발표했다. 예상치보다 낮은 수치는 채권투자자에게 환영받을 만하지만, 추세적 상승 추이는 앞으로 소비자물가에 부담을 줄 것으로 예상한다.

2) 보조 지표 – ISM Price Paid(공급자관리협회 물가전망)

100년 이상의 전통을 자랑하는 공급자관리협회(이하 'ISM')는 비록 정부기관은 아니나 미국 내 주요 기업의 생산담당자들을 대상으로 앞으로 경기전망이 어떨 것인지에 대해 주관적 입장을 조사하는 지표이다(ISM 제조업/서비스업 PMI는 PART 3의 'JOLTS'에서 별도 설명). 조사항목 중 제조업 및 서비스업 담당자가 바라보는 향후 가격 추이에 대한 조사항목이 있는데, 이것이 ISM Price Paid, 즉 공급자관리협회 물가전망이다. 이 지표는 ISM 발표와 함께 매월 첫 영업일에 발표하는 자료이므로 당월 발표하는 PPI 및 CPI, PCE를 예측하는 데에 도움을 준다.

공급자관리협회 물가전망 지표 해석은 간단하다. 50을 넘으면 물가 상승, 50 미만이면 물가 둔화이다. 추세적 상승 여부 및 지표 자체가 50을 넘었는지에 따라 물가 압력 여부를 판단할 수 있다.

[그림 3-8] 공급자관리협회 물가전망 추이(제조업)

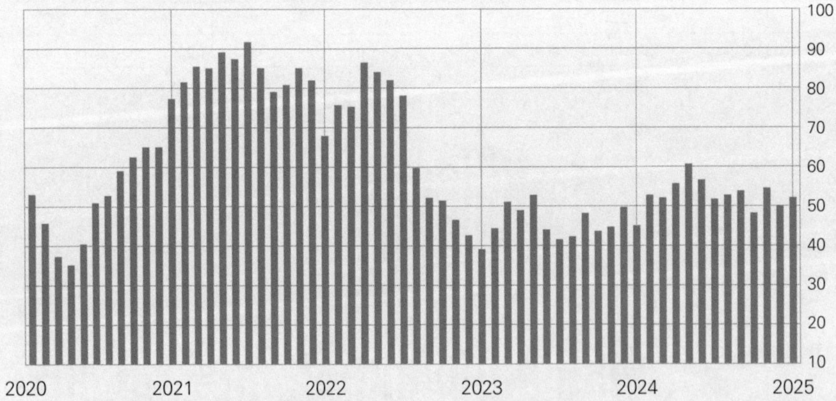

(출처) 인베스팅 닷컴

[그림 3-9] 공급자관리협회 물가전망 추이(서비스업)

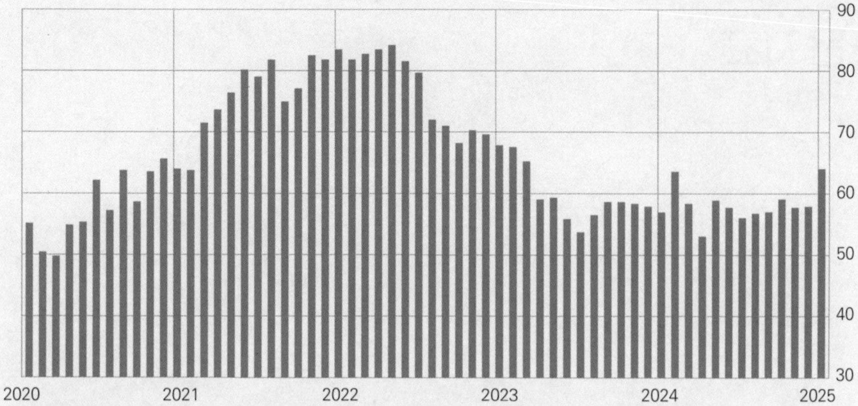

(출처) 인베스팅 닷컴

※ 제조업 가격은 50 전후로 등락을 보이는 모습으로 물가압력이 크지 않다고 보여지나, 서비스업은 지속적으로 50을 훨씬 상회하는 모습을 보이며 물가압력이 크다. [표 3-4]와 같이 PPI에서 서비스업이 차지하는 비중이 약 70%라고 볼 때 생산자물가 압력이 여전함을 보여준다.

03

고용지표

1 비농업순고용자수(NFP) 및 실업률

발표일: 매월 첫째 주 금요일 오전 8시 30분(미국 동부시간 기준)

나 대리는 2025년 새해부터 분주하다. 미국 대통령이 곧 바뀌고 새로운 대통령이 될 사람은 연일 '아메리카 퍼스트'라고 하면서 미국을 부흥시키겠다고 열변을 토하고 있다. 그럼에도 불구하고 2022년부터 연준이 계속 기준금리를 올려와서 물가상승의 주범 중 하나였던 빡빡한 노동시장(팬데믹 이후 구직자가 줄어들고 구인자가 늘어나 임금이 상승하는 상황)을 어느 정도 해소했다고, 그는 생각했다. 매월 첫째 주(1월의 경우 둘째 주 금요일인 1월 10일) 노동시장 강세의 척도인 비농업순고용자수(Non-Farm Paryroll) 증가분과 실업률은 각각 감소 및 소폭 상승을 예상한다. 그러나 실제 수치는 예상과 완전히 빗나간다. 비농업순고용자수 수치는 예상치 16.4만 명을 뛰어넘는 25.6만 명, 실업률은 예상치 4.2%보다 낮은 4.1%였다. 예상보다 강한 노동시장은 직원들의 임금을 상승시키고 기업은 임금상승분만큼 매출단가를 높이면서 소비자물가가 상승하는 현상으로 이어진다. 연준의 기준금리 인하 추세가 멈칫할 것이고 시장에 돈이 풀릴 것으로 기대했던 주식투자자들은 실망감에 매도세가 속출한다. 연초에는 채권을 최대한 많이 매수하겠다고 다짐한 나 대리 입장에서는 [그림 3-10]과 같이 급등하는 금리가 추세가 될까 걱정이 된다.

[그림 3-10] 채권금리 및 주가 일일 추이(2025. 1. 10.)

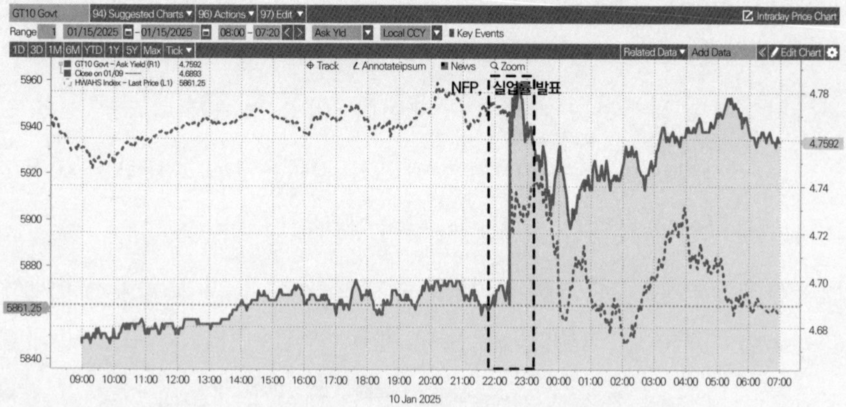

(출처) Bloomberg

필립스 곡선이라는 것이 있다. 실업률과 소비자 물가 간의 관계를 1861년부터 1957년까지 실증적으로 규명한 이론에서 나온 곡선이다. 이 곡선에 따르면 실업률과 물가 간 관계는 채권가격과 금리와 같이 대체로 반비례한다고 한다. 따라서 둘 간의 관계가 명확하다면 중앙은행은 물가안정이라는 하나의 목표만 세워도 고용 정도를 어느정도 통제할 수 있다. 그런데 1970년대 오일쇼크 등의 환경 속에 미국에 고물가 고실업이 만연하게 되었다. 물가를 잡자니 경기침체가 계속될 것 같고 경기침체를 막기 위해 금리를 낮추고 돈을 풀자니 물가가 걱정이 되었다. 이에 미 의회는 1977년 연방준비제도 개혁법(Federal Reserve Reform Act of 1977)을 제정하여 연준의 목표를 물가안정 이외에 고용안정 항목을 추가하여 오늘날에 이르게 되었다. 즉 연준은 물가안정 속에서 최대 고용을 달성하는 것이 책무이다.

2025년 1월 기준 연준은 비교적 쉬운 선택지를 보고 있다. 핵심 PCE 기준으로 2%대에 진입하며 안정을 찾고 있지만 트럼프 대통령 취임 이후 감세 및 관세로 인해 물가상승 압력이 도사리고 있다. 반면에 고용지표는 2022년 3월부터 2023년 7월까지 기준금리를 무려 5.25% 올리는 (나의 주택담보대출금리가 4%에서 9.25%로 올라갔다고 가정하면 그 충격파를 쉽게 이해할 수 있음) 긴축 통화정책에도 불구하고 계속 호조세이다. 미국 경제가 나홀로 질주를 하고 있다는 평가가 틀린 말은 아니다. 따라서 연준은 1월에 발표한 고용지표를 토대로 금리인하 카드를 접을 가능성이 높아졌다.

비농업순고용자수, 줄여서 NFP 및 실업률은 각각 미 노동통계국에서 조사하는 기업서베이 및 가계서베이를 바탕으로 산출된다. NFP는 기업 입장에서 고용 증가 또는 감소를 절대적인 숫자로 나타내는 반면, 실업률은 자영업, 농업을 포함하여 전체 노동가능인구 대비 실업자 수의 비율로 나타낸다. 두 지표 간 차이점은 [표 3-5]와 같다.

[표 3-5] NFP와 실업률 비교

비교 항목	비농업고용(NFP)	실업률 (Unemployment Rate)
조사 방식	사업체 조사 (Establishment Survey)	가구 조사 (Household Survey)
조사 대상	기업 및 정부 기관의 고용 데이터	16세 이상 가구 내 경제활동 인구
포함되는 직업	농업 제외, 자영업 제외	농업 포함, 자영업 포함
측정 단위	일자리 수 변화 (Absolute Number)	실업자 비율(Percentage)
주요 지표	신규 고용증가/감소	실업률(%)
대표적인 발표 지표	신규 고용자 수(예: +200,000명)	실업률(예: 3.9%)
영향 요소	고용주(Employer)의 고용 현황	개인(People)의 구직 상태

1) 지표 읽는 법

2025년 1월 시점에서 금융시장에서 원하는 NFP는 월 10만 명에서 15만 명 사이에서의 순증을 3개월 이상 유지하면서 완만하게 떨어지는 모습일 것이다. 왜냐하면 코로나19 팬데믹 극복 이후 노동시장 강세가 지속되면서 임금상승 압력이 강하고 이것이 물가상승으로 이어질 수 있다는 우려 때문이다. 노동시장이 적당히 강세를 보이면 경기침체에 대한 우려도 없고 물가압력도 줄어들 테니까 채권투자자 입장에서는 투자하기 편한 환경이 조성된다.

실업률은 대표적인 후행지표로 알려져 있다. 2025년 1월 기준 실업률이 4% 내외를 유지하고 있어 비교적 고용이 안정화되어 있다고 판단할 수 있지만, 이미 경기사이클이 경기둔화 방향으로 가고 있는 것을 놓칠 수도 있다. 그러나 실업률 수치가 전월 대비 의미있게 높아지는 모습을 보인다면 금융시장은 즉각적으로 반영할 것이다.

[그림 3-11] 고용지표 발표일(2025. 1. 10.) 수치 및 추이(2020. 1.~2024. 12.)

예상치 대비 실제치를 비교하면서, 남색 박스를 선택(더블클릭)하면 선택기간 추이를 볼 수 있다.

Friday, January 10, 2025						
발표 시각 (미 동부시간 기준)	통화	시장 영향도	발표 지표명	실제치	예상치	직전 수치
08:30	USD	★★☆	Average Hourly Earnings (YoY) (YoY) (Dec)	**3.9%**	4.0%	4.0%
08:30	USD	★★★	Average Hourly Earnings (MoM) (Dec)	**0.3%**	0.3%	0.3%
08:30	USD	★☆☆	Average Weekly Hours (Dec)	**34.3**	34.3	34.3
08:30	USD	★☆☆	Government Payrolls (Dec)	**33.0K**		30.0K
08:30	USD	★☆☆	Manufacturing Payrolls (Dec)	**-13K**	5K	25K
08:30	USD	★★★	Nonfarm Payrolls (Dec)	256K	164K	212K
08:30	USD	★★☆	Participation Rate (Dec)	**62.5%**		62.5%
08:30	USD	★★☆	Private Nonfarm Payrolls (Dec)	223K	135K	182K
08:30	USD	★★☆	U6 Unemployment Rate (Dec)	**7.5%**		7.7%
08:30	USD	★★★	Unemployment Rate (Dec)	4.1%	4.2%	4.2%

[그림 3-11]과 같이 예상치 대비 실제 수치가 의미있게 차이가 날 경우, 금융시장에서 금리 및 주식 선물(고용지표 발표 당시 미 주식시장 개장 전임) 가격 반영정도는 매우 민감하다.

가. NFP 추이(최근 1년 예상치 대비 실제치)*

발표일	발표 시각	실제치	예상수치	직전수치
Feb 07, 2025 (Jan)	08:30			256K
Jan 10, 2025 (Dec)	08:30	256K	164K	212K
Dec 06, 2024 (Nov)	08:30	227K	202K	36K
Nov 01, 2024 (Oct)	07:30	12K	106K	223K
Oct 04, 2024 (Sep)	07:30	254K	147K	159K
Sep 06, 2024 (Aug)	07:30	142K	164K	89K
Aug 02, 2024 (Jul)	07:30	114K	176K	179K
Jul 05, 2024 (Jun)	07:30	206K	191K	218K
Jun 07, 2024 (May)	07:30	272K	182K	165K
May 03, 2024 (Apr)	07:30	175K	238K	315K
Apr 05, 2024 (Mar)	07:30	303K	212K	270K
Mar 08, 2024 (Feb)	08:30	275K	198K	229K
Feb 02, 2024 (Jan)	08:30	353K	187K	333K
Jan 05, 2024 (Dec)	08:30	216K	170K	173K

※ NFP에서 예상대비 실제수치가 상당한 차이를 보이는 경우라도 숫자 그대로를 믿고 채권 거래를 해서는 안 된다. 예를 들면, 2024년 8월(7월 실적치)에는 50개 주 중 경제규모 2위의 텍사스주에서 일어난 허리케인 베릴 영향으로 교직원 등 일시 실업자 수 증가가 원인이었으며, 2024년 11월(10월 실적치) 발표 당시 실적이 부진한 이유는 보잉 등 파업 및 허리케인 헬렌, 밀튼의 영향에 기인한다.

나. 실업률

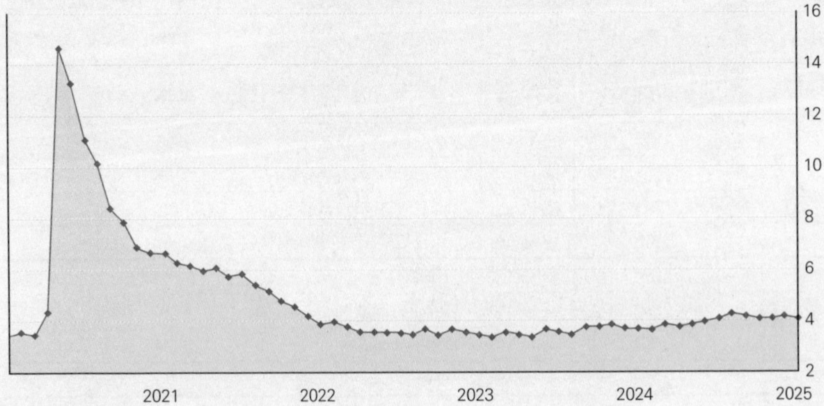

(출처) 인베스팅닷컴

2) 보조지표

가. 시간당 임금상승률

시간당 임금상승률은 NFP, 실업률과 같이 발표되는 항목으로 NFP와 같이 기업서베이를 통해 산출한다. 복지비용이 제외된다는 단점은 있으나 노동시간 및 시간 단위의 순임금 추이를 통해 임금상승 압력 정도를 알 수 있다. 일반적으로 연준의 물가가 2% 대를 잘 유지했던 팬데믹 직전 시간당 임금상승률은 3.4%였다. 앞으로 이 수준으로 잘 떨어지고 있는지 점검해야 한다.

NFP와 시간당 임금상승률의 관계는 다음과 같다. 만약 NFP가 높게 나온 반면, 시간당 임금상승률이 낮다면 순고용자수가 대체로 단순업무를 반복하는 일용직일 가능성이 높다. 한편 NFP와 시간당 임금상승률 모두 높게 나온다면 이는 고학력직 고용 등을 수반한 고용시장을 반영한 것으로 노동시장이 상당히 빡빡함을 보여준다.

[그림 3-12] 시간당 임금상승률 추이(전년 대비)(2020. 1.~2024. 12.)

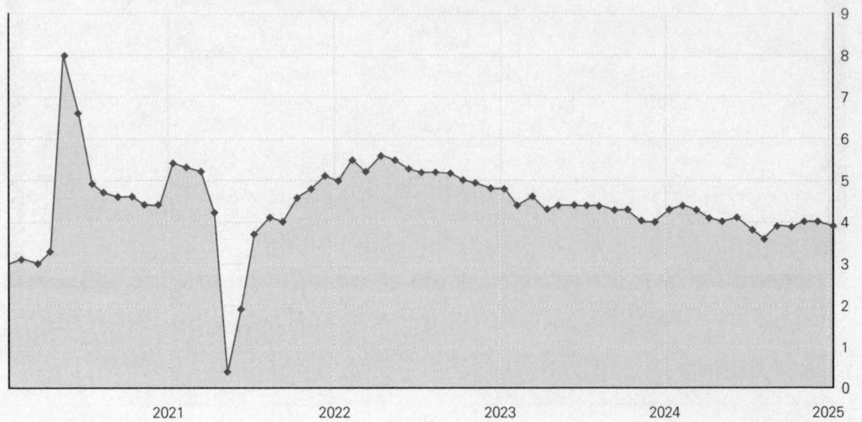

(출처) 인베스팅닷컴

나. 실업급여청구건수

실업급여청구건수는 매주 목요일 아침(미 동부시각, 한국시간 목요일 밤)에 발표한다. 정규직 중심의 우리나라 노동시장과는 달리 미국은 계약직 체계이다. 따라서 주 단위로 실업급여청구건수를 통해서 고용 현황을 빠르게 파악할 수 있다. 미국은 실업급여를 최장 26주까지 계속 지급할 수 있다.

이 지표는 신규실업급여청구건수와 계속실업급여청구건수로 구성된다. 고용시장을 의미있게 바라보는 수치는 주로 신규실업급여청구건수이다. 이 지표가 상승하면 곧이어 발표할 NFP가 감소할 수 있다는 의미이다. 일반적으로 실업급여청구건수가 37.5만 명을 기준으로 그 이상이면 침체 가능성이 높다고 판단했으나, 2025년 1월 기준 경기둔화로 접어들 수 있는 경계수치는 약 25만 명 수준이다.

[그림 3-13] 신규실업급여청구건수 및 계속급여청구건수 추이(2022. 1.~2025. 1.)

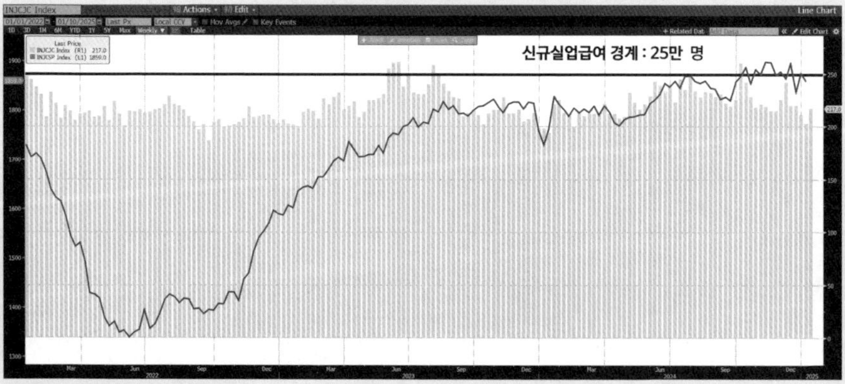

신규실업급여청구건수 —— 계속실업급여청구건수

(출처) Bloomberg

다. 샴의 법칙(Sahm's Rule)

실업률 지표는 대표적인 경기 후행지표이다. 따라서 실업률 수치가 낮더라도 지표를 바라보는 시점에서 현재 경기가 양호하며 앞으로 더 견조해질 것이라는 생각을 하면 안 된다. 그러면 현재 시점에서 실업률을 바탕으로 경기 확장 또는 둔화 여부를 판단할 수 있는 지표가 있을까?

전직 연준 이코노미스트이자 현 21Century에서 수석 이코노미스트로 재직 중인 클라우디아 샴 박사가 고안한 '샴의 법칙'을 통해서 현재 시점의 경기 상황을 판단할 수 있다. 샴 박사는 실증 논문[1]에서 1950년 이후 미국에서 발생한 11번의 경기 침체 중 1959년을 제외한 나머지 10번이 '샴의 법칙'을 통해 알아냈다고 밝혔다. 샴의 법칙은 [Formula 3-1]과 같다.

[Formula 3-1] 샴의 법칙

실업률 3개월 이동평균 − 직전 12개월 중 3개월 이동평균 최저치 ≥ 0.5%

그러면 2024년 12월 기준 샴의 법칙은 어디를 가리키고 있는가? 그 수치는 0.40%로, 아직 경기침체 단계는 아닌 것으로 나타난다. 다만 지난 2024년 7월 지표 기준 샴의 법칙상 0.5%를 초과한 적이 있어, 낮은 실업률에도 불구하고 경기 상황은 지속적으로 모니터링해야 한다.

---

1 Sahm, C. (2019). Direct stimulus payments to individuals. Recession ready: Fiscal policies to stabilize the American economy, 67-92

[그림 3-14] 샴의 법칙 추이

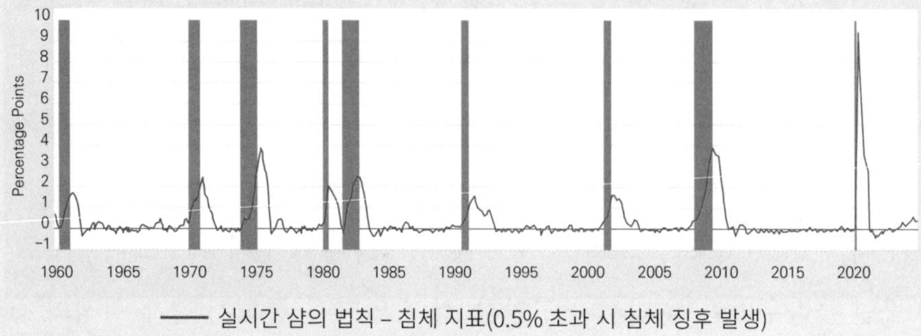

(출처) 세인트루이스 연은

라. 챌린저, 그레이 앤드 크리스마스(Challenger, Gray & Christmas, Inc.) 감원 수치

챌린저, 그레이 앤드 크리스마스라는 아웃플레이스먼트(outplacement; 재취업, 창업) 및 경력전환서비스 전문 컨설팅 기업에서 매월 발표하는 월간 해고 보고서이다. 발표 시기는 매월 첫째 주 목요일로 고용지표 발표 전일 나오기 때문에, 미리 보는 고용시장지표로 적합하다. 2024년 12월(2025. 1. 9. 발표) 해고 보고서의 내용을 보면, 4개월 래 최저치를 보이고 있으며 감원 수치가 낮아지는 모습이다([그림 3-15] 참조).

Job Cuts Rise 5.5% Over Last Year; 38,792 in December 2024

U.S.-based employers announced 38,792 cuts in December, a 33% decrease from the 57,727 cuts announced one month prior. It is up 11% from the 34,817 cuts announced in the last month of 2023, according to a report released Thursday from global outplacement and business and executive coaching firm Challenger, Gray & Christmas, Inc.

In the final quarter of the year, companies announced plans to cut 152,116 jobs, down 13% from the 174,597 cuts announced in the third quarter of this year. It is up 30% from the 117,163 cuts announced in the same quarter of 2023.

In 2024, employers announced 761,358 job cuts, up 5.5% from 721,677 announced in 2023. It is the highest annual total since 2,304,755 cuts were announced in 2020. Except for 2020, it is the highest total since 2009, when employers planned 1,288,030. (이하 "생략")

미국 내 기업들은 12월에 38,792건의 감원을 발표했으며, 이는 한 달 전인 11월의 57,727건에서 33% 감소한 수치입니다. 하지만 이는 2023년 12월의 34,817건보다 11% 증가한 것입니다.

2024년 4분기 동안 기업들은 총 152,116건의 감원 계획을 발표했으며, 이는 3분기의 174,597건보다 13% 감소한 수치입니다. 하지만 이는 2023년 같은 기간(117,163건) 대비 30% 증가한 것입니다.

2024년 한 해 동안 기업들은 총 761,358건의 감원을 발표했으며, 이는 2023년의 721,677건보다 5.5% 증가한 수치입니다.

이 수치는 2020년(2,304,755건) 이후 가장 높은 연간 감원 규모이며, 2020년을 제외하면 2009년(1,288,030건) 이후 가장 높은 수준입니다.

(출처) The Challenger Report (https://www.challengergray.com/blog/job-cuts-rise-over-last-year-38792-in-december-2024/, 2025. 1. 22. 검색)

[그림 3-15] 기업 해고 추이(2021. 10.~2024. 12.)

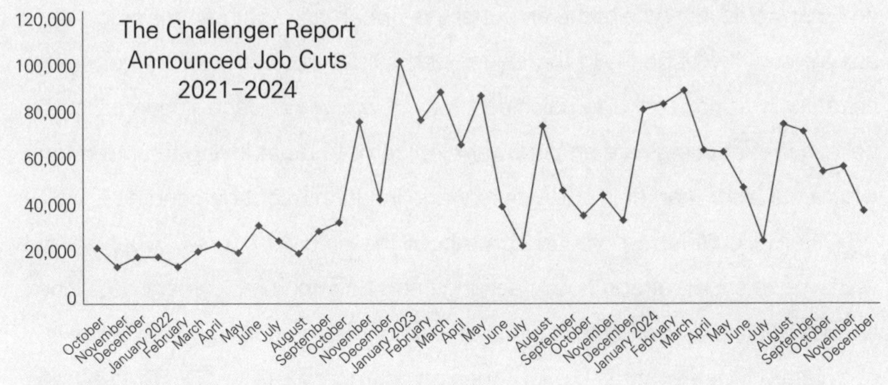

(출처) The Challenger Report (https://www.challengergray.com/blog/job-cuts-rise-over-last-year-38792-in-december-2024/, 2025. 1. 22. 검색)

2 JOLTS(Job Openings and Labor Turnover Survey)

발표일: 지표 기준일(매월 말일) 6주차 화요일 오전 10시(미국 동부시간 기준) – 예를 들어, 24년 12월 말 지표는 6주차 화요일인 2025년 2월 4일에 발표함

NFP가 기업이 속한 산업군별 순고용자수 증감이라는 결과치에 초점을 맞춘 반면, JOLTS는 구인, 신규고용 및 해고, 퇴직 등 노동시장의 움직임을 상세하게 기술하고 있다. 자세한 정보를 담기 위해서는 적시성 부분을 희생해야 한다. 이를 비판하는 쪽은, 이 지표 발표시기가 산출된 지표 기준으로부터 6주 가까이 후에야 발표한다는 후행지표라서 발표시점의 경기흐름과 괴리가 있다는 점을 강조한다. 그런데 JOLTS는 연준의장인 파월이 고용지표 현황을 설명할 때 자세히 보는 지표로 알려져 있다. 실제 이 지표가 예상치와 괴리가 나는 수치가 나올 때 금융시장은 뜨겁게 반응을 한다.

NEIL IRWIN. Hi, Chair Powell. Neil Irwin with Axios. You and some of your colleagues have emphasized the possibility that job openings could come down and that would let some of the air out of the labor market without major job losses. We saw the opposite in the December JOLTS this morning. Job openings are actually rising. That also coincided with slowdown in wage inflation. **Do you believe that openings are an important indicator to be studying to understand where the labor market is and where wage inflation might be heading?**

CHAIR POWELL. So you're right about the data, of course. What we did see—we've seen average hourly earnings and now the employment cost index abating a little bit still off of their highs of six months ago and more but still at levels that are fairly elevated. The job openings number has—in **JOLTS, has been quite volatile recently. Yeah, I did see that it moved up—back up this morning. I do think that it's probably an important indicator.** The ratio, I guess, is back up to 1.9 job openings to unemployed people, people who are looking for work. So it's an indicator, but nonetheless, we—you're right, we do see wages moving down. If you look across the rest of the labor market, you still see very high payroll job creation. And, you know, quits are still at an elevated level. So many, many—by many, many indicators, the job market is still very strong

---

네일 어윈(Neil Irwin), Axios 기자: 파월 의장님, 안녕하세요. 의장님과 연준의 여러 위원들이 구직 공고(job openings) 감소를 통해 노동시장의 과열이 완화될 수 있으며, 이 과정에서 대규모 실직이 발생하지 않을 수도 있다는 가능성을 강조해 오셨습니다. 그런데 오늘 발표된 12월 JOLTS(구인 · 이직보고서) 데이터를 보면 오히려 반대의 현상이 나타났습니다. 구직 공고가 증가했으며, 동시에 임금 상승률은 둔화되었습니다. 노동시장의 현재 상황과 임금 인플레이션의 향방을 파악하는 데 있어 구직 공고 수치를 중요한 지표로 보아야 한다고 생각하십니까?

파월 의장: 네, 지적하신 데이터는 정확합니다. 최근 우리가 확인한 바에 따르면, 평균 시간당 임금과 고용 비용 지수가 다소 완화되었지만, 여전히 6개월 전보다는 낮아졌다고는 해도 여전히 높은 수준을 유지하고 있습니다. JOLTS에서 발표되는 구직 공고 수치는 최근 상당히 변동성이 큰 모습을 보였습니다. 오늘 발표된 데이터를 보면 다시 증가했더군요.

저는 이 수치가 노동시장 상황을 가늠하는 데 있어 중요한 지표 중 하나라고 생각합니다. 현재 실업자 1명당 구직 공고 수의 비율이 다시 1.9로 올라갔습니다. 이는 의미 있는 지표이긴 하지만, 동시에 우리가 임금 상승세가 둔화되고 있는 점도 확인하고 있습니다.

노동시장의 다른 측면을 살펴보면, 여전히 매우 높은 수준의 일자리 증가세가 지속되고 있습니다. 또한 자발적 퇴사율(quits rate)도 여전히 높은 수준을 유지하고 있습니다. 따라서 여러 지표를 종합적으로 고려할 때, 노동시장은 여전히 매우 강한 모습을 보이고 있다고 평가할 수 있습니다.

(출처) FOMC Press Conference (2023. 2. 1), 신년기, '20년 차 신 부장의 경제지표 이야기', 300면

JOLTS 보고서의 주요 항목은 Job Openings(채용공고), Hires(고용), 그리고 Separation(퇴직)으로 구성되며, 상세한 내용은 [표 3-6]의 설명과 같다.

[표 3-6] 구성 항목 설명

용어	설명
Job Openings (채용공고)	구체적인 포지션이 존재, 30일 이내 채용 및 구직자의 업무가 시작되어야 함. 고용주는 적극적으로 구인 포지션 채용 노력을 해야 함. 적극적인 채용노력의 근거는 신문 등 미디어, 인터넷을 통한 공고 등이 있음
Hires (고용)	조사 당월 동안 신규채용 또는 재입사자를 포함. 단, 해고 후 재입사의 경우에 재입사 시기 기준 해고일로부터 7일 이상이어야 함. 승진, 파업 종료 후 복귀, 인사이동, 용역업체 등으로부터 파견을 나온 직원 등은 제외함
Separation (퇴직)	Quits(자발적 퇴사), Layoffs(해고), Discharges(M&A, 구조조정, 계약 종료 등으로 인한 퇴직) 등으로 나눌 수 있음

(출처) 신년기, '20년 차 신 부장의 경제지표 이야기', 303-304면

2024년 11월 말 기준(2025. 1. 7. 발표) JOLTS 항목 결과는 [그림 3-16]과 같다. 고용 비율이 퇴직 비율보다 높은 지 여부, 그리고 퇴직 비율에서 자발적 퇴사와 해고, 구조조정 등에 의한 퇴직 등 강제적 퇴사 중 어떤 비율이 높은지 분석해야 한다. [그림 3-16]에 의하면 고용과 퇴직의 비율이 거의 같아서 고용시장이 비교적 균형있는 모습을 보이고 있으며(1) 참조), 퇴직의 경우에도 자발적 퇴사가 많아 경기둔화의 조짐은 아직은 없다고 판단할 수 있다(2) 참조).

[그림 3-16] JOLTS 항목 상세(2024년 11월 말 기준)

LATEST JOB OPENINGS LEVEL:
8,098,000(p) in Nov 2024

LATEST JOB OPENINGS RATE:
4.8%(p) in Nov 2024

LATEST HIRES RATE: 1)
3.3%(p) in Nov 2024

LATEST TOTAL SEPARATIONS RATE:
3.2%(p) in Nov 2024

LATEST QUITS RATE: 2)
1.9%(p) in Nov 2024

LATEST LAYOFFS/DISCHARGES RATE:
1.1%(p) in Nov 2024

(출처) 미 노동통계국(https://www.bls.gov/jlt/latest-numbers.htm, 2025. 1. 22. 검색)

1) 지표 읽는 법

JOLTS에서 주목해야 할 지표는 채용공고 개수와 실업자당 채용공고 비율이다. 2025년 1월 기준 채용공고 개수의 기준은 2020년 초 코로나19 팬데믹 직전 수치인 7.5백만 개이다. 채용공고의 숫자가 많을 수록 기업의 구인활동이 활발하다는 뜻인데, 이것의 속내는 '연봉을 많이 드릴게요. 우리 회사로 오세요.'이다. 즉 임금상승, 그리고 물가상승을 야기하는 근거이다. 따라서 연준이 이 지표의 추이, 그리고 스스로의 기준점인 7.5백만 개에 도달하고 있는지를 주목하고 있다.

같은 의미로 실업자당 채용공고 비율 추이가 중요하다. 실업자는 경기침체를 채용공고 수는 경기호황을 상징하는 숫자이다. 따라서 이 숫자가 커질수록 노동시장이 타이트하다는 의미이며, 임금 상승 압력이 커짐을 알 수 있다. 2025년 1월 기준, 연준은 팬데믹 직전 수준인 1.25를 기준으로 추이 및 기준점 도달 여부를 주시한다. 이 지표는 파월의장이 FOMC 후 기자회견에서 노동시장을 언급할 때 종종 사용하는 수치이다(2023년 2월 FOMC 기자회견 문답 중 파월의장이 이 지표가 당시 1.9 수준으로 여전히 노동시장이 타이트하다고 언급함). 단, 노동통계국에서 발표하는 수치는 채용공고당 실업자 비율이다(역수로 변환하면 실업자 1인당 채용공고 비율을 산출할 수 있음).

[그림 3-17] JOLTS 발표일(2025. 1. 10) 수치 및 추이(2020. 1.~2024. 12.)

채용공고 개수: 예상치 대비 실제치를 비교하면서, 남색 박스를 선택(더블클릭)하면 선택기간 추이를 볼 수 있다(인베스팅 닷컴 이용).

발표 시각 (미 동부시간 기준)	통화	시장 영향도	발표 지표명	실제치	예상치	직전 수치
10:00	USD	★★★	JOLTS Job Openings (Nov)	8.098M	7.730M	7.839M

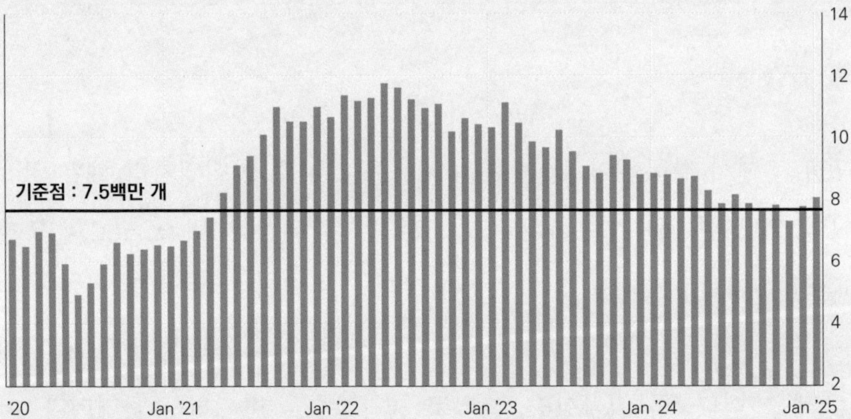

(출처) 인베스팅 닷컴

코로나19 직전인 2019년 12월은 0.8(실업자 1인당 채용공고 비율은 1.25)이며, 이를 기준점으로 도달 여부 및 추이를 점검한다.

구글에서 'jolts job openings per unemployed'를 검색한 후 1)을 선택하면 채용공고 1개당 실업자 비율을, 2)를 선택하면 실업자 1인당 채용공고 비율을 볼 수 있다.

[그림 3-18] 채용공고 1개당 실업자 비율 검색 방법

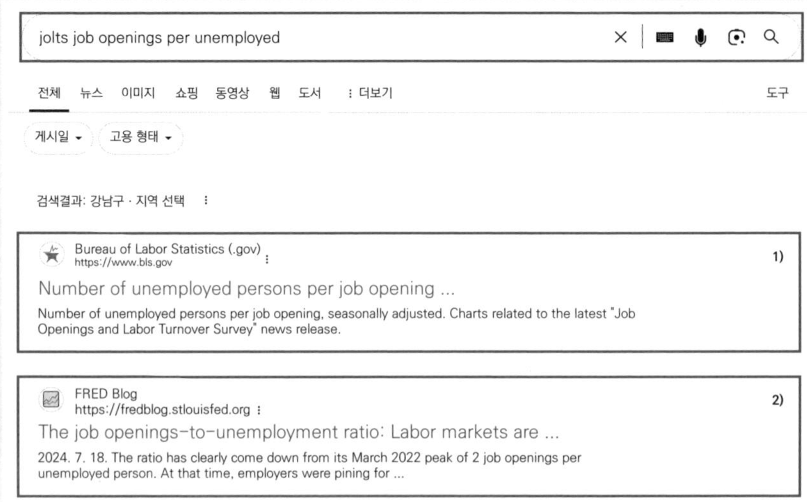

(출처) Google

[그림 3-19] 1)을 선택 시(채용공고 1개당 실업자 비율)(2009. 11.~2024. 11.) - 산출기준월

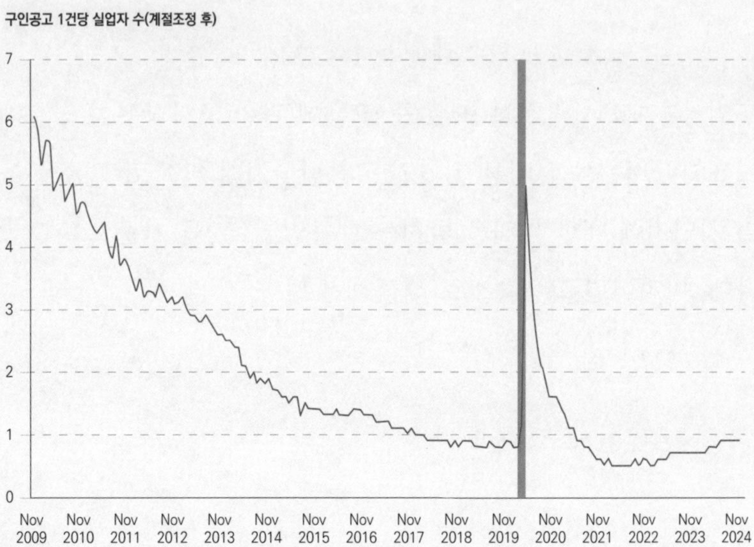

(출처) 미 노동통계국(https://www.bls.gov/charts/job-openings-and-labor-turnover/unemp-per-job-opening.htm, 2025. 1. 23. 검색)

[그림 3-20] 2)를 선택 시(실업자 1인당 채용공고 비율)(2001. 11.~2024. 11.)
- 산출기준월

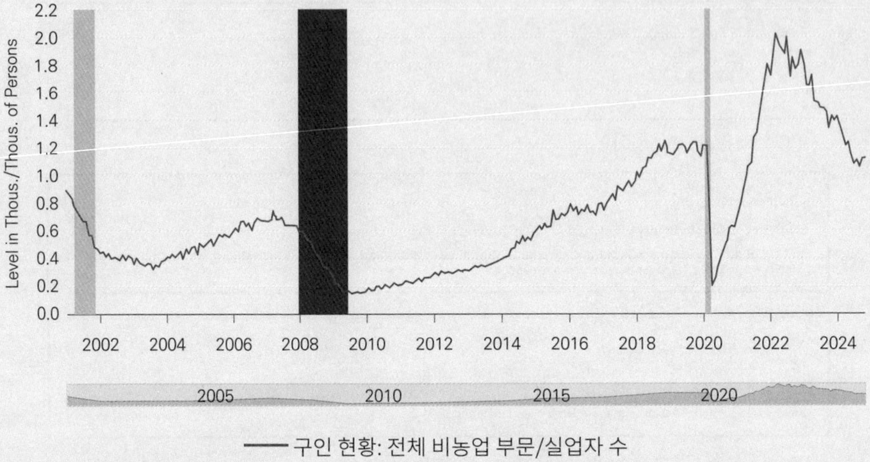

(출처) 세인트루이스 연은(https://fredblog.stlouisfed.org/2024/07/the-job-openings-to-unemployment-ratio-labor-markets-are-in-better-balance/, 2025. 1. 23. 검색)

2) 보조지표 – ISM Employment

ISM(미 공급자 관리협회, 기관에 대한 설명은 PART 3의 소비자물가지표 및 JOLTs 참조) 제조업, 그리고 서비스업 PMI 중 고용에 관한 조사항목이 있는데 이것이 고용지표이다. 즉 설문 대상인 기업 고용담당자가 앞으로 고용을 늘릴 것인지 줄일 것인지에 대한 의견을 밝히는 내용인데, 50을 기준으로 그 이상이면 고용확대, 미만이면 고용축소로 해석하면 된다.

[그림 3-21] 공급자 관리협회 고용전망 추이(제조업)

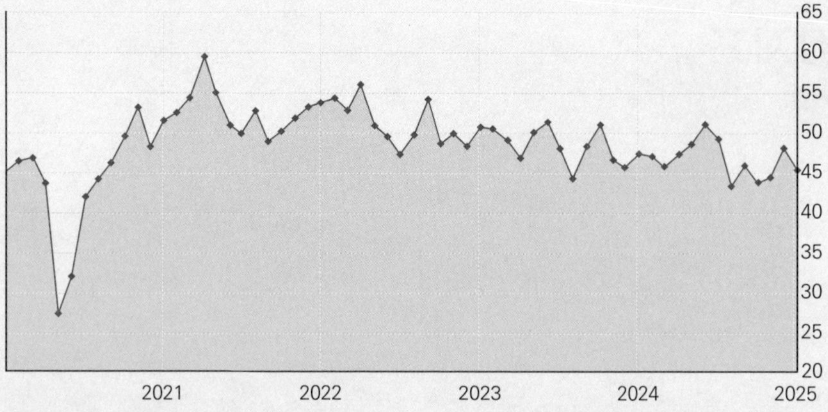

(출처) 인베스팅닷컴(https://www.investing.com/economic-calendar/ism-manufacturing-employment-1046, 2025. 1. 23. 검색)

[그림 3-22] 공급자 관리협회 고용전망 추이(서비스업)

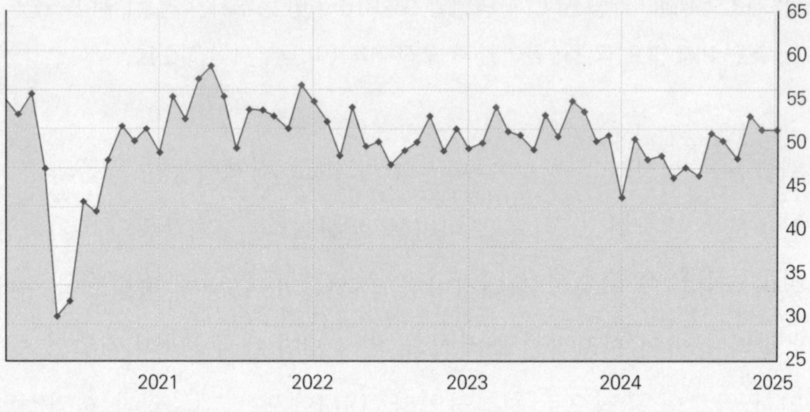

(출처) 인베스팅닷컴(https://www.investing.com/economic-calendar/ism-non-manufacturing-employment-1048, 2025. 1. 23. 검색)

04

성장지표

1 ISM(Institute for Supply Management, 공급자관리 협회) 제조업, 서비스업 PMI

발표일: 제조업 PMI - 매월 첫 번째 영업일 오전 10시(미 동부시간 기준), 서비스업 - 제조업 PMI 발표 후 3~5영업일 후 오전 10시(미 동부시간 기준)

경제활동은 생산과 소비로 나눠진다. 그리고 경제활동은 제품과 서비스라는 산출물을 생산하고, 이를 소비하는 행위이다. 경제활동의 두 축 중 생산에 있어서 ISM의 비중이 절대적이다. ISM은 1915년에 설립되어 구매 및 공급망 관리 분야의 선도적인 조직이다. 약 100여 개국 5만여 기업이 회원으로 가입한 글로벌 조직으로 성장하였다. ISM에서는 제조업과 서비스업 회원 대상으로 매월 서베이를 통해 앞으로 경제활동을 예상하고 경기사이클을 가늠자를 제시한다. 여기서 PMI(Purchasing Manager's Index)의 의미는 직역하면 구매담당자 지표이며, 구매담당자가 항목별 질문에 대한 객관식 문항을 표기하고 주관적 문항에 의견을 밝힌 내용들을 취합, 산출한다는 의미를 가지고 있다.

미국은 소비 천국이라고 불릴 만큼 소비 중심의 경제구조를 가지고 있다. 단순히 구분하여 비중을 본다면 미국의 경제는 미국 제조업은 30%, 서비스업은 70%의 비중으로 구성된다. 그러나 트럼프 1.0, 바이든 정부에 이어 다시 트럼프 2.0까지, 미국의 경제구조는 점점 제조업에 상당한 비중을 두고 자국 기업의 리쇼어링(해외의 미국 기업 생산기지를 자국으로 불러오는 현상) 및 글로벌 기업의 미국 내 투자를 독려하고 있으므로, 앞으로 제조업 비중이 높아질 것으로 예상한다.

ISM PMI는 제조업의 경우 매월 첫 번째 영업일에 발표하는, 성장지표의 선행지표로서 사용할 수 있다. 서비스업 역시 제조업 PMI 발표 후 약 3영업일 후 발표하므로 적시성이 있는 지표라고 할 수 있다. ISM PMI은 각 항목별로 '긍정적으로 전망', '중립적으로 전망', '부정적으로 전망'의 세 가지를 택일하는 객관식 항목에 대한 답변을 통해서 [Formula 3-2]와 같이 PMI를 산출하며, 50을 기준으로 50 이상이면 경기확장, 50 미만이면 경기둔화로 해석한다.

[Formula 3-2] ISM PMI 산출공식

$$(\textit{Positive}\ \text{응답비중}) \times 100\% + (\text{중립 응답비중}) \times 50\% \\ + (\textit{Negative}\ \text{응답비중}) \times 0\%$$

(출처) 신년기, '20년 차 신 부장의 경제지표 이야기', 130면

ISM 제조업 및 서비스업 종합 PMI뿐만 아니라 세부항목의 변동도 파악해야 한다. 제조업 및 서비스업 세부항목[1]은 [표 3-7]과 같다.

---

1 제조업 기타항목은 고객재고(Customers' Inventories), 물가(Price paid), 수주잔고(Backlog of Orders), 신규수출주문(New Export Orders), 수입(Imports)이 있으며, 서비스업 기타항목으로는 재고(Inventories), 물가(Prices), 수주잔고(Backlog of Orders), 신규수출주문(New Export Orders), 수입(Imports), 그리고 재고심리(Inventory Sentiment)가 있다.

[표 3-7] ISM 제조업 및 서비스업 세부항목(지표 산출 기준)

제조업		서비스업	
항목	비중 (%)	항목	비중 (%)
신규 주문(New Orders)	20	경제활동/생산 (Business Activity/Production)	25
생산(Production)	20	신규 주문(New Orders)	25
고용(Employment)	20	고용(Employment)	25
납품시간(Supplier Deliveries)	20	납품시간(Supplier Deliveries)	25
재고(Inventories)	20		

(출처) ISM 재편집

1) 지표 읽는 법

ISM PMI는 경기사이클을 파악할 수 있는 대표적 지표이다. 시장 예상치 대비 실제 수치 간 괴리 및 추이를 통해 현재 경기사이클의 위치를 파악해야 한다. [그림 3-23]에서 2025년 1월 제조업 지표는 2022년 11월 이후 1회(2024년 4월 발표분)를 제외하고 연속으로 50을 하회하고 있는 경기 둔화상황에 있다. 반면 [그림 3-24]에서 서비스업 PMI의 경우 일시적으로 50을 하회하는 경우도 있지만, 대체로 50~55 수준에 형성하고 있다. 분명 경기 팽창에서 중립으로 추세적 하락을 보이고 있지만 경기둔화라고 보기는 어렵다. 채권투자자 입장에서는 경기가 좋은 상황보다는 둔화하고 있되 침체는 아닌 미지근하거나 약간 차가운 현상을 반기게 되므로 ISM 제조업 및 서비스업 PMI만 놓고 볼 때 투자하기 적절한 시점이라고 판단한다.

[그림 3-23] ISM 제조업 PMI 발표일(2025. 1. 2.) 수치 및 추이(2020. 1.~2024. 12.)

예상치 대비 실제치를 비교하면서, 남색 박스를 선택(더블클릭)하면 선택기간 추이를 볼 수 있다.

Friday, January 3, 2025						
발표 시각 (미 동부시간 기준)	통화	시장 영향도	발표 지표명	실제치	예상치	직전 수치
10:00	USD	★★☆	ISM Manufacturing Employment (Dec)	45.3	48.0	48.1
10:00	USD	★☆☆	ISM Manufacturing New Orders Index (Dec)	52.5		50.4
10:00	USD	★★★	ISM Manufacturing PMI (Dec)	49.3	48.2	48.4

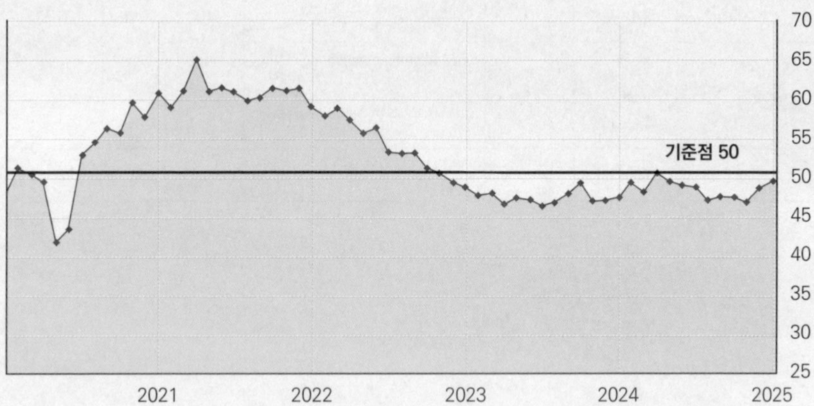

(출처) 인베스팅닷컴

2) 보조지표 – S&P Global 제조업/서비스업 PMI

신용평가기관으로 알려진 S&P Global에서 미국의 PMI 지표를 발표한다. ISM PMI와 동일한 논리(긍정, 중립, 부정)로 설문자료를 작성하며, 설문지 답변에 대해 [Formula 3-2]와 같은 공식으로 지표를 산출한다. S&P Global은 미국을 포함한 약 40여 개국의 PMI를 산출한다. 주목해야 할 점은 Flash PMI 이름이 붙여진 '속보치'를 마지막 주의 전주 금요일에 발표한다는 점이다. 조정치가 다음 월 초에 수정하여 발표하지만, 당월 경제지표가

[그림 3-24] ISM 서비스업 PMI 발표일(2025. 1. 7.) 수치 및 추이(2020. 1.~2024. 12.)

예상치 대비 실제치를 비교하면서, 남색 박스를 선택(더블클릭)하면 선택기간 추이를 볼 수 있다.

Tuesday, January 14, 2025						
발표 시각 (미 동부시간 기준)	통화	시장 영향도	발표 지표명	실제치	예상치	직전 수치
08:00	USD	★☆☆	FOMC Member Barkin Speaks			
08:30	USD	★★☆	Exports (Nov)	**273.40B**		266.30B
08:30	USD	★★☆	Imports (Nov)	**351.60B**		339.90B
08:30	USD	★★☆	Trade Balance (Nov)	**-78.20B**	-78.30B	-73.60B
08:55	USD	★☆☆	Redbook (YoY)	**6.8%**		7.1%
10:00	USD	★☆☆	ISM Non-Manufacturing Business Activity (Dec)	**58.2**		53.7
10:00	USD	★★☆	ISM Non-Manufacturing Employment (Dec)	**51.4**	51.4	51.5
10:00	USD	★☆☆	ISM Non-Manufacturing New Orders (Dec)	**54.2**	54.2	53.7
10:00	USD	★★★	ISM Non-Manufacturing PMI (Dec)	**54.1**	53.5	52.1

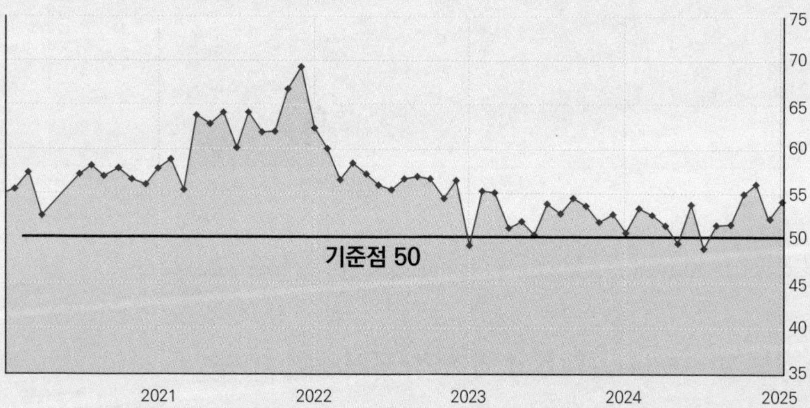

(출처) 인베스팅닷컴

당월에 나온다는 점은 시의적절하며 이 지표가 채권금리 및 주가에 상당한 영향을 미치는 이유이다. 세부항목 비중은 ISM PMI와 비교할 때 [표 3-8]과 같이 차등화된 비중으로 계산한다는 점에서 ISM 세부항목 및 비중과 다르다.

[표 3-8] S&P Global 제조업 및 서비스업 세부항목(지표 산출 기준)

제조업		서비스업	
항목	비중(%)	항목	비중(%)
신규 주문(New Orders)	30	경제활동(Business Activity)	50
생산(Production)	25	신규 주문(사업) (New Orders(Business))	25
고용(Employment)	20	고용(Employment)	15
납품시간(Supplier Deliveries)	15	수주잔고(Backlog of Orders)	5
재고(Inventories)	10	가격부과(Price charged)	5

(출처) S&P Global, 신년기, '20년 차 신 부장의 경제지표 이야기', 117면

이 지표 역시 추세적 흐름과 시장 예상 대비 실제 수치 간 괴리, 그리고 50을 초과했는지 여부를 살펴보는 것이 중요하다. 이 지표를 찾아보려면 다음 사이트를 참고하기를 바란다.

- 제조업: https://tradingeconomics.com/united-states/manufacturing-pmi
- 서비스업: https://tradingeconomics.com/united-states/services-pmi
- 종합(제조업 + 서비스업): https://tradingeconomics.com/united-states/composite-pmi

[그림 3-25] S&P Global 미국 제조업/서비스업/종합 PMI(2022. 1.~2025. 1.)

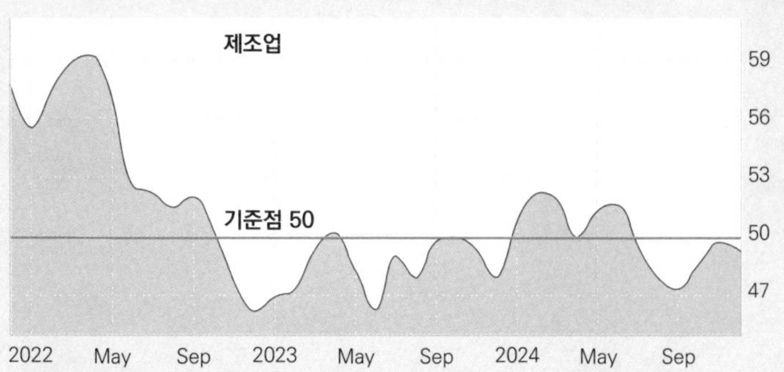

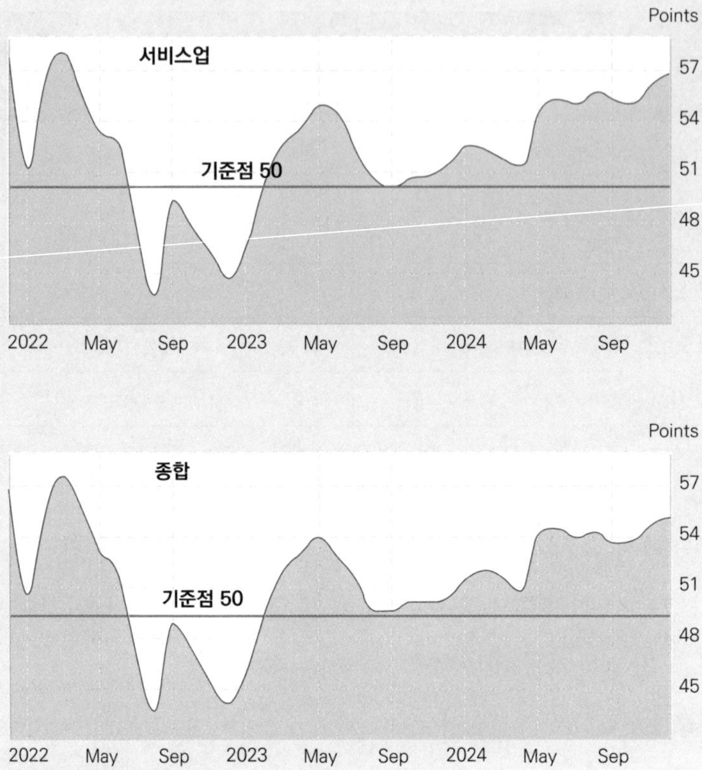

(출처) Trading Economics

2 GDP(Gross Domestic Product, 국내총생산) 성장률

발표일
- 속보치: 1, 4, 7, 10월 마지막 주 목요일
- 예비치: 2, 5, 8, 11월 마지막 주 목요일
- 확정치: 3, 6, 9, 12월 마지막 주 목요일

혹시 747을 기억하는가? 2008년 이명박 대통령이 후보 시절 내세웠던 공약인데, 매년 GDP 7% 성장과 1인당 4만 달러 국민소득, 그리고 세계 7위의 경제대국으로 만들겠다는 것이다. 현재 우리나라 1인당 국민소득이 약 3.6만 달러, 그리고 세계 12위 규모의 경제수준이니 근접한 수준까지는 온 것은 맞다. 그런데 문제는 경제성장률을 대표하는 수치인 GDP이다. 이제 연 1% 내외 성장에 그쳐 성장동력이 상실했다고 평가받는 우리나라에서 7% 경제성장률은 가당키나 한 일인가?

GDP는 성장을 대표하는 경제지표이자, 전 세계 모든 국가의 정치 지도자들이 GDP 성장률 때문에 웃고 우는 척도이기도 하다. GDP 성장률은 물가를 포함한 명목수치와 물가를 차감한 실질수치로 나뉘는데, 금융시장에 의미있는 수치는 실질수치이므로 여기서는 실질 GDP 성장률에 대해서 언급하고자 한다.

튀르키예 경제성장률

튀르키예의 에르도안 대통령은 총리시절 포함 20년이 넘게 장기집권을 하고 있다. 독재자라는 오명에도 불구하고 그가 계속 권좌를 유지하는 가장 큰 이유는, 그의 집권시절 튀르키예의 경제가 급성장을 이뤘기 때문이라고 평가한다. 그는 GDP를 공표할 때 명목성장률 기준으로 홍보해왔다. 튀르키예가 두 자리 숫자 대의 고속 성장을 보이고 있으며 앞으로도 그럴 것이라고 홍보한다. 심지어 2022년에는 전년 대비 두 배 이상의 성장률(명목 기준 106%)을 보이기도 했다.

그런데 실상은 그렇지 않다. 튀르키예는 매년 80% 내외의 고인플레이션으로 고통받고 있는 국가이다. 금융위기 이후 몇 년 동안 튀르키예 리라화가 강세를 보일 것이라고 금융기관에서 달러 및 원화 대비 리라화 강세에 베팅하는 금융상품이 나오기도 했는데, 결과는 튀르키예의 고질적 인플레이션으로 리라화의 평가절하, 그리고 이 상품들의 수익률이 원금 전부를 손실할 정도의 수치를 보였다는 것이 진실이다. 결국 튀르키예의 경제성장률을 설명할 수 있는 수치는 물가 부분을 제외한 실질성장률인 것이다.

[그림 3-26] 터키 GDP 성장률(2003~2023)

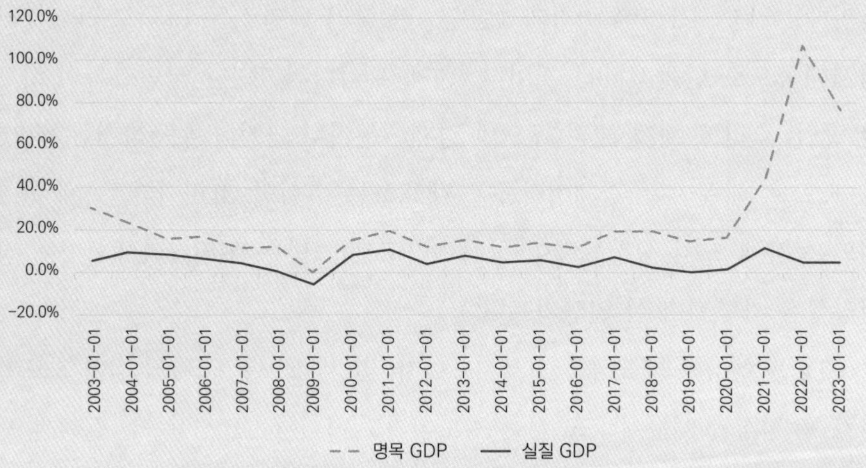

(출처) 세인트루이스 연은 재편집

실질 GDP은 일반적으로 수요측면에서 바라보는 관점과, 공급측면에서 바라보는 관점으로 나누어진다. 일반적으로 이 지표를 바라볼 때에는 수요측면에서 분석하는데 이에 따른 실질 GDP 공식은 [Formula 3-3]과 같다.

[Formula 3-3] 실질 GDP 공식

$$민간소비 + 기업투자 + 정부지출 + 순수출$$

수요 측면에서 미국과 우리나라의 구성 항목의 비중은 [표 3-9]와 같이, 미국은 민간소비가 약 70% 비중을 차지하는 '소비의 국가'이며, 우리나라는 민간소비 및 민간투자가 중요하며, 소위 수출로 먹고 사는 국가이므로 순수출에서 높은 비중을 차지해야 성장할 수 있는 경제구조를 가지고 있다.

[표 3-9] GDP 구성 항목 비중(%)

국가	민간소비	민간투자	순수출	정부지출/투자
미국	68.2	17.9	-3.2	17.2
대한민국	49.9	32.3	0.3	17.6

※ 미국 – 2024년 말, 대한민국 – 2023년 말 기준

(출처) MacroMicro (https://en.macromicro.me/charts/9/gdp-percentage, 2025. 1. 31. 검색), 한국은행 경제통계시스템 재편집

한편 공급 측면에서 바라보는 관점에서는 생산성, 노동투입량, 자본투입량에 의해 경제성장이 결정된다는 것이다. 이것의 관계는 [Formula 3-4]와 같은데, 2022년 이후 기준금리를 대폭 올렸음에도 불구하고 미국 주식시장이 나홀로 상승을 보이고 있는 인공지능 붐으로 기업의 생산성이 증가할 것이라는 기대 때문이다. 즉 기업의 생산성 증가는 국가의 GDP 성장에 가속페달을 밟는 효과이다.

[Formula 3-4] 실질 GDP 공식(공급)

$$\text{생산성} \times \text{노동}^{a} \times \text{자본}^{b}$$

1) 지표 읽는 법

실질 GDP 성장률은 전분기 성적을 다음 분기 첫째 월 마지막 주에 발표하는 후행지표이긴 하나, 물가, 소비, 투자 등의 실적을 포함하는 '종합성적표'이다. 따라서 GDP 성장률 발표 전후로 금융시장에 상당한 영향력을 미친다. 측정 단위는 미국 실질 GDP 성장률은 전 분기대비 성장률을 연율화한 수치(×4한 수치)이다. 금융시장에 필요한 주요 세부 항목들은 다음과 같다.

가. 수요관점 항목(민간소비, 민간투자, 정부지출, 순수출): 발표 GDP 성장률 기여도

나. PCE: 전분기를 종합한 물가지표이자 연준의 목표 인플레이션으로, 속보치의 경우 다음 영업일 발표하는 PCE 실적을 예측할 수 있음

다. 국내생산 최종판매(Final sales of domestic sales, 또는 GDP sales): 정부 및 민간소비자 앞 판매로 나누어지며, 소비자의 기저수요를 나타내는 수치임

라. GDI(예비치부터 발표 - 2, 5, 8, 11월 발표치 참조): 이론상 실질 GDP 성장률과 유사한 수치가 나와야 함. GDI 성장률이 GDP 성장률보다 높을 경우, 차기 GDP 성장률이 높아질 것으로 예상할 수 있음

이 지표는 미 경제분석국(US Bureau of Economic Analysis)에서 발표하는 자료로서, 발표 직후 보도자료 요약본을 통해서 세부항목들을 파악할 수 있다.

[그림 3-27] 실질 GDP 성장률 보도자료(2025. 1. 30.) - 2024년 4분기 실적발표

가. 지표 요약

미국 경제분석국(Bureau of Economic Analysis)이 발표한 예비 추정치에 따르면, 2024년 4분기(10월, 11월, 12월)의 실질 국내총생산(GDP)은 연간 2.3% 증가했습니다. 3분기 실질 GDP는 3.1% 증가했습니다.

Gross Domestic Product, 4th Quarter and Year 2024(Advance Estimate)

Real gross domestic product (GDP) increased at an annual rate of 2.3 percent in the fourth quarter of 2024 (October, November, and December), according to the advance estimate released by the U.S. Bureau of Economic Analysis. In the third quarter, real GDP increased 3.1 percent.

Real GDP, Percent Change from Preceding Quarter

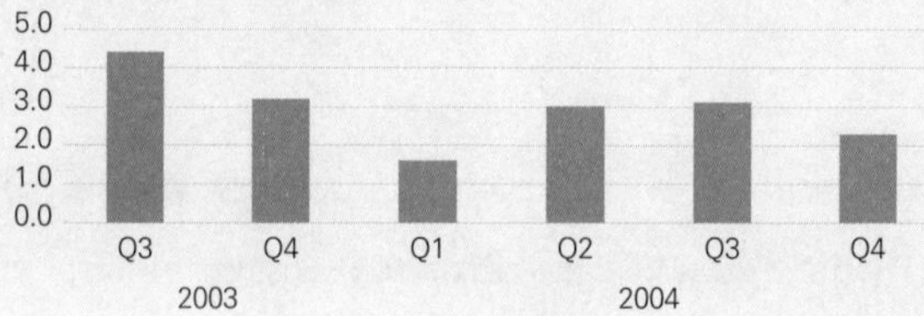

나. 수요관점 항목별 실질 성장률

4분기 실질 GDP의 증가는 주로 소비자 지출과 정부 지출의 증가를 반영한 것이었고, 이는 부분적으로 투자의 감소로 상쇄되었습니다. GDP 계산에서 빼는 수입은 감소했습니다.

Contributions to Percent Change in Real GDP, 4th Quarter 2024
Real GDP increased 2.3 percent

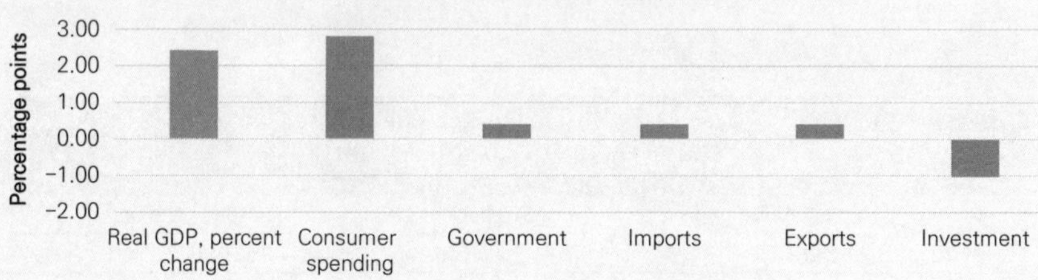

주: 수입은 GDP 계산 시 감소 요인임. 따라서 수입 감소는 GDP 상승의 결과를 가져옴

다. PCE(Personal Consumption Expenditure, 개인소비지출)

국내 총 구매력 지수는 3분기 1.9% 상승에 비해 4분기 2.2% 상승했습니다. 개인 소비 지출(PCE) 가격 지수는 1.5% 상승에 비해 2.3% 상승했습니다. 식량과 에너지 가격을 제외한 PCE 가격 지수는 2.2% 상승에 비해 2.5% 상승했습니다.

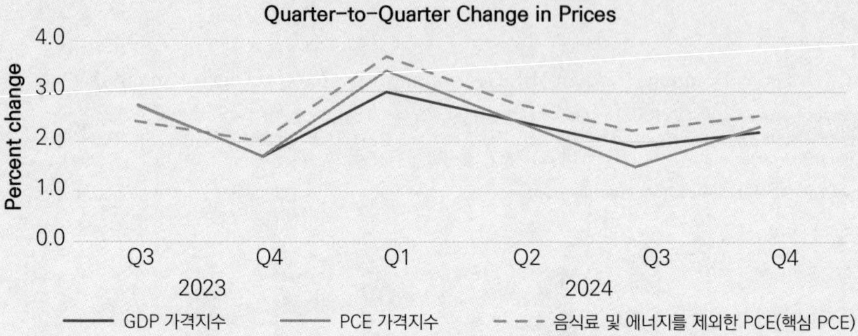

(출처) 미 경제분석국(https://www.bea.gov/news/2025/gross-domestic-product-4th-quarter-and-year-2024-advance-estimate, 2025. 1. 31. 검색)

[그림 3-28] 실질 GDP 관련 지표(2025. 1. 30. 발표) 수치 및 추이(2020. 1.~2024. 12.)

예상치 대비 실제치를 비교하면서, 남색 박스를 선택(더블클릭)하면 선택기간 추이를 볼 수 있다.

Thursday, January 30, 2025						
발표 시각 (미 동부시간 기준)	통화	시장 영향도	발표 지표명	실제치	예상치	직전 수치
08:30	USD	★★☆	Continuing Jobless Claims	**1,858K**	1,890K	1,900K
08:30	USD	★★☆	Core PCE Prices (Q4) P	**2.50%**	2.50%	2.20%
08:30	USD	★★★	GDP (QoQ) (Q4) P	2.3%	2.7%	3.1%
08:30	USD	★★☆	GDP Price Index (QoQ) (Q4) P	2.2%	2.5%	1.9%
08:30	USD	★☆☆	GDP Sales (Q4) P	**3.2%**		3.3%
08:30	USD	★★★	Initial Jobless Claims	207K	224K	223K
08:30	USD	★☆☆	Jobless Claims 4-Week Avg.	**212.50K**		213.50K
08:30	USD	★☆☆	PCE Prices (Q4) P	**2.3%**		1.5%

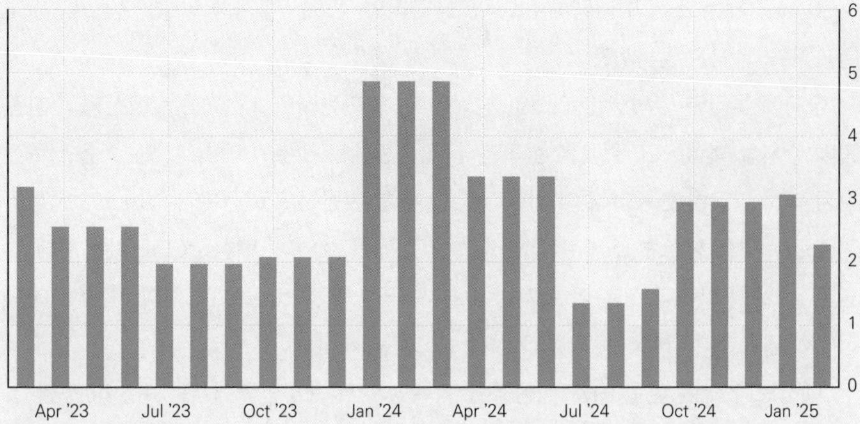

(출처) 인베스팅닷컴

2024년 4분기 실질 GDP 지표 해석

나 대리는 신 부장으로부터 미국의 24년 4분기 실질 GDP 결과 및 분석, 그리고 금융시장 영향에 대한 간략한 보고서 작성을 지시받았다. 실질 GDP 성장률은 예상치인 2.7% 대비 낮은 2.3% 성장에 그쳤으니, 앞으로 성장둔화를 예상하고 금리가 하락할 줄 알았다. 그런데 오히려 금리는 발표 직후에 반등하는 모습을 보이고 있다([그림 3-29] 참조). 이를 어떻게 해석해야 할까?

[그림 3-29] 미국 10년 국채 금리 추이(2025. 1. 30.)

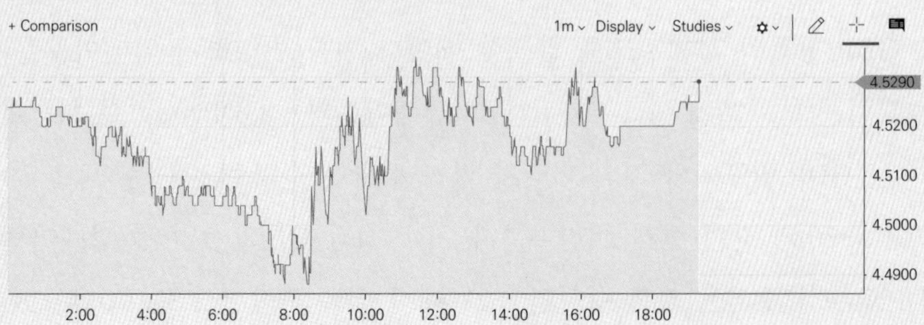

※ 발표시점: [그림 3-28]의 남색 박스(2025. 1. 30. 08:30, 미 동부시간 기준)

(출처) CNBC

‘미국 경제는 소비가 지탱해주고 있고, 금리와 주가는 물가에 영향을 받으니 PCE 결과를 보면 되지 않을까?’

궁지에 몰리면 별의별 창의적인 생각이 나게 마련이다. 나 대리는 생산품의 최종 판매 수치와 핵심 PCE 결과를 살펴본다. 최종판매는 전분기 대비 3.2% 수준으로 전분기 대비 별다른 변동이 없이 비교적 강한 수치(일반적으로 전분기 대비 2% 성장을 기준으로 이를 넘으면 소비가 강세라고 판단함)를 보이며, 핵심 PCE도 예상치에 부합한 2.5%를 보이나, 전분기 수치인 2.2%보다 높아졌으니 물가압력이 커졌다. 대략 정리가 되었으니 나대리는 다음과 같이 보고서를 시작한다.

‘예상보다 낮은 실질 GDP 성장률을 기록했지만, 세부항목에서는 여전히 강한 소비지출 및 물가압력이 있었습니다.’

2) 보조지표 – GDPNow

실질 GDP 지표는 한 국가 경제체력의 종합성적표이다. 국가 경제를 설명하는데에 GDP 지표만큼 완벽한 것은 없다. 그러나 완벽하게 준비하려면 그만큼 시간이 지체되는 법, GDP는 발표시점 대비 최소 1~3개월 이전 경제상황을 설명한 것으로 실업률과 함께 대표적인 후행지표로 알려져 있다. 이를 보완한 보조지표로 애틀란타 연방준비은행에서 개발한 ‘GDPNow’라는 지표가 있다. 연방정부의 공식 GDP와 동일한 항목 및 수식으로 산출하며, GDP 항목의 경제지표를 발표할 때마다 이를 반영하여 업데이트를 한다. 특히 속보치 발표월(1, 4, 7, 10월)에 업데이트되는 GDPNow 수치는 대체로 실질GDP 발표치와 거의 괴리가 없는 정확한 수치로 각광을 받고 있다. [그림 3-30]과 같이 실제 24년 4분기 GDP 성장률 발표 1일 전 업데이트된 GDPNow상 수치는 직전 수치인 3.2%에서 대폭 하락한 2.3%로 발표했다. 그 이유는 미국의 무역수지가 예상치를 상회하는 적자를 보이고 도매 재고 역시 하락하는 모습을 보였기 때문인데, 무역수지는 순수출 항목에 도매 재고는 민간 투자항목에 포함되는 항목이다.

[그림 3-30] GDPNow(2025. 1. 29. 기준)

GDPNow 모델에 따른 2024년 4분기 실질 GDP 성장률(계절 조정 연율)은 1월 29일 기준 2.3%로, 1월 28일의 3.2%에서 하락했습니다. 이는 미 상무부 인구조사국의 '고급 경제 지표(Advance Economic Indicators)' 발표 이후 반영된 결과입니다.

이번 발표에 따르면, 4분기 실질 국내 총투자 증가율(nowcast)은 기존 0.1%에서 -0.9%로 하향 조정되었고, 순수출이 4분기 실질 GDP 성장률에 기여한 비율도 0.10%p에서 -0.61%p로 낮아졌습니다.

이번 수치는 4분기에 대한 마지막 GDPNow 전망치이며, 2025년 1분기에 대한 첫 번째 GDPNow 전망치는 1월 31일(금요일)에 발표될 예정입니다.

자세한 발표 일정은 아래의 'Release Dates' 탭을 참고하시기를 바랍니다.

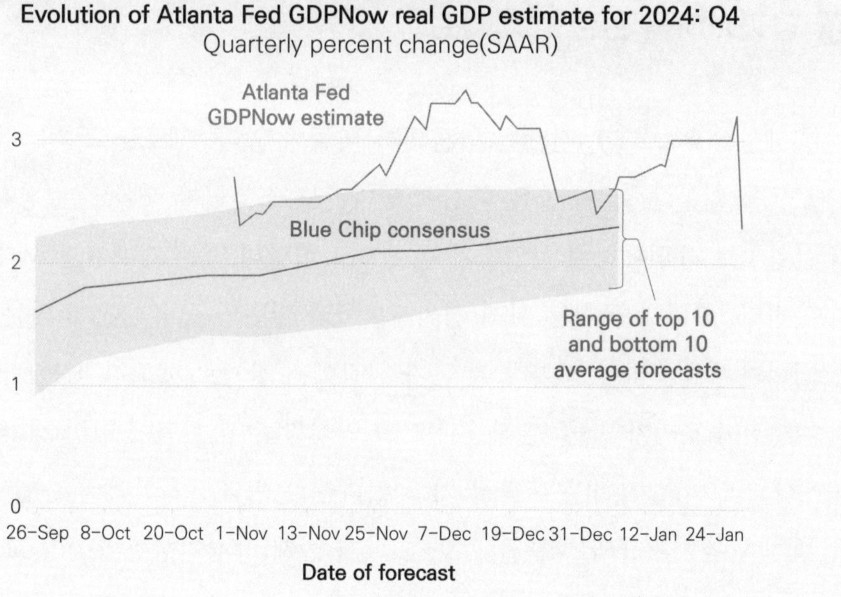

(출처) 애틀랜타 연은(https://www.atlantafed.org/cqer/research/gdpnow, 2025. 1. 29. 검색)

05

경기사이클과 채권금리

1 경기사이클 관련 경제지표

흥망성쇠(興亡盛衰). 경제는 나름의 사이클이 있다. 때로는 경기호황으로 절대 돈을 잃을 것 같지 않은 환경에 있다가도 소리없이 다가오는 경기침체의 그림자로 하루아침에 실업자가 쏟아지고 희망이 없는 경제상황을 대면하기도 하다. 그런데 문제는 실제 경기사이클과 일반인들이 깨닫게 되는 시점간 괴리가 발생한다는 점이다. 누군가 직장에서 강제로 해고가 되는 걸 보면서 '아, 진짜 경기가 안 좋긴 하구나'라고 인식할 시점 이전에 이미 경기가 안 좋아서 기업의 실적이 곤두박질 치고 있다는 것이다. 이 괴리를 좁힐 수 있는 방법이 경기지표의 흐름을 보면서 실제 현재의 경기상황이 어떻고 앞으로 어떻게 진행될 것인지 합리적으로 예측하는 것이다.

경기사이클을 알 수 있는 경기지표로는 동행지표와 선행지표가 있다. 용어에서 보듯 동행지표는 현재 경기사이클을 보여주며, 선행지표는 앞날을 내다보는 지표이다. 대표적인 동행지표로는 컨퍼런스보드에서 발표하는 동행지수이다. 참고로 경기사이클을 직관적으로 알 수 있는 실질 GDP 성장률은 후행지표이다. 선행지표로는 ISM 제조업/서비스업 PMI 및 미시간대 소비자심리지수가 비교적 높은 확률로 앞으로 경기가 어떻게 움직일 것인가를 판단하는 기준으로 사용한다. 단 선행지표는 미래를 내다보는 지표로 100% 경기사이클을 맞추지 못한다. 현 시점에서 바라볼 때 앞으로 일어날 가능성이 높다는 정도로 이해해야 한다. 그리고 연준은 경기침체 가능성이 나타날 때 주저없이 완화적인 통화정책을 사용하며, 경기가 너무 과열되어 물가 상승을 촉발할 때 선제적으로 금리 인상 등의 긴축정책을 통해 경기를 적당히 식혀놓는다. 선행지표가 항상 맞지 않은 이유이다.

1) 미시간대 소비자심리지수

발표일: 잠정치 – 매월 둘째 주 금요일, 확정치 – 잠정치 발표 2주 후

1946년 미시간대 조지 카토나(George Katona) 교수가 동 지표를 처음 소개한 이래, 1978년부터 매월 발표하는 대표적인 선행지수이다. 이 지표 산출의 근거가 되는 서베이는 5개 항목의 질문지로 구성이 되어 있는데 이는 다음과 같다.

- x1: 전년 대비 경제적으로 나아졌는지 여부
- x2: 현재 시점 대비 1년 후 경제적으로 나아질 것인지 여부
- x3: 현재 시점 대비 1년 후 기업환경이 경제적으로 더 나아질 것인지 여부
- x4: 현재 시점 대비 5년 후 지속적으로 기업환경이 나아질 것인지, 아니면 실업률 증가 또는 경기침체를 예상하는지 여부
- x5: 현재 시점에서 가정에서 사용하는 고가 제품(예를 들어, 가구, 냉장고, 가스렌지, 텔레비전)을 구입하기에 좋은 시기인지 여부

이 지표는 1966년 초를 100으로 하는 표준 지표이다. 2025년 1월 기준 이 지표는 단기 바닥을 찍고 다시 오르고 있으나 상승 추세가 될 지는 미지수이다([그림 3-31]의 1) 음영 참조).

[그림 3-31] 미시간대 소비자심리지수 추이(1978. 1.~2025. 1.)

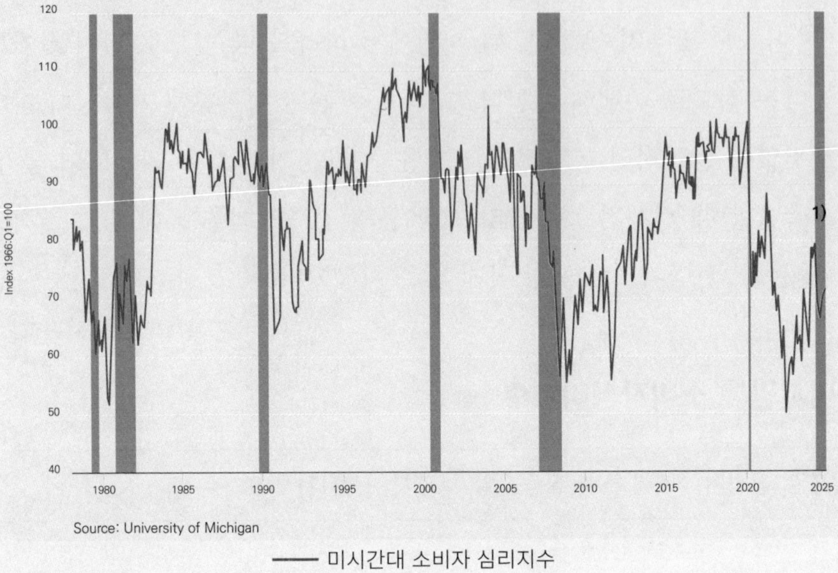

(출처) 세인트루이스 연은

2) 컨퍼런스보드 동행지수

발표일: 매월 19~22일 중 선행지수 발표 시 세부지수로 발표

컨퍼런스보드는 1916년 설립된 비영리 연구기관으로 기업들이 미래를 대비할 수 있도록, 신뢰할 수 있는 통찰력을 제공하는 것을 목표로 한다. 주요 지표는 6개월 후 미래를 예측하는 '소비자신뢰지수', 장기 경기사이클을 판단하는 선행지수, 동행지수, 그리고 후행지수 등이 있다. 여기서 동행지수는 현재 경기사이클이 어디를 지나가고 있는지를 알려주는 지표로 다음 세부항목을 기초로 산출한다.

- 비농업 순고용자수 증감(NFP)

• 이전지출(Transfer Payments)을 제외한 개인소득(Personal Income Ex-transfer)
• 산업생산(Industrial Production)
• 기업단위 판매(Business Sales)

2016년을 100으로 설정한 표준지표로 이 지표는 변곡점, 즉 방향을 바꾸는 시점을 주목해야 한다. 1960년 이후 경기침체기([그림 3-32]의 회색 음영)의 종료시점에서 다시 반등하는 모습을 보인다. 그리고 미 연방정부가 공식적으로 사용하는 선행지표인 컨퍼런스보드 선행지표의 추이와 비교할 때, 방향이 다른 경우 투자에 유의해야 한다. [그림 3-33]에서 보듯이 동행지수가 선행지수 대비 아래에 있을 때(동행지수 < 선행지수), 대체로 경기가 확장하는

[그림 3-32] 컨퍼런스보드 경기 동행지수 추이(1960. 1.~2025. 1.)

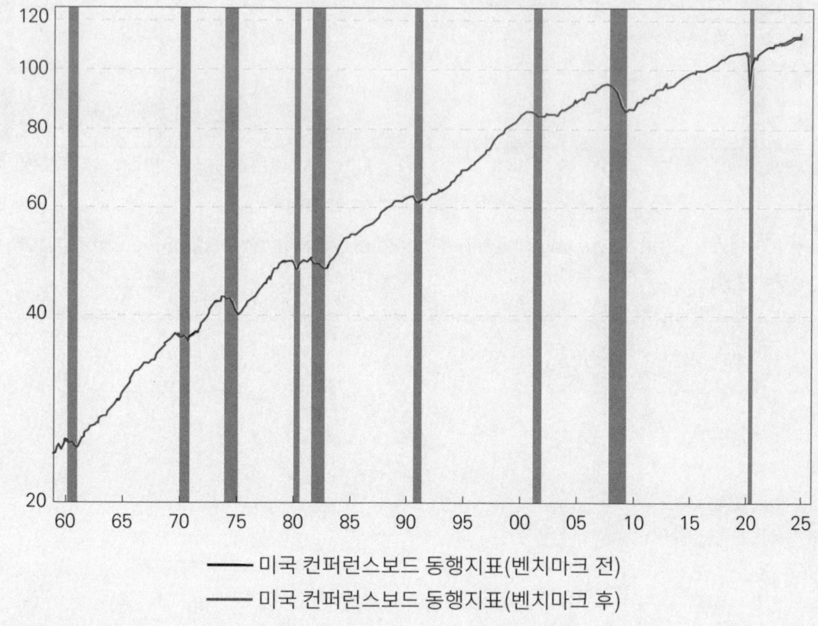

(출처) 컨퍼런스보드(https://www.conference-board.org/topics/us-leading-indicators, 2025. 1. 24. 검색)

모습을 보이나 위에 있을 경우(동행지수 > 선행지수) 경기가 둔화 내지 침체, 나아가서는 Tail Risk(회색 음영)를 보인다. 2025년 1월 기준 선행지표는 추세적 하락을, 동행지표는 지속적으로 강한 모습을 보이고 있다([그림 3-33]의 음영 1) 참조). 이는 2022~2023년 중 긴축적인 통화정책에도 불구하고 연방정부가 인플레이션 감축법, 반도체법 등에 기반하여 재정지출을 늘려서 경기침체를 막았다는 평가가 지배적이다.

[그림 3-33] 선행지수 및 동행지수 추이(2000. 1.~2025. 1.)

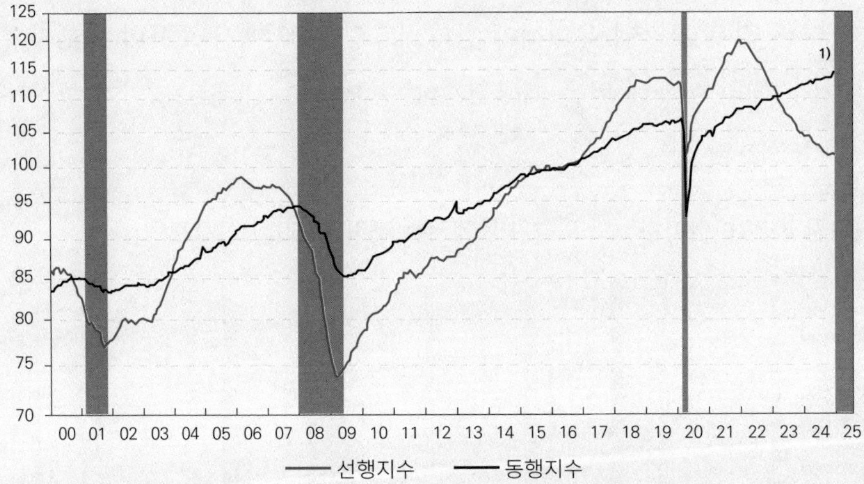

(출처) 컨퍼런스보드(https://www.conference-board.org/topics/us-leading-indicators, 2025. 1. 24. 검색)

2 실질 GDP로 바라본 경제사이클 역사

마크 트웨인은 역사는 똑같이 반복되지는 않으나, 비슷한 형태로 일어날 수 있다고 하였다. 경제사이클이 매번 똑같은 과정을 거치지는 않으나 일반적으로 다음의 여섯 가지 단계를 거친다.[1]

- 회복(확장 초기): 완화적인 통화정책, 확장적 재정정책으로 유동성 공급, 민간투자 자극
- 확장: 민간투자 증가, 원유 등 원재료 가격 상승, 소비 확대, 기업이익 개선
- 확장 후기: 통화긴축 시작, 고용 증가, 소비자물가 상승, 기업이익 및 임금 정점
- 침체 초기: 긴축 통화정책 지속, 민간투자 감소, 기업이익 부진, 완화적 통화정책 시작
- 침체 후기: 소비 위축 및 소비자물가 하락, 한계기업 속출, 해고 증가로 실업률 정점
- Tail Risk: 전쟁, 감염병 등의 비체계적인 위험 등으로 꼬리위험 발생

Tail Risk는 확률은 떨어지나 한 번 닥치면 엄청난 경기침체를 동반한 사건을 의미한다. 2000년 이후 주요 Tail Risk는 9/11 테러(2001), 리만브라더스 파산 및 금융위기(2008~2009), 동일본 대지진(2011), 코로나19 팬데믹(2020) 등이 있다. 2008년 금융위기를 제외하고 이 리스크는 수개월 내 연준의 적극적인 완화정책으로 해소되었으며 경기사이클은 바로 회복모드로 들어섰다.

2008년 금융위기 이후 오랜 기간(2008~2015, 2020~2022)에 걸친 연준의 제

1 신년기, '20년 차 신 부장의 채권투자 이야기', 지음미디어, 179-180면

로금리 유지, 양적완화 등으로, 금융시장에서는 일단 경기사이클이 침체의 징후가 보인다면 연준이 적극적으로 개입할 것이라는 믿음이 형성되었다. 그 결과 침체기간이 짧아지며 경기사이클 주기가 예전보다 짧아졌다. 즉 침체모드에서 바로 회복모드로 전환되는 현상을 보이고 있다. 또한 공화당이든 민주당이든 보다 큰 정부를 지향한다. 즉 연방정부에서 적극적인 재정정책을 펼침으로써 소위 '돈으로 경기침체를 막는다'라는 말이 어울린다. 특히 달러가 기축통화인 점을 십분 활용하여, 미 연방정부는 재정정책의 부작용인 정부부채 이슈 부담을 떨쳐낼 수 있다. 유럽, 일본, 한국 등 주요 선진국들의 경제가 둔화 내지 침체모드로 가고 있는 것과는 대조된다.

2000년 이후 실질 GDP 성장률을 토대로 경기사이클 단계를 분류 및 연도별 주요 금융상품의 수익률은 [표 3-10]과 같다.

[표 3-10] 경기사이클 변화에 따른 주요 항목 변화(2000~2024)

구분	성장률 (%)	경기 사이클	전년 대비 국채금리 변동(bp)	크레딧 스프레드 (bp)	S&P 500	금리 차 (bp)	커브 전년 대비 (bp)
2000년	4.1	확장후기, 침체초기	-133	440	-10.1%	1	-5
2001년	1.0	침체후기, Tail Risk	-6	-92	-13.0%	183	182
2002년	1.7	침체후기, 회복	-124	66	-23.4%	223	40
2003년	2.8	회복, 확장	43	-472	26.4%	241	18
2004년	3.8	확장	-3	-108	9.0%	117	-124
2005년	3.5	확장후기	17	61	3.0%	-2	-119
2006년	2.8	확장후기	31	-82	13.6%	-12	-10
2007년	2.0	침체초기	-68	303	3.5%	97	109
2008년	0.1	침체후기, Tail Risk	-181	1,220	-38.5%	145	47
2009년	-2.6	Tail Risk, 회복	163	-1,173	23.5%	270	125
2010년	2.7	회복, 확장	-54	-98	12.8%	270	0

2011년	1.6	Tail Risk	-142	182	0.0%	164	-106
2012년	2.3	회복, 확장	-12	-189	13.4%	151	-13
2013년	2.1	확장	127	-134	29.6%	264	114
2014년	2.5	확장	-86	104	11.4%	150	-114
2015년	2.9	확장후기	10	191	-0.7%	122	-29
2016년	1.8	확장후기	18	-273	9.5%	125	3
2017년	2.5	확장후기	-4	-59	19.4%	52	-73
2018년	3.0	확장후기, 침체초기	28	170	-6.2%	19	-33
2019년	2.6	침체초기, 회복	-77	-173	28.9%	34	15
2020년	-2.2	Tail Risk, 회복	-100	26	16.3%	79	45
2021년	6.1	확장	60	-76	26.9%	77	-2
2022년	2.5	확장후기, 침체초기	237	171	-19.4%	-56	-133
2023년	2.9	침체초기, 회복	0	-142	24.2%	-35	21
2024년	2.8	회복, 확장	70	-47	23.3%	33	68

※ 크레딧스프레드: ICE BofA US High Yield Index Option-Adjusted Spread
금리 차: 10년 – 2년 미국 국채

(출처) 신년기, '20년 차 신 부장의 채권투자 이야기', 188면 일부수정, Bloomberg, 세인트루이스 연은

3 경기사이클에 따른 채권전략

경기사이클 단계별 국채 및 회사채, 그리고 회사채 스프레드, 그리고 장단기 스프레드는 [표 3-11]과 같이 정리할 수 있다.

[표 3-11] 경기사이클 단계별 금리(국채/회사채), 회사채 및 장단기 금리 스프레드 요약

구분	회복	확장	확장후기	침체초기	침체후기	Tail Risk
국채금리	하락	상승	상승	상승/보합	하락	하락
회사채금리	하락	하락	상승	상승	하락	상승
회사채 스프레드	축소	축소/보합	확대	확대	확대/보합	확대
장단기 스프레드	보합/확대	확대	축소	축소	확대	확대

채권은 일종의 '배당' 상품이다. 그것도 외부환경과 관계없이 무조건 지급일에 맞춰 채권 발행할 때 정한 조건에 맞춰 지급하는 '고정수익(fixed income)'형 상품이다. 경기사이클과 관계없이 채권에 투자할 경우 듀레이션, 즉 금리 변화에 따른 가격민감도를 최대한 낮추면서 이자수익을 얻을 수 있도록 투자계획을 짜야 한다. 예를 들어 기관투자가의 경우 채권 투자 전체 비중의 약 80%를, 개인투자자도 50% 이상, 이자수익 비중을 가져가야 한다. 그리고 나머지 비중을 경기사이클 단계 초기라면 현재 경기사이클, 경기사이클 단계 후기라면 다음 경기사이클에 맞게 투자전략을 짜야 한다. 아생연후살타, 즉 나의 집을 단단히 지킨 후에 적을 공격한다는 의미인데 채권 투자 할 때 내 수익을 먼저 확정시키고, 여유자금으로 적극적인 매매로 추가수익을 얻을 수 있는 포트폴리오를 구성하자는 것이다. 지금까지 서술한

내용과 채권전략의 종류에서 언급한 전략을 토대로 한 채권전략 제안은 [표 3-12]와 같다.

[표 3-12] 경기사이클 단계별 추천 채권 전략

구분	회복	확장	확장후기	침체초기	침체후기	Tail Risk
공통	단기 회사채(투자등급) 투자					
전략	듀레이션 확대, 커브확대, 전환사채, 인플레이션	회사채 스프레드 축소, 듀레이션 축소, 크레딧바벨, 인플레이션	듀레이션 축소, 커브축소	듀레이션 확대(국채), 국채 커버드콜	듀레이션 확대, 전환사채, 커브확대, 인플레이션	듀레이션 확대 (국채)

트럼프 2.0 시대의 유망 채권투자

트럼프가 돌아왔다. 2025년 1월 20일 미국의 제47대 대통령에 취임한 이후, 그는 1기 집권시절 및 2024 대선 공약대로 감세 및 관세를 추진하고 있다. 한 가지 다른 점은 그가 존경한다고 밝힌 매킨리 전 대통령(재임 1897~1901)처럼 해외 영토에 관심이 많고(캐나다를 51번째 주로 편입 제안, 그린란드 구매, 파나마 운하 반환 요구) 감세정책보다 관세를 먼저 꺼내들었다는 점이다(1기 때는 2017년 감세 정책 후 2018년 중국 등 주요국에 관세 부과). 이론적으로는 감세는 세수부족에 따른 국채발행 증가 및 기업투자, 소비 촉진, 그리고 관세는 국내 수입품 물가 상승, 그리고 상대방 국가의 맞불 관세에 따른 원가 상승 등으로 물가가 상승한다. 물가가 상승하면 채권금리가 상승할 것이고 이는 채권가격 하락으로 이어진다.

그런데 단순히 금리상승으로 끝난다고 보면 안 된다. 실제 감세정책이 미국 경제를 얼마나 끌어올렸나에 대한 논쟁은 여전하다. 실제 부자들에게만 혜택이 가는 선택적 정책이라는 비판이 있어 소비의 국가 미국에서 과연 소비가 늘어날지 의문이다. 그리고 이미 현재 법인세율은 트럼프가 1기 때 내렸던 수준인 21%이다. 효과는 반감될 가능성이 높다. 그리고 관세는 결국 경기침체로 이어질 수 있다. 이것은 미 국채와 같은 안전자산 선호현상으로 귀결될 수 있다.

트럼프와 파월 의장 간 '말싸움'도 예정되어 있다. 트럼프는 에너지 생산으로 물가를 떨어뜨릴테니 파월에게 금리를 낮추라고 포문을 열었다. 그런데 파월은 지난 1월 FOMC 후 기자회견에서 트럼프의 의견에, 연준의 고려사항이 아니라고 잘라 말했다. 트럼프의 파월에 대한 해임압력은 지난 2018년 트럼프 1기 시절에 보았던 말폭탄에 그치지는 않을 것이다. 실제 해임카드를 만지작하면서 기준금리 압력을 넣을 것이다. 결과가 어찌 되었든 금융시장에서 가장 영향력 있는 인물들의 갈등으로 채권금리는 반응할 것이다. 만약 파월이 트럼프에 굴복한다면 연준의 신뢰성에 의심을 하면서 단기금리는 내리나 물가와 장기금리는 상승할 수 있다. 파월이 마이웨이, 즉 경제지표에 따라 의사결정을 한다면 금리는 안정적으로 하락하는 모습을 보일 것이다. 연준의 적정한 긴축정책은 도리어 장기금리와 물가를 동시에 낮출 수 있기 때문이다.

2025년 2월 기준 경기확장 국면에서 채권투자는 철저하게 이자수익을 얻는 것을 목표로 해야 하며, 대체로 인플레이션 압력이 높아지는 시기라는 점을 감안하면, 이자수익에 목적을 둔 단기하이일드 채권, 인플레이션 연계 채권(TIPS), 채권형 커버드콜(채권이자에 채권 콜옵션, 즉 채권 매수권리(반대의 권리를 풋옵션이라고 한다)를 매도하면서 받는 프리미엄을 합친 구조)이 유망한 상품이라고 필자는 생각한다.

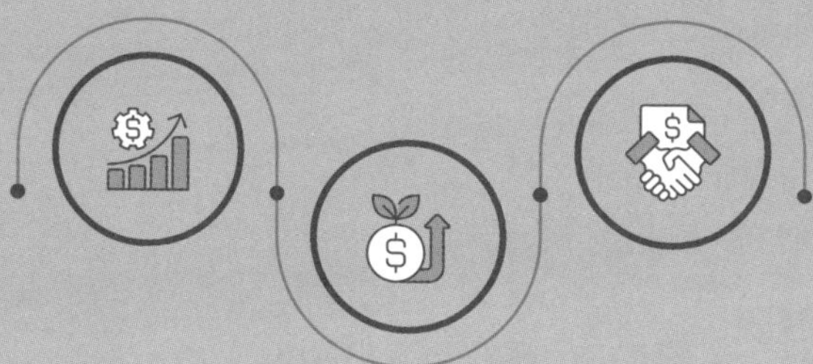

4

미국 채권형 ETF

01 주식의 시대가 가고 채권의 시대가 오다!
02 아생연 전략(내 집부터 지키자!) - 이자수익 초점 전략
[후살타 전략 - 내 집을 잘 지켰으니 돈 벌러 공격!]
03 후살타 전략 1 - 듀레이션 베팅
04 후살타 전략 2 - 스프레드 전략
05 후살타 전략 3 - 인플레이션 헤지 전략
06 후살타 전략 4 - 하이브리드 전략

01

주식의 시대가 가고 채권의 시대가 오다!

2025년 2월 기준, 미국의 경기사이클은 확장 후기에서 침체 초기 단계로 접어들고 있다. 코로나19 팬데믹 이후 노동가능인구 감소(정부에서 지원금이 나오고 연준에서 무제한으로 돈을 살포하는데 보유자금으로 주식 투자해서 돈을 버는 게 더 낫다는 판단에 기인함)에 따른 공급망 교란, 빠른 경기회복 등으로 물가가 상승하면서 2022년 초부터 기준금리를 빠르게 인상했다. 그러나 2023년 3월 미국 국내에서는 실리콘밸리은행 파산, 이어 나온 지역은행 연쇄 파산 위기, 바깥에서는 크레딧스위스 부실로 UBS에 인수되는 현상이 나타나고 경기지표가 둔화되는 모습을 보이자, 연준은 기준금리 인상을 멈췄다. 이어 2024년 9월 0.5%(50bp) 인하를 시작으로 11월, 12월 각 0.25%(25bp) 씩 기준금리를 인하하였다. 그런데 경기둔화를 가리켰던 고용지표, 물가지표가 다시 반등하는 모습을 보이기 시작했다. 그러자 연준은 2025년 첫 번째 FOMC(Federal Open Market Committee, 연방공개시장위원회) 회의에서 기준금리를 동결했다. 인하 속도조절에 나선 셈이다. 그리고 트럼프 2.0 시대가 열렸다.

2025년 1월 말 기준 미국 2년 국채금리는 4.22%이다. 반면 S&P 500의 기업이익 대비 주가, 즉 Price to Earning ratio(이하 PE 비율)는 약 29.97이

다.[1] 주식투자자들은 이들 기업이 영업을 통해 벌어들이고 있는 수익대비 30배의 프리미엄을 얹어서 주식거래를 하고 있는 셈이다. 현재 시점에서 주식매매를 통해 얻을 수 있는 기대 수익률은 PE비율의 역수인 약 3.3%에 불과하다. 빙하기에 들어서지 않는 한 망할 일이 없다(?)고 믿는 미국 연방정부가 발행하는 단기 국채수익률이, 위험자산을 대표하는 주식 수익률보다 더 높은 셈이다([그림 4-1] 참조).

[그림 4-1] S&P500 수익률 – 2년 국채금리 추이(2000. 1.~2025. 1.)

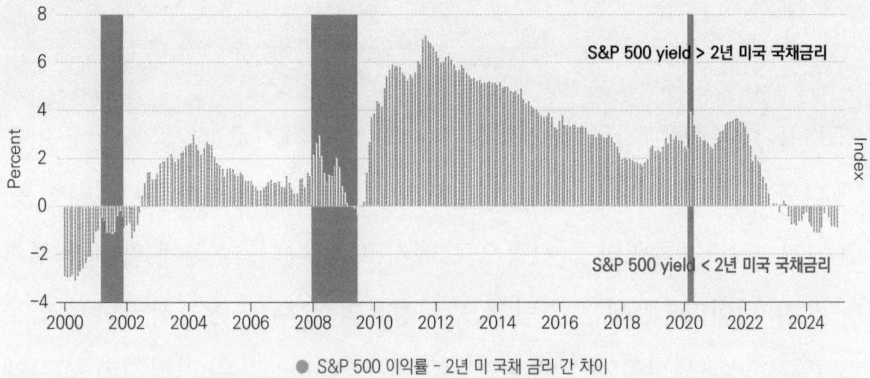

(출처) MacroMicro(https://en.macromicro.me/collections/34/us-stock-relative/3231/sp500-dividendyield-2yr-bondyield-spread, 2025. 2. 4. 검색)

회사채 스프레드의 경우 BBB- 이상의 투자등급 회사채의 스프레드와 그 미만의 하이일드 회사채 스프레드 모두 10년 이래 최저점 수준이다. 회사채 스프레드 자체에 베팅하여 투자하는 전략은 바람직하지 않다([그림 4-2] 참조).

1 출처: https://www.multpl.com/s-p-500-pe-ratio

[그림 4-2] 투자등급 및 하이일드 회사채 스프레드 추이(2015. 1.~2025. 1.)

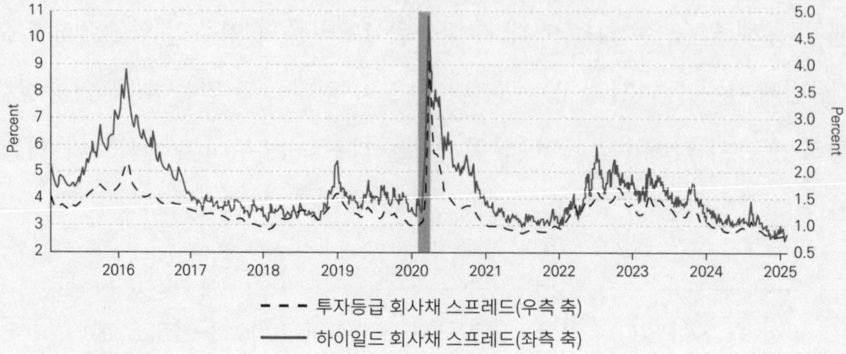

(출처) 세인트루이스 연은

트럼프 대통령은 지난 1기 행정부 때와 마찬가지로 감세와 관세 이슈를 들고 나왔다. 다른 점은 1기 때는 감세카드를 먼저 꺼낸 후 관세 위협을 한 반면, 2기 때는 콜롬비아를 시작으로 멕시코, 캐나다, 중국에 관세를 부과하겠다고 한 점이다. 관세는 일반적으로 정부의 세수를 증가시키며 수입물가가 오른 후 국내생산물가가 오르는 추세를 따른다. 겨우 진정시킨 인플레이션이 재차 오를 수 있는 우려가 있다. 그런데 관세는 소비자들의 소비 자체를 감소시키며 자칫 경기침체로 이어질 수 있는 양면성을 가지고 있다.

트럼프 대통령은 연준에게도 압력을 넣고 있다. 마치 2018년과 2019년 1기 행정부 때도 같은 연준의장인 파월에 대한 금리인하 압력, 그리고 해임 카드를 만지작거렸던 때와 비슷하다. 그리고 '베이비 드릴 베이비'로 상징하는 에너지 채굴에 대한 규제완화 및 생산 촉진으로 에너지 가격을 내리겠다고 밝히고 있다. 연준의 독립성을 훼손할 경우, 닉슨 대통령 시절 연준에 금리 인하 압력으로 1970년대 인플레이션으로 고통을 받았던 시절과 같이 인플레이션 상승 가능성이 있다. 그리고 에너지 채굴은 원가 이상의 판매가격이 보장되지 않으면 채굴량은 제한적이다.

채권금리가 주식수익률보다 높고 확장후기에서 경기침체로 접어드는 현재, 연준은 금리인하 속도를 조절하고 있을 뿐이지 실제 완화적인 통화정책을 고려하고 있다. 트럼프 2기 정부의 관세 등 정책의 양면성으로 금리 방향성을 예측하기 어려운 상황이지만, 침체초기, 회복 국면에서 높은 수익률 시현 가능한 채권투자를 고려해야 할 타이밍이다.

02

아생연 전략(내 집부터 지키자!) - 이자수익 초점 전략

이병헌 배우 주연의 '승부'(2025년 3월 개봉)라는 영화를 봤다. 바둑 영웅인 조훈현 9단과 그의 제자이자 신동으로 불리던 이창호 9단의 바둑 대결을 통해, 제자가 청출어람하는 모습에 복잡미묘한 조훈현 9단의 심리를 세밀하게 묘사한 점이 인상 깊었다. '아생연후살타(我生然後殺他)'라는 말은 우선 내 집을 단단히 지킨 후 상대를 공격하라는 바둑 전략에서 나온 한자성어이다. 마치 이창호 9단처럼 자기 집을 공고히 다진 후 상대방의 허점을 노려 차곡차곡 자신의 집을 늘리는 전략과 맥을 같이한다. 이렇게 전략을 발휘하면 결코 남에게 지지 않는 바둑을 완성한다.

PART 3의 05 '경기사이클과 채권금리'에서 언급했지만, 채권은 사전에 정한 지급일에 약속한 금액[1]을 발행자가 지급하는 고정수익형 상품이다. 채권으로 포트폴리오를 구성할 때 상당한 비중을, 신용위험과 금리위험을 줄이면서 고정수익을 얻는 전략을 짜야 한다. 즉 투자등급 이상이며 듀레이션이 짧은 (일반적으로 1년 이내) 채권형 상품을 충분히 매입해서 예측 가능한 수익률을 얻는 것이 절대 손해를 보지 않고 자신의 수익을 지키는 방법이자 채권투자의 제1원칙이다.

---

1 원금 × 쿠폰이자율(%)/n(1년에 n회 지급의 경우)

1 단기투자등급 회사채 ETF: VCSH(Vanguard Short-Term Corporate Bond Index Fund ETF Shares)

1) 우수한 성과가 나는 경기사이클

이 상품은 시장상황과 관계없이 채권이자를 바탕으로 한 배당수익을 목표로 하므로, Tail Risk로 인한 회사의 연쇄 부도 이슈가 나오지 않는 한 꾸준한 수익을 얻을 수 있다. 다만 확장에서 확장후기로 전환하는 상황에서 금리가 상승하며, 이자수익보다 가격하락에 따른 평가손실 가능성 있다. 만약 투자자가 평가손실에 대한 민감도가 커서 이 상품조차 부담스럽다고 한다면 이 상품보다도 듀레이션이 낮은 단기채권(회사채, 국채 또는 회사채와 국채 혼합) ETF를 투자하는 것이 바람직하다.

이 상품에 투자할 적정한 진입시기는 다음과 같다. 기준금리가 수 차례 인상되어 채권금리가 상승하는 시기에 일반적으로 단기금리가 장기금리보다 높은 경향을 보이므로 이자수익을 늘릴 수 있는 확장 후기의 '후기' 단계이다. 또한 회사채 스프레드가 대폭 확대되어 기준금리를 인하 및 연준의 유동성 공급을 기대할 수 있는 침체후기 및 Tail Risk 후기 단계이다.

회복	확장	확장후기	침체초기	침체후기	Tail Risk

※ 음영이 성과가 좋은 사이클이며, 음영 단계 후기가 진입 시기임

2) 상품 개요

이 상품은 뱅가드에서 운용하는 ETF로, 블룸버그 미국 1~5년 만기 회사채 지수(Bloomberg U.S. 1-5 Year Corporate Bond Index)의 성과를 추적하도록 설계된 인덱싱 투자 방식을 활용한다. 이 지수에는 만기 1~5년 사이의 미국

달러 표시 투자등급 고정금리 채권이 포함되며, 미국 및 비(非)미국 산업, 유틸리티, 금융 회사가 발행한 채권이다. 듀레이션은 일반적으로 2~3년 수준을 유지하고 있다.

이 상품은 투자등급 회사채로 구성되어 있으며, 동 채권은 미 국채금리 및 회사채 스프레드에 노출되어 있다. 일반적으로 안전자산인 미 국채금리와 발행사의 위험을 측정하는 회사채 스프레드는 역의 상관관계(미 국채금리가 내려가면(미 국채가격이 상승하면), 회사채 스프레드가 확대됨)가 있으나, 확장후기에 접어들면서 연준이 기준금리를 지속적으로 인상하면서 미 국채금리 상승뿐만 아니라 채권 수요가 감소하면서 회사채 스프레드가 동시에 확대되며, 고정수익인 이자수익으로 상쇄하기 어렵다. 따라서 경기가 과열되고 인플레이션 수준이 높아져서 연준이 기준금리를 올리는 분위기에서 잠시 더 짧은 듀레이션의 국채, 회사채 또는 이자수익이 높은 짧은 듀레이션의 하이일드 채권형 ETF로 갈아타는 것이 필요하다.

[표 4-1] 상품 개요

운용사	출시일	시가총액(달러)	수수료(%)	괴리율(%)	Tracking Error(%)	듀레이션(년)
뱅가드	2009. 11. 19.	412억 달러 (59.7조 원)	0.03	0.04	0.27	2.6
벤치마크		Bloomberg US Corporate 1-5 year				

3) 성과측정

이 상품은 듀레이션 3년 이내 단기회사채형 ETF으로 금리상승에 의한 손실에 상대적으로 덜 민감하다. 그럼에도 불구하고 2022년 연준이 기준금리를 0~0.25%에서 4~4.25%까지 가파르게 인상하면서, 이자수익에도 불구하고 총 수익률은 마이너스를 보였다. 이듬해인 2023년 연준이 5차례 기준금리를 인상함에도 불구하고 플러스로 전환한 이유는 2022년 금리인상에 따른 단기회사채 수익률이 상승함으로써 충분한 이자수익을 얻을 수 있게 되면서 단기회사채에 대한 수요가 증가한 데에 기인한다(이자수익 > 시장금리). 여기에 2023년 7월을 마지막으로 연준이 물가를 충분히 안정시켰다고 판단, 기준금리 인상을 중단한 것도 수익률 향상의 원인이었다.

[그림 4-3] 기준가 추이(배당수익 제외, 설립일~2025. 2.)

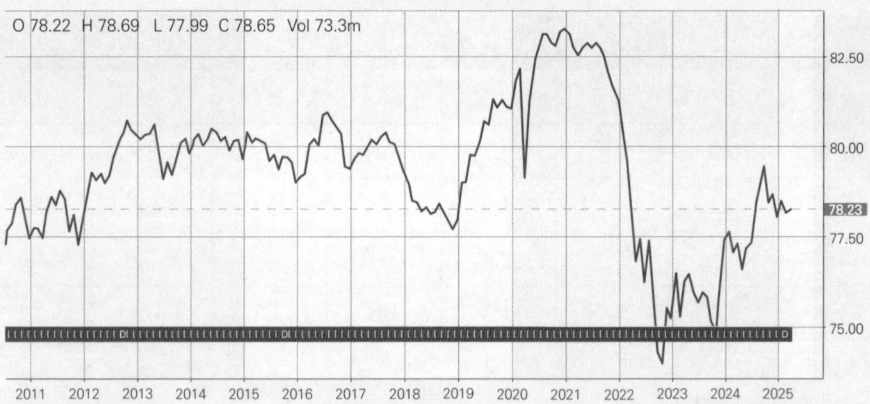

(출처) yahoo finance

[표 4-2] 지난 10년간 성과(%)

구분	2015	2016	2017	2018	2019	2020	2021	2022	2023	2024
경기	확장후기	확장후기	확장후기	확장후기 침체초기	침체초기 회복	Tail Risk 회복	확장	확장후기 침체초기	침체초기 회복	회복 확장
기준가	-0.8%	0.5%	-0.1%	-1.7%	4.0%	2.7%	-2.4%	-7.5%	2.9%	0.8%
배당	2.1%	2.1%	2.3%	2.7%	2.9%	2.3%	1.8%	2.0%	3.1%	4.0%
계	1.3%	2.6%	2.2%	0.9%	6.8%	5.0%	-0.6%	-5.5%	6.0%	4.8%

4) 보유종목 분석

이 상품은 미국 소재 기업들이 주로 발행하며, 잔존만기 1~5년인 A~BBB 등급 회사채를 주로 편입하고 있다. 업종별로는 금융 비중이 가장 높고 앞으로 대부분의 회사채 기반 ETF는 금융 비중이 가장 높을 것이다. 왜냐하면 금융은 차입을 기반한 자금으로 대출 및 투자를 영업자원으로 활용하기 때문이다. 전자, 제약 등이 그 뒤를 따르고 있다.

[표 4-3] 보유자산 통계(Top 5)

업종	비중(%)	국가	비중(%)	신용등급	비중(%)	실질만기*	비중(%)
금융	36.5	미국	81.9	AAA	0.7	0-1년	0.2
전자	5.9	영국	4.7	AA	5.9	1-3년	48.2
제약	4.2	캐나다	4.0	A	46.6	3-5년	45.8
리츠	4.1	일본	2.8	BBB	44.4	5-7년	4.9
자동차	3.7	호주	1.3	BB	2.6	7-10년	0.3

* 잔존만기(조기상환권리 없는 경우) 또는 발행회사가 조기에 상환할 수 있는 권리가 있는 최초일자 기준
(출처) Bloomberg 재편집

5) 유사상품

미국 단기국채 ETF는 신용위험이 없는 안전자산이나 동일만기 회사채에 비해 수익률이 낮다. 반면 투자등급 회사채 ETF는 발행사 고유의 양(+)의 회사채 스프레드가 가산된 수익률을 보이므로 미 국채보다 수익률이 높다. 그럼에도 불구하고 경기침체 등 회사 신용에 부정적인 영향을 미칠 경우 이 상품의 가격이 하락하게 된다. 그러나 기초자산과 상관없이 듀레이션이 비교적 낮은 상품들임을 감안할 때 매매차익을 노리기 보다 이자수익에 초점을 맞추면서, 앞으로 다가올 투자기회에 투자할 유동자금 관리 측면에서 단기

채권 ETF를 투자하는 것이 투자자들의 일반적인 생각이다. 금리민감도가 높은 투자자의 경우, 아예 만기가 정해진 ETF(예: 2026년 말 만기가 도래하여 투자자에게 수익금을 분배하며 청산하는 BSCQ와 같은 단기회사채 ETF)에 투자해서 만기까지 보유하는 것이 바람직하다.

[표 4-4] 유사상품 수익률 추이

[단위: 백만 달러]

가. 회사채 ETF

티커		IBDQ			BSCQ			SPSB		
운용사		블랙록			인베스코			스테이트스트리트		
종류		회사채			회사채			회사채		
시가 총액		3,191 (약 4.6조 원)			4,248 (약 6.2조 원)			8,623 (약 12.5조 원)		
수수료		0.1			0.1			0.04		
듀레이션		0.4			1.2			1.7		
운용 type		패시브			패시브			패시브		
비고		25년 말 만기(청산)			26년 말 만기(청산)			-		
연도	**사이클**	**기준가**	**배당**	**합계**	**기준가**	**배당**	**합계**	**기준가**	**배당**	**합계**
2015	확장후기							-0.6%	1.4%	0.9%
2016		1.5%	3.4%	4.9%				0.4%	1.6%	2.1%
2017		2.8%	3.3%	6.1%	2.9%	2.9%	5.8%	-0.4%	1.9%	1.6%
2018	확장후기 침체초기	-5.7%	3.5%	-2.2%	-5.6%	3.3%	-2.2%	-0.9%	2.4%	1.4%
2019	침체초기 회복	9.9%	3.2%	13.1%	10.5%	3.2%	13.7%	2.3%	2.8%	5.1%
2020	Tail Risk 회복	5.5%	2.5%	8.0%	6.7%	2.4%	9.1%	1.8%	1.9%	3.8%
2021	확장	-3.5%	2.1%	-1.4%	-3.5%	1.9%	-1.6%	-1.4%	1.2%	-0.2%
2022	확장후기 침체초기	-7.9%	2.2%	-5.7%	-10.6%	2.5%	-8.0%	-5.1%	1.9%	-3.2%
2023	침체초기 회복	1.8%	3.3%	5.1%	2.0%	3.5%	5.5%	1.4%	4.1%	5.4%
2024	회복 확장	1.2%	3.8%	5.0%	0.7%	4.0%	4.7%	0.3%	4.8%	5.1%

나. 국채

티커		SGOV			SCHO			ICSH		
운용사		블랙록			슈왑			블랙록		
종류		국채			국채			국채		
시가 총액		32,050 (약 46.5조 원)			11,417 (약 16.6조 원)			5,232 (약 7.6조 원)		
수수료		0.09			0.03			0.08		
듀레이션		0.1			1.8			0.6		
운용 type		패시브			패시브			액티브		
비고		-			-			6개월 이내 고정 + 변동채		
연도	**사이클**	**기준가**	**배당**	**합계**	**기준가**	**배당**	**합계**	**기준가**	**배당**	**합계**
2015					-0.3%	0.7%	0.4%			
2016	확장후기				0.0%	0.8%	0.8%			
2017					-0.8%	1.1%	0.3%	0.3%	1.4%	1.7%
2018	확장후기 침체초기				-0.2%	1.8%	1.5%	0.0%	2.2%	2.2%
2019	침체초기 회복				1.1%	2.3%	3.4%	0.5%	2.6%	3.1%
2020	Tail Risk 회복				1.8%	1.3%	3.1%	0.4%	1.2%	1.6%
2021	확장	0.0%	0.0%	0.0%	-1.1%	0.4%	-0.6%	-0.3%	0.4%	0.2%
2022	확장후기 침체초기	0.1%	1.5%	1.6%	-5.1%	1.3%	-3.8%	-0.7%	1.7%	1.0%
2023	침체초기 회복	0.1%	4.9%	5.0%	0.4%	3.8%	4.2%	0.6%	4.8%	5.4%
2024	회복 확장	0.0%	5.1%	5.1%	-0.7%	4.3%	3.6%	0.1%	5.2%	5.3%

다. 국채+회사채 혼합

티커		JPST			SUB			BSV		
운용사		JP Morgan			블랙록			뱅가드		
종류		국채+회사채 혼합			국채+회사채 혼합			국채+회사채 혼합		
시가 총액		28,925 (약 41.9조 원)			8,799 (약 12.8조 원)			33,075 (약 48.0조 원)		
수수료		0.18			0.07			0.03		
듀레이션		0.8			1.8			2.6		
운용 type		액티브			패시브			패시브		
비고		국채 33%, 회사채 44%			AAA – 41%, AA – 48%			국채 71%, 회사채 29%		
연도	**사이클**	**기준가**	**배당**	**합계**	**기준가**	**배당**	**합계**	**기준가**	**배당**	**합계**
2015	확장 후기				0.0%	0.8%	0.8%	-0.5%	1.4%	0.9%
2016					-0.8%	0.7%	-0.1%	-0.2%	1.5%	1.3%
2017					-0.2%	0.9%	0.8%	-0.4%	1.6%	1.2%
2018	확장후기 침체초기	0.1%	2.1%	2.3%	0.5%	1.3%	1.8%	-0.7%	2.0%	1.3%
2019	침체초기 회복	0.6%	2.7%	3.3%	1.3%	1.6%	2.9%	2.6%	2.3%	4.9%
2020	Tail Risk 회복	0.7%	1.4%	2.1%	1.2%	1.2%	2.5%	2.8%	1.8%	4.6%
2021	확장	-0.6%	0.7%	0.1%	-0.7%	0.7%	0.0%	-2.5%	1.5%	-1.0%
2022	확장후기 침체초기	-0.7%	1.8%	1.1%	-2.9%	0.9%	-2.0%	-6.9%	1.5%	-5.4%
2023	침체초기 회복	0.2%	4.8%	5.0%	1.1%	1.7%	2.8%	2.3%	2.5%	4.8%
2024	회복확장	0.3%	5.2%	5.5%	0.0%	2.1%	2.1%	0.3%	3.4%	3.7%

2 단기하이일드등급 회사채 ETF: SHYG(iShares 0-5 Year High Yield Corporate Bond ETF)

1) 우수한 성과가 나는 경기사이클

이자수익을 향상시키는 데에 단기 투자등급 회사채 ETF만으로는 뭔가 부족하다. 신용위험을 좀 더 부담하더라도 이자수익을 향상시키기 위해 단기 하이일드 등급 회사채 ETF에 투자한다. [표 1-1]에서 소개했듯이, 하이일드 등급은 BBB- 미만 등급을 의미한다. 하이일드의 매력은 당연히 높은 쿠폰이자인데(시장수익률이라고 이해해도 좋음), 그 원리는 투자등급의 가장 낮은 등급인 BBB와 하이일드의 가장 높은 등급인 BB의 수익률 차이가 투자등급 내 1등급 차이가 나는 회사채 수익률 차이보다 훨씬 크다는 점에서 초과수익인 알파를 얻을 수 있다는 사실이다. 즉 실제 괜찮은 회사인데 하이일드 등급이기 때문에 지나치게 저평가 되어 있는(수익률, 즉 금리가 높을 수록 채권가격

[그림 4-4] 등급 간 스프레드(수익률 차이) 추이(bp, 2000. 1.~2025. 2.)

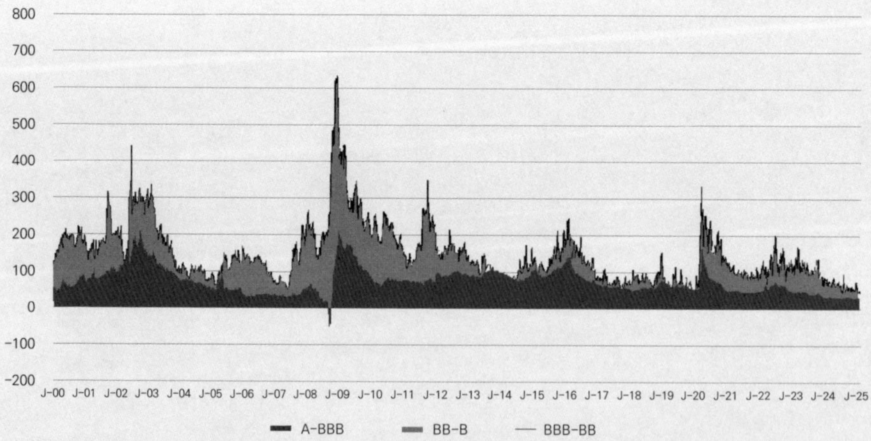

(출처) 세인트루이스 연은

은 떨어짐) 회사채들을 투자하는 개념으로 이해하면 된다. 물론 BB와 B등급 간 수익률 차이는, 발행사의 부도 가능성이 훨씬 높아지기 때문에 BBB~BB 등급 간 차이보다 더 크다([그림 4-4] 참조). 현재 경기가 좋아서 기업 부도가능성이 낮다면 당연히 낮은 등급을 투자자들은 찾게 된다.

하이일드 채권은 투자등급 채권 대비 경기사이클 변화에 따른 가격 변화가 크다. 그들의 부도 가능성이 비교적 높기 때문이다. 경기가 극도로 위축되어 있는 침체 단계에서 하이일드 등급의 기업이 종종 부도가 나는 경우가 있다. 침체 단계에서 안전자산인 국채금리는 하락하나 하이일드 등급 기업의 회사채 스프레드가 국채금리 하락 분 이상으로 확대가 되기 때문에 가격이 급락할 수 있다. 금리민감도를 최소화하고 이자수익에 집중하기 위해서는 듀레이션이 짧은 하이일드 채권을 주로 담는 ETF 투자가 필요하다.

회복	확장	확장후기	침체초기	침체후기	Tail Risk

※ ▒ 음영이 성과가 좋은 사이클이며, ▒ 음영 단계 후기가 진입 시기임

이 상품은 경기가 지나치게 과열되어 자칫 버블의 우려가 발생할 경우(경기침체초기) 및 연준이 기준금리를 빠르게 올려서 경기과열을 식히는 구간(확장후기)에서는 손실이 발생할 수 있다. 그러나 연준이 기준금리 인상을 종료한 시점(확장후기의 '후기' 단계) 및 침체가 일어나서 기준금리 인하, 양적완화 등 완화적인 통화정책 시행 가능성이 높을 때(침체후기), 진입할 때 높은 성과를 얻을 수 있다. 그 밖의 경기사이클 단계에서는 타 채권형 상품대비 안정적인 이자수익을 얻을 수 있다는 장점이 있다.

2) 상품 개요

이 상품은 ETF 운용사이자 블랙록의 자회사인 아이쉐어즈(iShares)에서 운용하는 ETF로, Markit iBoxx 달러표시 하이일드 채권 잔존만기 5년 이내 지수(Markit iBoxx USD Liquid High Yield 0-5 Index)의 성과를 추적하도록 설계된 인덱싱 투자 방식을 활용한다. 듀레이션은 일반적으로 2~3년 수준을 유지하고 있다.

이 상품은 하이일드 회사채로 구성되어 있으며, 동 채권은 미 국채금리 및 회사채 스프레드에 노출되어 있다. 듀레이션이 평균 2.5년(2025. 2월 기준) 이므로 이 상품의 금리 및 회사채 스프레드 민감도는 비교적 낮으며, 단기 투자등급 회사채 ETF 대비 최소 2% 이상 배당수익[1]이 높다는 점에서 이자를 바탕으로 한 수익에 초점을 맞춘다. 반면 확장후기에 접어들면서 연준이 기준금리를 지속적으로 인상하면서 미 국채금리 상승뿐만 아니라 채권 수요가 감소하면서 회사채 스프레드가 동시에 확대되며, 고정수익인 이자수익으로 상쇄하기 어렵다. 한편 2008년 금융위기, 2020년 코로나19 팬데믹, 그리고 2023년 초 미 지역은행 붕괴 위험 당시 연준의 적극적인 개입으로 장기간의 침체단계를 극복한 바 있다. 따라서 침체 후기 단계가 매우 짧아진 터라 침체로 접어들기 직전인 확장후기의 '후기'단계에서 재진입하여 높은 수익을 시현할 수 있다.

---

1 혹시 독자들 중에서 채권투자를 통해 얻는 이자수익과 채권 ETF 투자 때 받는 배당소득의 용어를 혼돈할 수 있겠다. 미국에 상장된 달러표시 채권 ETF의 배당주기는 일반적으로 1개월이다. 투자자에게 지급되는 배당수익은, 1개월 주기 간 확정되어 수령받은 이자수익 및 월중 Tracking error 및 괴리율 최소화 등의 목적으로(소극적 ETF는 운용역의 재량으로 기초자산의 평가이익에도 불구하고 매각해서는 안 됨) 매각한 수익을 포함한다.

[표 4-5] 상품 개요

운용사	출시일	시가총액 (달러)	수수료 (%)	괴리율 (%)	Tracking Error(%)	듀레이션 (년)
블랙록	2013. 10. 15.	65.0억 달러 (9.4조 원)	0.30	0.08	1.21	2.5
벤치마크		Markit iBoxx USD Liquid High Yield 0-5 Index				

3) 성과측정

이 상품은 듀레이션 3년 이내 단기하이일드형 ETF로 금리상승에 의한 손실에 상대적으로 덜 민감하다. 그런데 하이일드 채권 발행 당시 발행자가 일정기간 후에 언제든지 상환할 수 있는 옵션, 즉 콜옵션을 부여하기 때문에, 이러한 종류의 채권 듀레이션은 콜옵션 최초 행사기간에 맞춰 계산이 된다. 예를 들면, BB등급의 A 채권이 발행 당시 법정만기는 8년이나 A 발행사가 최초로 상환할 수 있는 콜옵션 행사가 발행 후 3년이 지나면 가능하다고 가정한다면, A 채권의 듀레이션은 3년을 기준으로 계산이 된다는 것이다. 침체단계로 접어들어 하이일드 등급 발행사의 부도가능성이 높아지면 콜옵션 행사를 하지 않고 법정만기까지 상환을 미루는 현상이 발생하므로 듀레이션이 길어지고 손실도 커진다는 점을 유의해야 한다.

지난 10년 동안 대체로 5%가 넘는 배당수익에 힘입어 양(+)의 수익을 시현하였다. 다만 **확장후기**(금리와 스프레드가 동시에 확대) 및 **침체초기**(금리하락 < 회사채 스프레드 확대 폭, 이때 발행사의 콜옵션 행사 연기로 듀레이션이 길어지는 단계)에 기준가 하락으로 2018년 보합, 2022년 마이너스의 수익률을 보이기도 했다. 2023년 초 실리콘밸리은행 청산 및 지역은행으로의 위기확산 시 연준이 보여준 유동성 공급 등 '최후의 대부자(Last Resort)' 역할을 수행하면서 침체단계는 매우 짧게 지나가고 바로 회복모드로 접어들었다. 이에 2023년 이후 높은 수익을 시현 중이다.

[그림 4-5] 기준가 추이(배당수익 제외, 설립일~2025. 2.)

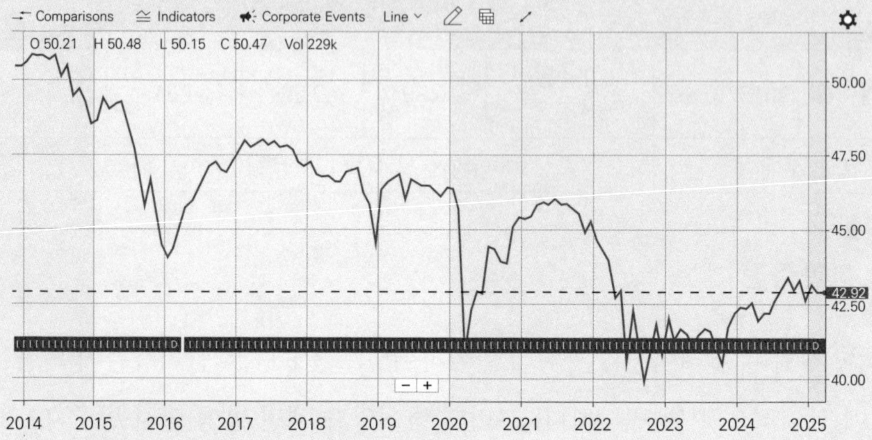

(출처) yahoo finance

[표 4-6] 지난 10년간 성과(%)

구분	2015	2016	2017	2018	2019	2020	2021	2022	2023	2024
경기	확장후기	확장후기	확장후기	확장후기 침체초기	침체초기 회복	Tail Risk 회복	확장	확장후기 침체초기	침체초기 회복	회복 확장
기준가	-8.3%	6.3%	-0.4%	-5.5%	4.2%	-2.1%	-0.3%	-9.7%	3.3%	0.9%
배당	5.2%	5.5%	5.5%	5.9%	5.3%	5.1%	4.8%	5.6%	6.5%	6.9%
계	-3.2%	11.8%	5.0%	0.4%	9.5%	2.9%	4.5%	-4.2%	9.8%	7.8%

4) 보유종목 분석

이 상품이 보유하는 채권들은 대체로 미국 소재 BB에서 B등급의 하이일드이며, 실질만기는 1~5년 구간의 회사채들이다. 업종은 투자등급 회사채 ETF와 달리 금융비중은 전체 5위 수준의 4.9%에 불과하며, 미디어, 소매업, 서비스업 순으로 높은 비중을 차지하고 있다. 단, 상위 5개 비중이 약 28%에 불과해, 비교적 다양한 업종으로 구성되어 있음을 알 수 있다.

[표 4-7] 보유자산 통계(Top 5)

업종	비중(%)	국가	비중(%)	신용등급	비중(%)	실질만기*	비중(%)
미디어	7.9	미국	79.8	BB	43.7	0-1년	3.8
소매업	5.2	캐나다	5.2	B	40.6	1-3년	30.3
서비스	5.1	케이만	2.2	CCC	12.3	3-5년	65.7
석유/가스	5.0	영국	1.9	CC	1.4	5-7년	0.1
금융	4.9	네덜란드	1.7	무등급	1.4	7-10년	0.0

* 잔존만기(조기상환권리 없는 경우) 또는 발행회사가 조기에 상환할 수 있는 권리가 있는 최초일자 기준
(출처) Bloomberg 재편집

5) 유사상품

투자등급 채권은 발행사 고유의 위험보다는 거시경제 위험에 의해 회사채 스프레드가 영향을 받는 반면, 하이일드 채권은 발행사 고유의 위험이 회사채 스프레드에 상당한 영향을 미친다. 왜냐하면 투자등급을 가진 회사들은 부도위험이 낮으니, 회사에 대단한 이벤트가 발생하여 신용등급 변화가 일어나는 상황이 아니라면 대체로 경기사이클에 나타나는 가격의 흐름을 따른다. 그러나 하이일드 등급은 부도위험이 급격히 높아지는 단계이므로, 부도위험에 따른 요구수익률과 실제 시장수익률 간의 괴리를 감안하여 투자여부를 결정해야 한다. 단순히 벤치마크를 따르는 소극적 ETF와 운용역의 재량에 의해 포트폴리오가 결정되는 액티브형의 수익률이 투자등급 대비 다소 차이가 나는 이유이다.

그리고 단기 하이일드 ETF가 2년 내외의 낮은 듀레이션을 보이고 있으나, 침체단계에서는 기업의 현금흐름이 부족해져 원리금 상환을 늦추는 현상이 발생할 수 있다. 대체로 이 상품들은 최장 법정만기 5년 이내 채권을 보유하고 있으므로, 대략 4~5년 사이의 듀레이션 수준까지 확대되어, 침체단

계에서 큰 폭의 가격하락이 발생할 수 있다. 이런 걱정으로 단기 듀레이션 형태의 상품 투자를 꺼려 한다면, 만기 확정형 하이일드 ETF에 투자하는 것이 비교적 마음 편히 지낼 수 있는 방법이다.

[표 4-8] 유사상품 수익률 추이

[단위: 백만 달러]

가. 단기듀레이션 ETF

티커		SJNK			HYS			SYFI		
운용사		스테이트스트리트			핌코			AB(얼라이언스번스틴)		
종류		하이일드 회사채			하이일드 회사채			하이일드 회사채		
시가 총액		4,973 (약 7.2조 원)			1,417 (약 2.1조 원)			812 (약 1.2조 원)		
수수료		0.4			0.55			0.4		
듀레이션		2.5			2.3			2.2		
운용 type		패시브			패시브			액티브		
비고		-			-			벤치마크 초과수익 추구		
연도	**사이클**	**기준가**	**배당**	**합계**	**기준가**	**배당**	**합계**	**기준가**	**배당**	**합계**
2015	확장후기	-11.1%	5.8%	-5.3%	-9.1%	5.2%	-3.9%	-4.2%	4.2%	0.0%
2016		7.7%	5.6%	13.3%	9.0%	5.1%	14.1%	5.0%	3.9%	8.9%
2017		-0.4%	5.6%	5.2%	0.6%	5.0%	5.6%	0.3%	3.6%	3.9%
2018	확장후기 침체초기	-5.6%	5.7%	0.1%	-5.3%	5.0%	-0.4%	-4.8%	4.5%	-0.3%
2019	침체초기 회복	3.5%	5.6%	9.1%	4.8%	5.0%	9.8%	5.8%	4.5%	10.3%
2020	Tail Risk 회복	0.0%	5.3%	5.3%	-1.5%	4.5%	3.0%	-0.5%	4.4%	3.9%
2021	확장	0.7%	4.2%	4.9%	0.9%	3.4%	4.3%	-1.1%	4.1%	3.0%
2022	확장후기 침체초기	-10.7%	5.9%	-4.8%	-9.9%	4.7%	-5.2%	-14.3%	7.1%	-7.2%
2023	침체초기 회복	3.7%	7.2%	10.9%	4.3%	6.4%	10.7%	5.2%	5.9%	11.1%
2024	회복 확장	0.4%	7.5%	7.9%	0.6%	7.4%	8.1%	1.4%	5.9%	7.2%

나. 만기확정형 ETF

티커		BSJP			BSJQ			IBHG		
운용사		인베스코			인베스코			블랙록		
종류		하이일드 회사채			하이일드 회사채			하이일드 회사채		
시가 총액		991 (약 1.4조 원)			971 (약 1.4조 원)			246 (약 0.4조 원)		
듀레이션		0.3			1.2			1.8		
운용 type		패시브			패시브			패시브		
비고		25년 말 만기(청산)			26년 말 만기(청산)			27년 말 만기(청산)		
연도	사이클	기준가	배당	합계	기준가	배당	합계	기준가	배당	합계
2015	확장후기									
2016										
2017										
2018	확장후기 침체초기	-9.8%	5.8%	-3.9%						
2019	침체초기 회복	10.5%	5.5%	16.0%	11.4%	5.5%	16.9%			
2020	Tail Risk 회복	-1.2%	5.0%	3.8%	-2.1%	4.6%	2.5%			
2021	확장	0.2%	4.3%	4.5%	0.2%	4.3%	4.4%			
2022	확장후기 침체초기	-10.0%	5.4%	-4.6%	-12.2%	5.6%	-6.6%	-13.7%	5.6%	-8.1%
2023	침체초기 회복	2.8%	7.1%	9.9%	2.7%	6.6%	9.3%	4.0%	6.7%	10.6%
2024	회복 확장	1.5%	6.3%	7.7%	0.6%	6.6%	7.2%	0.1%	7.0%	7.2%

3 커버드콜 국채 ETF: TLTW(iShares 20+ Year Treasury Bond BuyWrite Strategy ETF)

1) 우수한 성과가 나는 경기사이클

채권은 발행기업이 망하지 않는 한, 채권투자자는 주기마다(달러 고정채권의 경우 일반적으로 반기에 1회) 이자를 수령한다. 그런데 채권으로부터 나오는 이자수익을 높이는 데에는 한계가 있다. 순수한 채권투자 수익을 얻으려면 투자자 본인의 위험회피성향을 줄여서 하이일드 등급 채권에 투자를 해야 하는데, 이 또한 성에 차지 않는다. 그리고 금리가 하락해서 기준가 상승을 기대하기에는 채권금리의 움직임에 방향성이 없다. 뭔가 채권이자에 프리미엄을 얹을 수 있는 방법이 없을까? 이러한 고민을 하는 투자자들에게 채권형 커버드콜 ETF 상품(이하 커버드콜 ETF)이 안성맞춤이다.

[그림 4-6] 커버드콜 구조도*

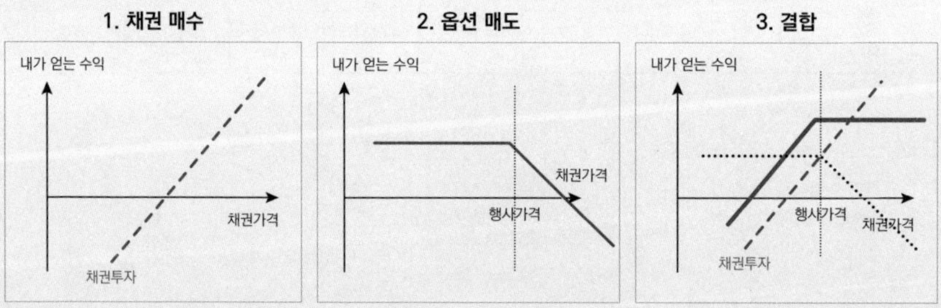

* 행사가격 이하: 옵션 매도 시 프리미엄 + 채권투자 payoff로 채권투자 시 수익 방향처럼 우상향하는 기울기 형성

행사가격 이상: 채권가격 상승에 따른 수익 증가(채권투자)와 수익 감소(옵션 매도)가 상계되어 행사가격 시 수익으로 고정

(출처) 신년기, '부자 아빠는 주식투자만 가르치지 않는다', 지음미디어, 147면

커버드콜의 구조는 [그림 4-6]과 같이 채권을 매수함과 동시에 동일 채권을 살 수 있는 권리, 즉. 콜옵션을 매도하는 대신 프리미엄을 수취하는 구조를 합친 것이다. 채권가격이 행사가격 주변에서 형성하는 금리 박스권(금리상한과 하한의 차이가 매우 작은 상황에서 상한과 하한 사이에서 한동안 금리가 형성되는 현상) 환경에서 커버드콜을 통해 배당수익을 제고할 수 있다.

커버드콜 ETF는 이미 정해진 이자 및 콜옵션 매도로 받은 프리미엄으로 높은 배당을 얻을 수 있다. 다만 금리 하락구간에서는 채권형 ETF Call Option 매도 포지션의 손실에 따라 가격상승이 제한되며, 금리 상승구간에서는 채권형 ETF 가격하락으로 손실을 볼 수 있다. 따라서 이러한 유형의 커버드콜 상품은 금리의 방향성 없이 소위 금리 상단과 하단이 막혀있는 '박스권' 장세에서 투자할 경우 유리한 상품이다. 따라서 금리 변동의 방향성이 없는 확장 및 침체초기에서 이 상품은 높은 수익을 얻을 수 있다. 반면 금리가 하락하는 회복시기 및 상승하는 확장후기 단계에서는 성과가 부진하다. 그리고 최적의 진입시기는 금리인상 후반기인 확장후기의 '후기' 단계이다. 충분히 배당수익이 높고 금리하락 가능성이 높아 특정가격에서 매수 권한이 있는 콜옵션 프리미엄도 높기 때문이다. 단, 상품의 평가손익에 일희일비 하지 않고 장기간 높은 배당수익을 원하는 투자자들한테는 경기사이클 관계없이 오랫동안 보유하는 것이 유리하다.

회복	확장	확장후기	침체초기	침체후기	Tail Risk

※ (음영) 음영이 성과가 좋은 사이클이며, (빗금 음영) 음영 단계 후기가 진입 시기임

"세제혜택 장점이라더니" … 연금계좌 해외주식ETF 배당 '이중과세'

정부가 퇴직연금계좌를 통한 해외 주식형 상장지수펀드(ETF) 투자가 '이중과세' 논란이 제기되자 후속 대책 마련에 나섰다.

올해부터 해외 간접투자로 얻은 배당 소득은 외국과 국내에 이중으로 세금을 납부하면서, 퇴직연금계좌가 국민 노후 보장을 위한 세제 혜택이 무색하다는 비판이 나왔다.

기재부는 개인종합자산관리계좌(ISA)와 개인 연금계좌에서의 9%, 3~5% 분리과세에 대해 종전 혜택이 유지될 수 있는 방안으로 금융투자협회와 논의하고 있다.

6일 금융투자업계에 따르면 정부는 업계와 논의를 거쳐 연금계좌에서의 연금소득세에 대해 이중과세가 적용되지 않도록 공제 방식을 조정할 방침이다. 관계자는 "3~5%의 연금소득세를 추가로 내지 않게 하겠다는 게 정부 방침"이라고 전했다.

정부는 연금계좌가 가지고 있는 펀드 손익통산의 제도도 바꾸지 않는 방식으로 가닥을 잡을 것으로 보인다.

연금계좌에서는 이익과 손실, 배당금, ETF 분배금 등 모든 손익을 통산하고 있다. 이 모든 부분을 고려하면 펀드별로 계산되는 현행 외국납부세액공제 방식은 기존과 다른 전산시스템 구축이 필요하다.

이러한 가운데 해외 채권형, 주식형 펀드와 ETF에 해당하지 않는 파생상품형 배당 ETF가 연금 시장에서 반사이익을 얻을 것이란 관측이 나온다.

미국배당다우존스 ETF 시리즈처럼 해외 주식에서 발생한 배당은 순자산가치(NAV)가 줄어드는 형태로 개편됐기 때문에 분배금이 감소하게 된다.

옵션 프리미엄을 매도해서 발생하는 커버드콜 ETF의 분배금은 변화가 없게 된다. 이에 해외 고배당 ETF보다는 커버드콜 ETF가 추후 더 연금 시장에서 선호될 것으로 보인다. (이하 "생략")

(출처) 금융소비자뉴스(http://www.newsfc.co.kr, 2025. 2. 6.)

2) 상품 개요

이 상품은 ETF 운용사이자 블랙록의 자회사인 아이쉐어즈(iShares)에서 운용하는 ETF로, CBOE TLT 2% OTM BuyWrite Index의 성과를 추적하도록 설계된 인덱싱 투자 방식을 활용한다. 여기서 2% OTM의 의미는 기초자산인 TLT 가격의 2% 높은 행사가격을 가진 콜옵션을 매도한다는 뜻이다(OTM은 Out of the Money의 줄임말로 기초자산의 현재가격보다 높은 행사가격으로 콜옵션을 행사하지 못하는 상태를 의미함). 듀레이션은 미 국채 20년 이상을 보유하는 TLT ETF의 듀레이션 수준(2025. 2월 기준 16.1년)을 따르나 콜옵션 매도로 인해 콜옵션 행사가격 이상에서는 듀레이션 효과가 사라지게 된다([그림 4-6]에서 보듯이 행사가격 이상에서는 손익구조가 기초자산 ETF 가격변화와 관계없이 일정함).

[표 4-9] 상품 개요

운용사	출시일	시가총액(달러)	수수료(%)	괴리율(%)	Tracking Error(%)	듀레이션(년)
블랙록	2022. 8. 18.	10.0억 달러 (1.4조 원)	0.35	0.08	0.70	-
벤치마크		CBOE TLT 2% OTM BuyWrite Index				

3) 성과측정

침체초기, 그리고 회복기로 접어든 2023년은 1분기 실리콘밸리은행 파산, 크레딧스위스 부실 위기 등으로 안전자산 선호현상을 보였다. 이후 연준이 빠르게 BTFP(Bank Term Funding Program)라는 구제금융 정책을 통해 지역은행 보유 국채 및 모기지채권을 액면가 기준 담보로 인정하여 유동성을 공급하며 위기에서 벗어났다. 이후 10월 말까지 미 국채 30년이 지속적으로 상승하는 모습을 보였다. 11월 이후 저가 매수세 및 기준금리 인상 종료 선언 등으로 2023년 말 드라마틱하게 금리가 하락하는 모습을 보이면서 기준가 하락을 어느정도 만회했다. 2024년은 기준금리 인하 기대감으로 5월부터 9월 말까지 금리 하락하다가, 10월 이후 경기지표가 되살아나며 급등하였다. 2023년, 그리고 2024년은 상승, 하락, 그리고 다시 상승 등의 박스권 장세를 보였다(단, 연초 대비 연말 기준가가 하락했다는 공통점을 가지고 있음).

TLTW ETF의 기준가 자체는 매년 말 하락하는 모습을 보였으나([그림 4-7]), 매년 배당수익률은 2023년 19.6%, 2024년 14.5%로 이를 합치면 2023년 이후 양(+)의 수익률을 시현하였다. 즉, 금리의 방향성이 상승과 하락을 반복하는 시장에서 비교적 장기간에 걸쳐 배당수익에 초점을 맞추는 투자자에게 안성맞춤인 상품이 바로 채권형 커버드콜 ETF이다.

[그림 4-7] 미 국채 30년 추이(2023. 1.~2024. 12.)

(출처) 세인트루이스 연은

[그림 4-8] 기준가 추이(배당수익 제외, 설립일~2025. 2.)

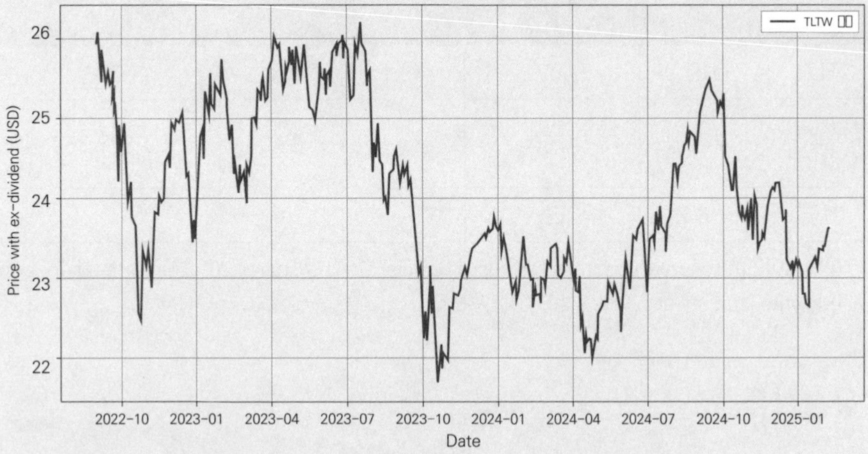

(출처) yahoo finance

[표 4-10] 지난 10년간 성과(%)

구분	2015	2016	2017	2018	2019	2020	2021	2022	2023	2024
경기	확장후기	확장후기	확장후기	확장후기 침체초기	침체초기 회복	Tail Risk 회복	확장	확장후기 침체초기	침체초기 회복	회복 확장
기준가									-15.3%	-14.4%
배당									19.6%	14.5%
계									4.3%	0.1%

4) 보유종목 분석

동 상품은 미국 20년 이상 국채로 구성된 TLT ETF와 TLT ETF 콜옵션 매도 포지션이 합쳐진 구조이다. 여기서 콜옵션은 옵션 발행 당시 TLT 현재 가격보다 2% 프리미엄을 가산한 행사가격을 가진 옵션을 말한다. 콜옵션은 1개월마다 새로운 만기로 롤오버를 한다.

[표 4-11] 보유자산 현황(2025. 2. 기준)

보유종목	비중 (%)	액면가치 (백만 달러)	듀레이션	행사가격	비고
TLT	101.9	1,027	16.1	-	매수
TLT Call Option	-2.1	-760	-	88.0	매도(1,823,362 계약)
현금	0.2	2	-	-	-

(출처) 아이쉐이즈(https://www.ishares.com/us/products/329118/ishares-20%20-year-treasury-bond-buywrite-strategy-etf, 2025. 2. 10. 검색) 재편집

5) 유사상품

TLTW와 동시에 아이쉐이즈에서 출시한, 투자등급 기준 LQDW 및 하이일드 등급의 HYGW가 있다. 이들 모두 TLTW와 같이, 기초자산(LQD, HYG)에 콜옵션 매도 포지션을 결합한 파생형 상품이다. 단 TLTW와 달리 이들 유사상품들은 안전자산의 금리뿐만 아니라 회사채 스프레드 위험에 노출이 되어 있다. 확장후기의 '후기', 침체초기 단계에서 이들 상품을 매입함으로써 수익률을 높일 수 있다. 다만 침체후기 단계 및 확장후기 초반에 보유 시에는 각각 회사채 스프레드 확대 및 국채금리 상승으로 손실을 입을 수 있다. 회복기에서는 금리하락 및 스프레드 축소에 따른 추가수익이 어려우나 높은 배당수익으로 안정적인 수익률을 시현할 수 있다.

[표 4-12] 유사상품 수익률 추이

[단위: 백만 달러]

<table>
<tr><th colspan="2">티커</th><th colspan="3">LQDW</th><th colspan="3">HYGW</th></tr>
<tr><td colspan="2">운용사</td><td colspan="3">블랙록</td><td colspan="3">핌코</td></tr>
<tr><td colspan="2">종류</td><td colspan="3">투자등급 회사채(파생형)</td><td colspan="3">하이일드 회사채(파생형)</td></tr>
<tr><td colspan="2">시가
총액</td><td colspan="3">215
(약 0.3조 원)</td><td colspan="3">210
(약 0.3조 원)</td></tr>
<tr><td colspan="2">수수료</td><td colspan="3">0.34</td><td colspan="3">0.69</td></tr>
<tr><td colspan="2">듀레이션</td><td colspan="3">-</td><td colspan="3">-</td></tr>
<tr><td colspan="2">운용 type</td><td colspan="3">패시브</td><td colspan="3">패시브</td></tr>
<tr><td colspan="2">비고</td><td colspan="3">LQD + LQD Call Option 매도</td><td colspan="3">HYG+HYG Call Option 매도</td></tr>
<tr><th>연도</th><th>사이클</th><th>기준가</th><th>배당</th><th>합계</th><th>기준가</th><th>배당</th><th>합계</th></tr>
<tr><td>2023</td><td>침체초기
회복</td><td>-12.8%</td><td>19.3%</td><td>6.5%</td><td>-7.7%</td><td>16.0%</td><td>8.2%</td></tr>
<tr><td>2024</td><td>회복
확장</td><td>-11.4%</td><td>15.7%</td><td>4.3%</td><td>-5.0%</td><td>12.3%</td><td>7.3%</td></tr>
</table>

4 MBS(Mortgage Backed Securities) ETF: MBB (iShares MBS ETF)

1) 우수한 성과가 나는 경기사이클

국채는 안전하나 투자등급이나 하이일드 등급 회사채보다 이자수익이 낮다. 가장 강한 창과 가장 단단한 방패를 모두 가지고 싶어하는 '모순'적인 투자자들은 미국 국채와 같이 부도의 위험이 없으면서 이자수익을 국채보다 더 높게 얻고 싶어한다. 과연 그럴 만한 채권이 있겠는가? 답은 그런 채권이 있다. 단, 뭔가 보이지 않는 희생이 필요하다는 점이다.

그런 채권이라 함은 바로 Agency MBS, 즉 기관 모기지 채권이다. MBS의 발행자는 지니메(Ginnie Mae), 페니메(Fannie Mae), 프레디맥(Freddie Mac) 3개의 기관이 있다. 지니메는 Government National Mortgage Association, 즉 정부 모기지 협회의 줄임말로 주택도시개발부(HUB)의 산하기관이다. 지니메가 발행한 MBS는 당연히 연방정부의 100% 보증을 받는 채권이다. 그리고 페니메, 프레디맥도 MBS를 발행하고 주택담보대출을 실행하기 위한 공공기관이며 현재 연방정부가 이들 우선주를 100% 보유하고 있다. 따라서 이들 기관이 발행하는 MBS도 실질적으로 미 연방정부가 원리금에 대해 보증하고 있다고 보면 된다.

MBS는 일반적으로 주택담보대출, 즉 Residential MBS를 의미한다. 이와 비교되는 상품이 상업용담보대출이며 이를 CMBS(Commercial MBS)라고 부르고 있다. MBS는 다수의 은행이 대출한 다양한 주택담보대출을 모아서 30년 만기의 동일한 쿠폰이자로 재탄생한 일종의 구조화채권이다. 미국의 주택담보대출은 국내와 달리 조기상환수수료가 없다. 돈 생기면 바로바로 갚아도 되는 구조이다. 따라서 주택담보대출 차입자는 금리가 하락하는 구간에서 기존의 대출을 갚고 이자가 더 낮은 주택담보대출을 받게 되는 것이다. 여기서 투자자들은 뭔가 보이지 않는 희생을 하게 된다.

MBS는 동일한 신용위험도, 아니 안전자산인 미 국채와 동일한 신용위험을 가지고 있으면서도 이자수익이 높다. 이자수익의 구조는 다음과 같다.

[Formula 4-1]

MBS 이자수익 = 동일 실질만기 미 국채 이자수익 + 조기상환(*Call*) 옵션 프리미엄

투자자들은 차입자가 아무 때나 갚을 권리로 인해 희생을 해야 하는 의무, 즉 조기상환 옵션에 상응하는 프리미엄을 요구하게 된다. 따라서 [Formula 4-1]에 의해 MBS 이자수익은 동일한 실질 만기를 가진 미 국채의 이자수익에 옵션 프리미엄을 가산한 이자수익을 얻을 수 있다.

그런데 MBS는 일반적인 채권가격과 금리의 관계와는 달리, [그림 4-9]와

[그림 4-9] 음(-)의 볼록성

주택담보대출증권(MBS)
차입자인 주택 보유자가 어느 때나 원금을 상환할 수 있기 때문에, MBS는 다른 수의상환채권(발행사가 언제든지 원리금을 부분 또는 전액 상환할 수 있는 옵션을 보유하고 있는 채권)과 같이 음(-)의 볼록성을 가지게 됩니다.

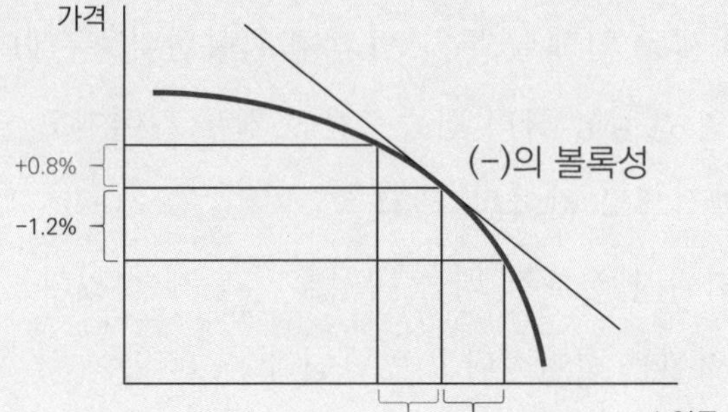

(출처) https://seekingalpha.com/article/4112251-your-dividend-is-doomed

같이 왼쪽을 바라보는 등이 굽은 사람의 모양을 하고 있다. 즉 금리가 떨어지면 조기상환 수요가 늘어나 MBS 가격 상승 폭이 제한되며, 반대로 금리가 상승하면 조기상환보다 시장금리 대비 낮은 차입금리의 MBS를 계속 가져가려는 차입자 수요가 늘어나(이 현상을 듀레이션이 길어지는 효과, 즉 익스텐션(Extension) 위험이라고 함) MBS 가격하락 폭이 커진다. 이를 음(-)의 볼록성이라고 한다.

따라서 MBS 투자는 금리의 변동이 별로 없이 박스권을 유지하는 확장후기의 '후기' 단계 및 침체초기에 진입할 때, 같은 경기사이클 단계를 오래 유지하거나 회복 단계에서 비교적 높은 수익을 얻을 수 있다. 반면 확장 단계에서 이 채권에 투자할 경우, 확장후기 단계에 접어들 때 금리상승구간에 걸리게 되어 듀레이션이 길어지고 가격하락폭이 커지면서 손실이 커진다.

회복	확장	확장후기	침체초기	침체후기	Tail Risk

※ ▒ 음영이 성과가 좋은 사이클이며, ▒ 음영 단계 후기가 진입 시기임

2) 상품 개요

이 상품은 ETF 운용사이자 블랙록의 자회사인 아이쉐어즈(iShares)에서 운용하는 ETF로, Bloomberg US MBS Index Total Return Index의 성과를 추적하도록 설계된 인덱싱 투자 방식을 활용한다. 듀레이션은 약 6년이다. 참고로 MBS의 특성상 금리 상승구간인 경우 길어지고 금리가 하락하는 구간에서는 제한적으로 짧아진다(음(-)의 볼록성(Convexity)). 2025년 2월 현재, 금리가 상승하다가 정체가 되는 확장후기 단계에 있다는 점을 감안할 때, 이 상품의 듀레이션은 길어졌다고 판단된다.

[표 4-13] 상품 개요

운용사	출시일	시가총액 (달러)	수수료 (%)	괴리율 (%)	Tracking Error(%)	듀레이션 (년)
블랙록	2007. 03. 13.	366억 달러 (53조 원)	0.04	- 0.05	0.70	5.9
벤치마크	Bloomberg US MBS Index Total Return Index					

3) 성과측정

이 상품의 기초자산인 Agency MBS는 2008년 금융위기 이후 코로나19 팬데믹이 지난 2021년 상반기까지 오랜 기간 저금리 시대를 유지하면서 비교적 금리가 제한된 범위에서 안정적인 배당수익을 얻을 수 있었던 상품이었다. 그런데 2022년 연준의 급격한 기준금리 인상, 이에 따른 주택담보대출 금리의 벤치마크인 30년물 모기지 금리가 3% 미만에서 최고 8%에 가깝게 단기간 급등하면서 추풍낙엽처럼 쓰러졌다([그림 4-10] 참조). 듀레이션이 길어지면서 손실 폭이 커지고 보유 MBS의 쿠폰이자가 금리 급등 후에도 상당기간 낮은 수준이어서 배당수익은 손실을 막기에는 역부족이었다. 그런데 2023년 7월 이후 연준이 기준금리를 더 이상 올리지 않으면서 모기지 금리도 안정을 찾으면서 다시 양(+)의 수익률로 회복했다.

[그림 4-10] 미국 30년 모기지 금리 추이(2009. 1.~2025. 2.)

(출처) 세인트루이스 연은

[그림 4-11] 기준가 추이(배당수익 제외, 설립일~2025. 2.)

(출처) yahoo finance

[표 4-14] 지난 10년간 성과(%)

구분	2015	2016	2017	2018	2019	2020	2021	2022	2023	2024
경기	확장후기	확장후기	확장후기	확장후기 침체초기	침체초기 회복	Tail Risk 회복	확장	확장후기 침체초기	침체초기 회복	회복 확장
기준가	-1.5%	-1.3%	0.2%	-1.8%	3.3%	1.9%	-2.5%	-13.7%	1.4%	-2.6%
배당	2.7%	2.6%	2.2%	2.6%	2.8%	2.1%	1.1%	2.3%	3.4%	3.9%
계	1.2%	1.3%	2.5%	0.8%	6.0%	4.0%	-1.4%	-11.4%	4.8%	1.4%

4) 보유종목 분석

이 상품이 보유하는 채권들은 지니메, 페니메 등이 발행한 MBS로 구성이 되어 있다. 미국의 주택담보대출은 표준만기 15년 또는 30년 고정금리의 특징을 가지고 있으며, 이 상품 보유 MBS의 잔존만기는 7년 이상이 약 75%를 차지하고 있는 장기채권이다. 그런데 만기와 무관하게 금리가 급격히 낮아져서 대출 갈아타기 환경이 조성될 때에는 잔존만기와 관계없이 듀레이션이 짧아진다는 점을 명심해야 한다.

[표 4-15] 보유자산 통계(Top 5)

업종	비중(%)	국가	비중(%)	신용등급	비중(%)	실질만기*	비중(%)
GNMA2	22.6	미국	100.0	AAA	100.0	0-1년	0.4
FGMC	2.3					1-3년	1.1
GNMA	0.3					3-5년	11.0
FNMA	0.1					5-7년	12.9
						7-10년	53.0
						10년 +	21.5

* 잔존만기(조기상환권리 없는 경우) 또는 발행회사가 조기에 상환할 수 있는 권리가 있는 최초일자 기준
(출처) Bloomberg 재편집

5) 유사상품

MBB와 유사한 구성을 가진 패시브형 ETF로는 VMBS와 SPMB가 있다. 벤치마크가 동일한 패시브형임을 감안할 때 어떤 종류의 ETF를 매입하든 MBS의 조기상환 옵션에 따른 다소의 희생을 치뤄야 한다. 즉 금리 상승기에 듀레이션이 길어져서 가격 하락폭이 커지는 위험, 금리가 하락할 때 대출을 갈아타서 투자자가 더 낮은 금리의 상품에 투자할 수밖에 없는 재투자 위험 등은, MBS가 미 국채 수익률 대비 높은 이자를 얻는 대가로 치뤄야 할 값비싼 비용이다.

따라서 이러한 패시브형 상품의 한계를 극복하기 위해 운용역에게 다소의 재량을 부여한 액티브형 MBS ETF가 최근 5~6년 전부터 출시하여 투자자들 선택의 폭을 넓히고 있다. MBS ETF의 대표 벤치마크로 쓰이는 Bloomberg US MBS Index보다 높은 쿠폰 또는 시장수익률이 지나치게 높아 원금(100)보다 할인된 가격(100보다 낮은 가격)의 채권들을 매입하는 전략(MTBA), MBS와 동일 만기 국채 간 스프레드 차이, 즉 모기지 베이시스의 축소로 추가이익을 얻으려는 전략(LMBS) 등 MBS의 조기상환옵션이라는 채권 가격 하락요인을 역이용하는 ETF에 주목해보자.

[표 4-16] 유사상품 수익률 추이

가. 연방정부보증(Agency) MBS ETF [단위: 백만 달러]

티커	VMBS	SPMB	MTBA
운용사	뱅가드	스테이트스트리트	Simplify
종류	Agency MBS	Agency MBS	Agency MBS
시가 총액	19,728 (약 28.6조 원)	5,668 (약 8.2조 원)	1,487 (약 2.2조 원)
수수료	0.03	0.04	0.17
듀레이션	6.2	5.9	-
운용 type	패시브	패시브	액티브
비고	-	-	벤치마크(Bloomberg US MBS Index) 대비 더 높은 쿠폰이자/시장수익률의 신규 MBS 편입

연도	사이클	VMBS 기준가	VMBS 배당	VMBS 합계	SPMB 기준가	SPMB 배당	SPMB 합계	MTBA 기준가	MTBA 배당	MTBA 합계
2015		-0.5%	2.0%	1.5%	-1.3%	3.0%	1.8%			
2016	확장후기	-0.8%	2.1%	1.3%	-2.0%	3.0%	1.0%			
2017		0.3%	2.2%	2.4%	-1.0%	3.1%	2.1%			
2018	확장후기 침체초기	-1.8%	2.7%	0.9%	-2.3%	3.4%	1.0%			
2019	침체초기 회복	3.3%	2.8%	6.0%	2.8%	3.2%	6.0%			
2020	Tail Risk 회복	1.7%	2.0%	3.7%	1.2%	2.9%	4.1%			
2021	확장	-2.3%	1.0%	-1.3%	-3.9%	2.6%	-1.3%			
2022	확장후기 침체초기	-13.9%	2.3%	-11.5%	-14.5%	3.0%	-11.5%			
2023	침체초기 회복	1.8%	3.3%	5.2%	1.7%	3.2%	4.9%			
2024	회복 확장	-2.2%	3.9%	1.7%	-2.4%	3.8%	1.4%	-2.0%	4.2%	2.2%

나. Agency MBS/신용위험 있는 MBS 또는 파생상품형 ETF [단위: 백만 달러]

티커	JMBS	LMBS	DMBS
운용사	야누스(Janus)	First Trust	더블라인
종류	Agency MBS	Agency + non-Agency	Agency + non-Agency
시가총액	4,837 (약 7.0조 원)	4,720 (약 6.8조 원)	246 (약 0.4조 원)
수수료	0.23	0.64	0.40
듀레이션	10.0	2.8	6.2
운용 type	액티브	액티브	액티브
비고	저평가된 MBS를 적극적으로 찾아서 벤치마크(Bloomberg US MBS Index)보다 초과수익 추구	듀레이션 3년 이내 유지하면서 모기지 베이시스*(MBS – 국채) 축소로 벤치마크 초과수익 시현	(LMBS와 마찬가지로) Agency 및 non-Agency MBS 비중 및 듀레이션을 조정하며 벤치마크 초과수익 시현을 목적

연도	사이클	JMBS 기준가	JMBS 배당	JMBS 합계	LMBS 기준가	LMBS 배당	LMBS 합계	DMBS 기준가	DMBS 배당	DMBS 합계
2015	확장후기									
2016					3.5%	2.8%	6.3%			
2017					-1.0%	2.7%	1.7%			
2018	확장후기 침체초기				-1.1%	2.8%	1.7%			
2019	침체초기 회복	3.3%	3.6%	6.9%	1.5%	2.6%	4.1%			
2020	Tail Risk 회복	2.7%	2.9%	5.7%	-0.6%	2.3%	1.7%			
2021	확장	-1.5%	1.2%	-0.3%	-2.9%	2.0%	-0.9%			
2022	확장후기 침체초기	-13.7%	2.7%	-11.0%	-5.2%	2.2%	-3.0%			
2023	침체초기 회복	1.1%	4.4%	5.5%	1.9%	4.0%	5.9%			
2024	회복 확장	-3.8%	5.5%	1.7%	0.7%	4.3%	5.0%	-2.8%	5.0%	2.2%

※ 금리가 상승하여 MBS 듀레이션이 같이 길어져 가격 하락 폭이 동일한 만기의 국채 가격보다 훨씬 크다면 모기지 베이시스가 크다. 이 경우에는 앞으로 모기지 베이시스가 축소될 것을 기대하여 듀레이션이 비슷한 MBS를 매입하고 미 국채선물(또는 옵션, 금리스왑)을 매도하는 포지션을 구성한다.

03

후살타 전략 1(내 집을 잘 지켰으니 돈 벌러 공격!) - 듀레이션 베팅

PART 1에서 설명했듯이, 듀레이션은 실질만기라고 부르고 금리 민감도라고 쓴다고 하였다. 미처 설명하지 못한 실질만기에 대해서 보다 쉽게 설명을 해보겠다. 실질만기는 투자자가 특정 채권에 투자한 원금을 회수하게 되는 시기를 말한다. 예를 들어 A라는 투자자가 B라는 쿠폰이자 5%인 채권에 원금의 100%인 100만큼 투자했다고 가정하자(참고로 채권가격 할인율이 0%이므로 쿠폰이자 = 시장수익률임. 쿠폰이자 < 시장수익률일 경우 채권가격은 할인이 되고, 쿠폰이자 > 시장수익률일 경우에는 원금에 할증(프리미엄)이 붙음). B 채권의 법정만기, 즉 원금을 상환해야 할 시기는 발행 후 100년이라고 가정하자. 이때 매년 5만큼의 이자를 수령하므로 대략적으로 투자금을 회수하는 데에 20년(100/5)이 걸린다. 이 20년이 실질만기인 것이다.

돈을 회수하는 기간이 길어질 수록 투자자들의 마음은 근심이 가득하다. 안 좋은 경제 이벤트가 발생하면 심장이 덜컹덜컹하는 소리가 점점 커진다. 듀레이션이 높을 수록 불확실성이 커지고, 불확실성이 커질 수록 금리 변동에 의한 채권가격 변동성이 커지게 된다.

그런데 투자자들은 불확실성을 통해 돈을 번다. 채권투자의 경우 듀레이션이 높아 불확실성이 높을 수록 금리 하락을 간절하게 바란다. 실제 금리

하락이 발생하면 그 방향성과 일치하여 큰 돈을 벌 수 있다. 그러면 이러한 듀레이션 베팅전략은 언제 효과를 발휘할까?

1 장기국채 ETF: TLT(iShares 20+ Year Treasury Bond ETF)

1) 우수한 성과가 나는 경기사이클

미국 국채는 비록 신용등급이 AA+로 가장 높은 AAA급(AAA등급은 독일, 호주, 캐나다 국채만 남았다)보다 1등급 낮지만, 실제 전 세계에서 가장 안전한 금융상품이다. 그래서 경기침체나 테러와 같은 위기가 발생할 때 주식과 같은 위험자산의 가격이 급락할 때, 도리어 가격이 상승하는 모습을 보인다. 특히 만기(일반적으로 투자등급 이상 채권들은 법정만기와 듀레이션 간 괴리가 크지 않아 만기라고 표현해도 무방함)가 긴 채권들은 금리민감도가 높아 금리가 하락하면 채권가격 상승의 폭이, 만기가 짧은 채권보다 크다.

미국 국채 투자가 빛을 발하는 때는 확장후기에서 침체로 넘어가며, 경기둔화의 우려가 높아질 때이다. 9·11테러, 2008년 금융위기, 그리고 2020년 코로나19 팬데믹 등의 꼬리위험(Tail Risk)이 발생할 때 높은 수익을 얻을 수 있다. 그 이유는 위기를 벗어나기 위해 연준 및 연방정부에서 돈 풀기를 주저하지 않고, 연준의 경우 기준금리를 공격적으로 인하할 것이라는 기대가 커지기 때문이다. 이러한 완화적인 정책이 다시 위험자산가격 상승으로 이어지는 것이, 1987년 10월 블랙먼데이 발생 후 약 40여 년간 필자가 뉴스와 금융시장의 플레이어로 경험했던 사실이다.

따라서 만기가 긴 미 국채를 매입할 시기는, 연준이 기준금리를 충분히 올려 물가를 안정시키고 다른 경기지표가 부진할 것으로 예상될, 확장후기의 '후기' 에서 침체초기 단계이다. 이 시기는 주식시장 활황이 정점에 이르는 시기와 일치한다(이러한 시기는 [그림 4-1]과 같이 미 국채수익률이 S&P 500과 같은 주식시장의 수익률(Price per Earning(PER)의 역수)보다 높을 때임).

회복	확장	확장후기	침체초기	침체후기	Tail Risk

※ 음영이 성과가 좋은 사이클이며, 음영 단계 후기가 진입 시기임

2) 상품 개요

이 상품은 ETF 운용사이자 블랙록의 자회사인 아이쉐어즈(iShares) 에서 운용하는 ETF로, ICE US Treasury 20+ Year Bond의 성과를 추적하도록 설계된 인덱싱 투자 방식을 활용한다. 듀레이션은 약 16년이다.

[표 4-17] 상품 개요

운용사	출시일	시가총액 (달러)	수수료 (%)	괴리율 (%)	Tracking Error(%)	듀레이션 (년)
블랙록	2002. 07. 22.	527억 달러 (76.5조 원)	0.15	0.03	0.06	16.1
벤치마크		ICE US Treasury 20+ Year Bond				

3) 성과측정

이 상품은 2008년 금융위기 이후 2020년 코로나19 팬데믹에 이르기까지(2018년 금리인상기 제외) 저금리의 수혜를 톡톡히 본 ETF였다. 동 기간 중에는 아무리 제로금리를 오랜 기간 유지해도 인플레이션이 2% 내외로 안정적인 모습을 보였던 시기이기 때문이다. 그런데 2021년 이후 인플레이션 압력이 커지고 이에 뒤늦게 반응한 연준의 빠른 기준금리 인상이 진행된 2022년에는 S&P 500보다 높은 손실을 보였다. 이듬해 금리상승이 주춤한 사이 주로

배당수익에 의해 양(+)의 수익으로 전환했지만, 기준금리 인하를 재개했음에도 오히려 금리가 상승했던 2024년에 다시 마이너스 수익률을 보이게 된다. 2025년 2월 기준, 트럼프 2.0 행정부가 들어서면서 공약대로 관세라는 무기를 여기저기에 꺼내 들고 있는 상황에서 물가압력이 커져 단기적으로 금리가 추가로 상승할 것으로 본다. 그런데 관세의 역설, 즉 상호 관세를 주고 받게 되면 높아진 가격으로 인해 소비가 줄어들게 되고 소비가 전체 GDP의 70%를 차지하는 미국의 경기 둔화가 불가피해지므로 오히려 금리가 하락할 것이다. 매수 진입시기라고 보이는 확장후기의 후기 단계라고 필자는 믿고 있다.

[그림 4-12] 기준가 추이(배당수익 제외, 설립일~2025. 2.)

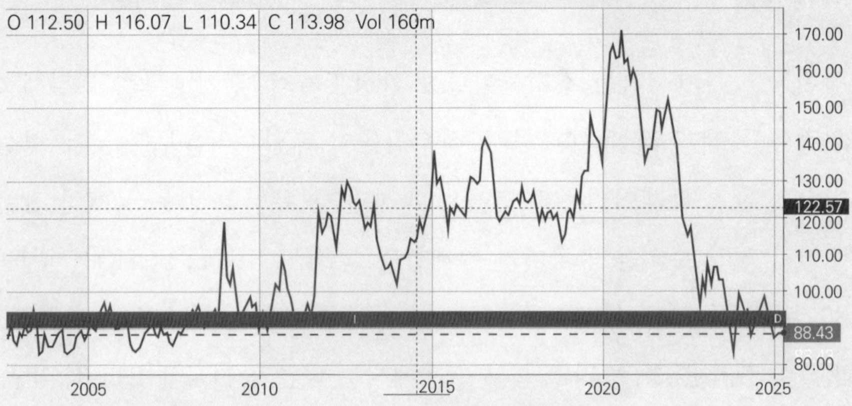

(출처) yahoo finance

[표 4-18] 지난 10년간 성과(%)

구분	2015	2016	2017	2018	2019	2020	2021	2022	2023	2024
경기	확장후기	확장후기	확장후기	확장후기 침체초기	침체초기 회복	Tail Risk 회복	확장	확장후기 침체초기	침체초기 회복	회복 확장
기준가	-4.2%	-1.2%	6.5%	-4.2%	11.5%	16.4%	-6.0%	-32.8%	-0.7%	-11.7%
배당	2.6%	2.6%	2.4%	2.6%	2.3%	1.5%	1.5%	2.7%	3.4%	4.3%
계	-1.6%	1.4%	8.9%	-1.6%	13.8%	17.9%	-4.6%	-30.1%	2.7%	-7.4%

4) 보유종목 분석

이 상품은 10년 초과하는 미 국채를 보유하고 있고 대체로 만기가 30년인 국채들이다.

[표 4-19] 보유자산 통계(Top 5)

업종	비중(%)	국가	비중(%)	신용등급	비중(%)	실질만기*	비중(%)
정부채	99.4	미국	99.4	AA	99.4	10년 +	99.4

* 잔존만기(조기상환권리 없는 경우) 또는 발행회사가 조기에 상환할 수 있는 권리가 있는 최초일자 기준

(출처) Bloomberg 재편집

5) 유사상품

장기국채 투자시기는 경기사이클상 확장후기의 '후기', 그리고 침체초기 단계 접어들 때에 적합하다. 즉 주식수익률이 채권수익률보다 낮게 형성될 시기이다. 한편 듀레이션은 10년을 초과하나, 보유하고 있는 국채의 잔존만기에 따라 연간 수익률의 차이가 존재한다. VGLT, SPTL, SCHQ는 주로 만기 30년 국채를 보유한 ETF로서 TLT와 유사한 수익률을 보였다. 특히 2020년과 같이 Tail Risk, 그리고 회복 단계에서는 다른 장기국채 ETF 대비 높은 수익률을 보였으나, 2022년 금리 급등 시기에는 손실 규모가 더 컸다. 앞으로 금리가 하락할 것이라고 확신하는 단계에서는 TLT를 비롯한 30년 중심의 국채를 기반으로 한 ETF가 수익률이 높다. 그런데 2025년 2월 기준 관세로 인한 단기간 금리 상승, 그리고 물가 압력으로 인한 연준의 기준금리 인하 중단 리스크가 마음에 걸리는 투자자들은, 전 구간에 걸쳐 동일한 비중의 국채를 보유하고 있는 GOVI와 같은 ETF에 투자하는 것이 바람직하다.

그리고 장기국채 ETF로 만족을 못하는 경우, 그리고 금리 하락을 확신한다

면 통제 가능한 범위에서 TMF 투자를 고려할 수 있다. 이 상품을 쉽게 설명하면 TLT ETF를 담보로 해서, 기초자산 포함 3배(LTV 200%)로 레버러지(차입)를 활용해서 수익을 극대화하는 전략이다. 웬만한 성장주 잭팟 터졌을 때의 수익률이 나올 수 있다. 그러나 2022년과 같이 금리가 급등할 때 감당해야 할 손실 규모도 동시에 생각해야 한다. 장기보유보다는 단타에 유리한 상품이다.

[표 4-20] 유사상품 수익률 추이

[단위: 백만 달러]

티커		VGLT			SPTL			SCHQ		
운용사		뱅가드			스테이트스트리트			Schwab		
종류		장기 미국국채			장기 미국국채			장기 미국국채		
시가 총액		9,714 (약 14.1조 원)			10,708 (약 15.5조 원)			714 (약 1.0조 원)		
수수료		0.03			0.03			0.03		
듀레이션		14.5			14.5			14.5		
운용 type		패시브			패시브			패시브		
비고		-			-			-		
연도	**사이클**	**기준가**	**배당**	**합계**	**기준가**	**배당**	**합계**	**기준가**	**배당**	**합계**
2015	확장후기	-4.1%	2.8%	-1.3%	-4.1%	2.6%	-1.5%			
2016		-1.2%	2.7%	1.4%	-1.4%	2.6%	1.1%			
2017		5.8%	2.5%	8.4%	6.2%	2.5%	8.8%			
2018	확장후기 침체초기	-4.2%	2.7%	-1.5%	-4.2%	2.7%	-1.5%			
2019	침체초기 회복	11.5%	2.5%	13.9%	10.9%	2.4%	13.4%			
2020	Tail Risk 회복	15.1%	2.1%	17.3%	16.1%	1.7%	17.8%	16.0%	1.5%	17.5%
2021	확장	-6.7%	1.8%	-4.9%	-6.6%	1.7%	-4.9%	-6.5%	1.7%	-4.8%
2022	확장후기 침체초기	-31.1%	2.8%	-28.3%	-31.1%	2.8%	-28.4%	-31.2%	2.9%	-28.3%
2023	침체초기 회복	-0.1%	3.3%	3.2%	0.0%	3.2%	3.2%	-0.5%	3.8%	3.3%
2024	회복 확장	-10.0%	4.3%	-5.7%	-9.8%	4.0%	-5.7%	-10.4%	4.6%	-5.8%

<table>
<tr><th colspan="2">티커</th><th colspan="3">TLH</th><th colspan="3">GOVI</th><th colspan="3">TMF</th></tr>
<tr><td colspan="2">운용사</td><td colspan="3">블랙록</td><td colspan="3">인베스코</td><td colspan="3">디렉션(Direxion)</td></tr>
<tr><td colspan="2">종류</td><td colspan="3">중장기 미국국채</td><td colspan="3">미국국채</td><td colspan="3">장기미국국채 곱버스</td></tr>
<tr><td colspan="2">시가
총액</td><td colspan="3">7,106
(약 10.3조 원)</td><td colspan="3">1,000
(약 14.4조 원)</td><td colspan="3">5,401
(약 7.8조 원)</td></tr>
<tr><td colspan="2">수수료</td><td colspan="3">0.15</td><td colspan="3">0.15</td><td colspan="3">1.04</td></tr>
<tr><td colspan="2">듀레이션</td><td colspan="3">12.4</td><td colspan="3">10.1</td><td colspan="3">48.9</td></tr>
<tr><td colspan="2">운용 type</td><td colspan="3">패시브</td><td colspan="3">패시브</td><td colspan="3">패시브</td></tr>
<tr><td colspan="2">비고</td><td colspan="3">잔존만기 10~20년 국채</td><td colspan="3">0~30년 만기 국채
동일비중으로 보유</td><td colspan="3">벤치마크(The ICE U.S. Treasury 20+ Year Bond Index)를
3배 매수 레버러지</td></tr>
<tr><th>연도</th><th>사이클</th><th>기준가</th><th>배당</th><th>합계</th><th>기준가</th><th>배당</th><th>합계</th><th>기준가</th><th>배당</th><th>합계</th></tr>
<tr><td>2015</td><td rowspan="3">확장후기</td><td>-0.7%</td><td>2.1%</td><td>1.4%</td><td>-1.9%</td><td>2.1%</td><td>0.2%</td><td>-13.7%</td><td>0.0%</td><td>-13.7%</td></tr>
<tr><td>2016</td><td>-1.0%</td><td>1.9%</td><td>1.0%</td><td>-1.2%</td><td>2.0%</td><td>0.8%</td><td>-2.5%</td><td>0.0%</td><td>-2.5%</td></tr>
<tr><td>2017</td><td>2.3%</td><td>1.8%</td><td>4.2%</td><td>2.8%</td><td>2.0%</td><td>4.9%</td><td>22.2%</td><td>0.4%</td><td>22.6%</td></tr>
<tr><td>2018</td><td>확장후기
침체초기</td><td>-1.8%</td><td>2.2%</td><td>0.3%</td><td>-2.4%</td><td>2.1%</td><td>-0.3%</td><td>-12.4%</td><td>1.5%</td><td>-10.9%</td></tr>
<tr><td>2019</td><td>침체초기
회복</td><td>7.6%</td><td>2.3%</td><td>9.9%</td><td>7.8%</td><td>2.0%</td><td>9.8%</td><td>33.4%</td><td>0.9%</td><td>34.3%</td></tr>
<tr><td>2020</td><td>Tail Risk
회복</td><td>10.9%</td><td>2.6%</td><td>13.5%</td><td>11.4%</td><td>1.0%</td><td>12.4%</td><td>36.0%</td><td>2.2%</td><td>38.2%</td></tr>
<tr><td>2021</td><td>확장</td><td>-6.8%</td><td>1.5%</td><td>-5.3%</td><td>-4.9%</td><td>1.2%</td><td>-3.7%</td><td>-19.9%</td><td>0.1%</td><td>-19.8%</td></tr>
<tr><td>2022</td><td>확장후기
침체초기</td><td>-27.1%</td><td>2.8%</td><td>-24.3%</td><td>-21.4%</td><td>2.0%</td><td>-19.4%</td><td>-72.9%</td><td>1.6%</td><td>-71.3%</td></tr>
<tr><td>2023</td><td>침체초기
회복</td><td>0.1%</td><td>3.8%</td><td>3.9%</td><td>0.3%</td><td>2.9%</td><td>3.2%</td><td>-15.2%</td><td>2.8%</td><td>-12.4%</td></tr>
<tr><td>2024</td><td>회복
확장</td><td>-8.1%</td><td>4.3%</td><td>-3.8%</td><td>-6.2%</td><td>3.6%</td><td>-2.7%</td><td>-38.1%</td><td>4.3%</td><td>-33.8%</td></tr>
</table>

2 투자등급 회사채 ETF: LQD(iShares 20+ Year Treasury Bond ETF)

1) 우수한 성과가 나는 경기사이클

미국 중장기 국채 ETF와 유사한 효과를 기대하면서도 보다 높은 배당수익을 얻기 위한 상품으로 투자등급 회사채 ETF가 있다. 회사채 금리는 국채 수익률과 회사채 스프레드의 합이다. 제아무리 우량기업이라 할지라도 세계에서 가장 안전하다는 미국 국채보다는 '위험'하다. 따라서 회사채 스프레드는 양(+)의 값을 가진다. 투자등급은 신용등급 BBB- 이상을 가진 발행자를 포함하며 대체로 부도율이 낮기 때문에([그림 4-13] 참조), 국채 대비 더 높은 이자수익을 원하면서도 장기국채와 유사한 듀레이션 효과를 얻기 위해 투자하는 경향이 있다(우리나라 해외채권을 운용하는 기관투자자(은행, 보험사, 연기금 등)는 투자등급 달러표시 회사채에 전체 해외채권 포트폴리오의 90% 이상 투자함). [그림 4-14]와 같이 회사채 수익률은 미 국채 수익률보다 높게 형성되며, 수익률의 방향성은 침체후기 및 Tail Risk 단계(회색 음영)를 제외하고 동일하다. 침체후기 및 Tail Risk 단계에서는 안전자산 선호현상으로 회사채 스프레드가 대폭 확대가 되어 이탈하는 시기이다.

[그림 4-13] 연도별 회사채 부도율(1981~2023)

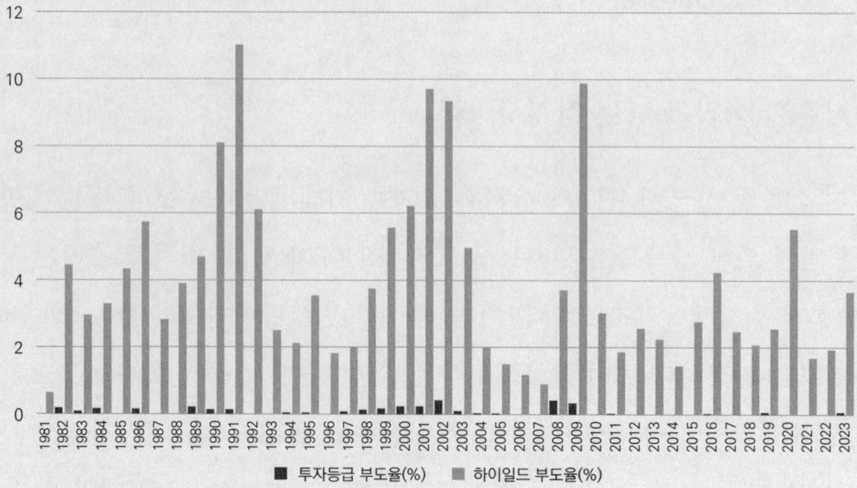

(출처) S&P Global

[그림 4-14] 국채 10년 및 투자등급 회사채 수익률(2000. 1.~2025. 2.)

(출처) 세인트루이스 연은

일반적으로 안전자산 선호현상이 높아지면 국채금리는 하락하나 그 하락폭 이상의 회사채 스프레드 확대가 일어난다. 반면 확장단계에서는 위험자산 선호현상으로 국채금리가 상승하나 회사채 스프레드가 축소되어 회사채 손실을 상쇄한다. 때로는 국채금리와 회사채 스프레드가 같은 방향으로 움직이기도 하는데, 경기침체를 막기 위해 연준에서 기준금리 인하 등 완화적인 통화정책을 시행할 때 금리와 회사채 스프레드 모두 하락 및 축소하며, 물가 억제 등을 위해 기준금리를 올리게 되면 금리와 스프레드 모두 상승 및 확대 된다. 따라서 확장후기를 만날 경우 상당한 손실을 볼 수 있다. 따라서 적절한 투자시기는 침체후기 및 회복 초기 단계에서 진입하는 것이 좋다.

회복	확장	확장후기	침체초기	침체후기	Tail Risk

※ ▇ 음영이 성과가 좋은 사이클이며, ▒ 음영 단계 후기가 진입 시기임

2) 상품 개요

이 상품은 ETF 운용사이자 블랙록의 자회사인 아이쉐어즈(iShares)에서 운용하는 ETF로, iBoxx USD Liquid Investment Grade Index의 성과를 추적하도록 설계된 인덱싱 투자 방식을 활용한다. 듀레이션은 약 8년이며, 주로 미국 소재 투자등급에 투자한다(회사채형 커버드콜 ETF인 LQDW가 이 상품을 기초로 하여 만든 파생형 상품임).

[표 4-21] 상품 개요

운용사	출시일	시가총액 (달러)	수수료 (%)	괴리율 (%)	Tracking Error(%)	듀레이션 (년)
블랙록	2002. 07. 22.	301억 달러 (43.7조 원)	0.14	0.06	0.60	8.3
벤치마크		iBoxx USD Liquid Investment Grade Index				

3) 성과측정

이 상품은 장기국채 ETF(TLT 등)와 마찬가지로 2008년 금융위기 이후 2020년 코로나19 팬데믹에 이르기까지(2015년 중국발 경기침체 위기 및 2018년

금리인상기 제외) 저금리의 수혜를 톡톡히 본 ETF였다. 동 기간 중에는 아무리 제로금리를 오랜 기간 유지해도 인플레이션이 2% 내외로 안정적인 모습을 보였던 시기이기 때문이다. 여기에 국채보다 높은 배당율로 안정적인 수익이 보장되었다. 그런데 2021년 이후 인플레이션 압력이 커지고 이에 뒤늦게 반응한 연준의 빠른 기준금리 인상이 진행된 2022년에는 S&P 500보다 높은 손실을 보였다. 이듬해 금리상승이 주춤한 사이 주로 배당수익에 의해 (+) 수익으로 전환했다. 2024년 마이너스 수익률을 보인 장기국채 ETF와 달리, 이 상품은 상대적으로 높은 배당수익으로 전년도보다 하락했지만 양(+)의 수익률을 시현하였다. 2025년 2월 현재, 투자등급 회사채 스프레드는 2000년 이후 가장 낮은 수준을 유지하고 있다([그림 4-16] 참조). 여기에 트럼프 2기 정부의 무리한 관세전략으로 경기침체가 우려되어 스프레드 대폭 확대 위험이 있다. 이는 관세에 따른 물가압력, 이를 따르는 금리상승과 더불어 회사채 ETF에는 이중의 가격하락 요인이다.

[그림 4-15] 기준가 추이(배당수익 제외, 설립일~2025. 2.)

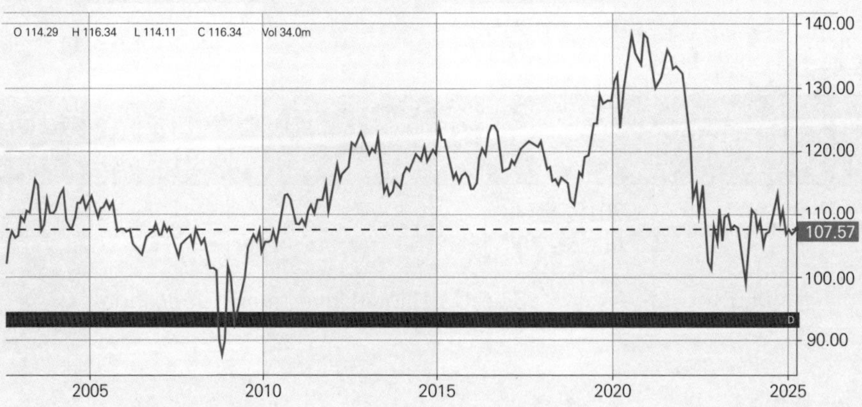

(출처) yahoo finance

[표 4-22] 지난 10년간 성과(%)

구분	2015	2016	2017	2018	2019	2020	2021	2022	2023	2024
경기	확장후기	확장후기	확장후기	확장후기 침체초기	확장후기 회복	Tail Risk 회복	확장	확장후기 침체초기	침체초기 회복	회복 확장
기준가	-4.5%	2.8%	3.7%	-7.2%	13.4%	7.9%	-4.1%	-20.4%	5.0%	-3.5%
배당	3.5%	3.3%	3.1%	3.7%	3.3%	2.7%	2.3%	3.3%	4.0%	4.4%
계	-1.0%	6.1%	6.8%	-3.5%	16.7%	10.6%	-1.8%	-17.1%	9.0%	1.0%

[그림 4-16] 투자등급 회사채 스프레드 추이(2000. 1.~2025. 2.)

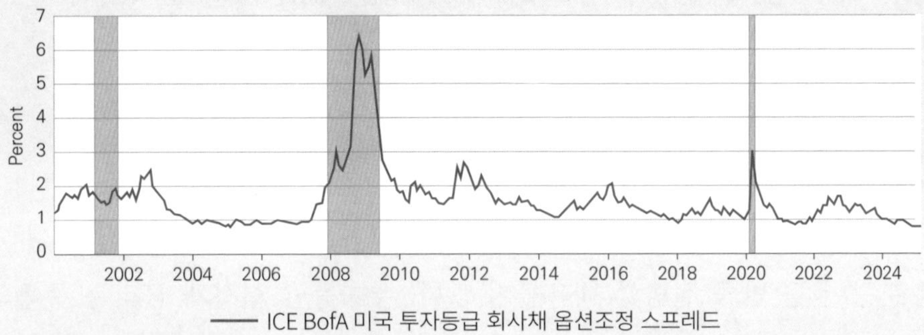

(출처) 세인트루이스 연은

4) 보유종목 분석

이 상품은 미국 소재 기업들이 주로 발행하며, 잔존만기 7년 이상 비중이 전체 포트폴리오의 60%를 초과한다. 등급 기준으로는 A~BBB 등급 회사채를 편입한다. 업종별로는 금융 비중이 가장 높고 제약, 통신 등이 그 뒤를 따르고 있다.

[표 4-23] 보유자산 통계(Top 5)

업종	비중(%)	국가	비중(%)	신용등급	비중(%)	실질만기*	비중(%)
금융	23.0	미국	85.3	AAA	1.1	0-1년	1.0
제약	7.1	영국	3.5	AA	6.8	1-3년	0.0
통신	6.1	캐나다	2.6	A	45.4	3-5년	17.9
파이프라인	4.1	일본	2.2	BBB	42.6	5-7년	19.0
헬스케어	4.0	네덜란드	0.8	BB	3.2	7-10년	19.2
						10년 +	43.0

* 잔존만기(조기상환권리 없는 경우) 또는 발행회사가 조기에 상환할 수 있는 권리가 있는 최초일자 기준

(출처) Bloomberg 재편집

5) 유사상품

투자등급 회사채 ETF는 종류별로 다양하다. 지면에서 소개하자면 책 한 권 분량이 될 만큼 설명할 내용들이 많다. 투자등급 회사채 금리는 종목의 특성과 크게 상관없이 대체로 거시경제 지표에 의해 함께 움직인다. 이는 개별 주식종목처럼 회사의 밸류에이션에 의해 움직이는 것이 아니라, 회사가 부도가 날 것인가, 안 날 것인가의 이진 분류를 기반으로 하기 때문이다. 따라서 LQD와 같이 투자등급 회사채를 기반으로 한 패시브형 ETF이라면 타 운용사의 상품과 비교할 때 듀레이션 효과 이외에는 큰 차이가 없다(단순히 국채와 회사채를 혼합한 ETF도 효과는 경기사이클별 수익률의 차이는 존재하나 듀레이션 효과는 동일함).

그러나 지방채와 같이 투자등급 회사채가 아닌 채권, 특정 만기에 집중해 있거나 운용역의 재량에 의한 액티브형 ETF는 듀레이션뿐만 아니라 배당, 운용역이 개별종목을 매매하는 마켓타이밍에 의해 수익률이 결정되기도 한다. 비슷한 듀레이션이라고 할지라도 7년 이상 만기에 몰려 있는 LQD와 달

리 단기부터 장기까지 고르게 분포가 되어 있는 상품(VTC), 중기물(5~10년)에 몰려있는 상품(IGIB)의 듀레이션 효과는 LQD와 다르다. 또한 투자등급임에도 쿠폰금리(7~8%) 및 채권의 희소성(2011년 이후에는 발행하지 않음)이 있는 BAB 지방채권을 기반으로 한 상품(BAB)은 듀레이션 효과뿐만 아니라 높은 배당수익을 기대할 수 있는 상품이다.

[표 4-24] 유사상품 수익률 추이

가. 투자등급 회사채 [단위: 백만 달러]

티커		VCLT			SPBO			QLTA		
운용사		뱅가드			스테이트스트리트			블랙록		
종류		장기 회사채			회사채			회사채		
시가 총액		13,780 (약 20.0조 원)			1,751 (약 2.5조 원)			1,718 (약 2.5조 원)		
수수료		0.03			0.03			0.03		
듀레이션		12.4			7.0			7.0		
운용 type		패시브			패시브			패시브		
비고		만기 10년 이상 회사채			-			A등급 이상 회사채		
연도	**사이클**	**기준가**	**배당**	**합계**	**기준가**	**배당**	**합계**	**기준가**	**배당**	**합계**
2015	확장후기	-8.9%	4.7%	-4.2%	-4.4%	3.1%	-1.3%	-2.4%	3.0%	0.6%
2016		6.1%	4.3%	10.5%	1.8%	3.1%	4.9%	1.7%	2.6%	4.3%
2017		7.2%	4.0%	11.2%	2.2%	3.2%	5.3%	2.9%	2.7%	5.5%
2018	확장후기 침체초기	-11.0%	4.6%	-6.5%	-5.2%	3.6%	-1.6%	-5.2%	3.1%	-2.1%
2019	침체초기 회복	19.0%	3.8%	22.8%	10.7%	3.5%	14.1%	9.1%	3.0%	12.1%
2020	Tail Risk 회복	9.6%	3.2%	12.7%	7.1%	2.8%	9.9%	7.1%	2.3%	9.4%
2021	확장	-4.7%	3.1%	-1.6%	-3.9%	2.7%	-1.3%	-4.2%	2.0%	-2.2%
2022	확장후기 침체초기	-28.5%	4.4%	-24.0%	-18.5%	3.5%	-14.9%	-17.4%	2.8%	-14.6%
2023	침체초기 회복	5.9%	4.7%	10.5%	3.6%	4.7%	8.4%	3.9%	3.4%	7.3%
2024	회복 확장	-6.7%	5.2%	-1.5%	-2.6%	5.3%	2.7%	-2.8%	4.1%	1.3%

티커		VTC			FLCO			IGIB		
운용사		뱅가드			프랭클린 템플턴			블랙록		
종류		투자등급 회사채			투자등급 회사채			투자등급 회사채		
시가 총액		1,110 (약 1.6조 원)			553 (약 0.8조 원)			14,869 (약 21.6조 원)		
수수료		0.03			0.35			0.04		
듀레이션		6.9			6.8			6.0		
운용 type		패시브			액티브			패시브		
비고		단기(VCSH) + 중기(VCLT) + 장기(VCIT)에 균등한 비중으로 투자			높은 배당수익에 초점, 최대 40%까지 미국국적 외 회사채 매입 가능 및 15% 이내 달러 외 통화표시 회사채 투자 가능			만기 5~10년에 집중		
연도	**사이클**	**기준가**	**배당**	**합계**	**기준가**	**배당**	**합계**	**기준가**	**배당**	**합계**
2015	확장후기							-1.9%	2.5%	0.6%
2016								0.8%	2.5%	3.3%
2017					2.5%	3.3%	5.8%	0.9%	2.5%	3.5%
2018	확장후기 침체초기	-5.9%	3.5%	-2.3%	-6.7%	3.9%	-2.8%	-4.0%	3.4%	-0.6%
2019	침체초기 회복	10.7%	3.3%	14.1%	10.9%	3.4%	14.3%	10.6%	3.4%	14.0%
2020	Tail Risk 회복	6.3%	2.7%	9.0%	5.6%	4.0%	9.6%	6.6%	2.7%	9.3%
2021	확장	-3.7%	2.4%	-1.3%	-4.8%	2.9%	-1.9%	-4.1%	2.5%	-1.6%
2022	확장후기 침체초기	-18.1%	3.1%	-15.0%	-19.1%	3.3%	-15.7%	-16.5%	3.0%	-13.4%
2023	침체초기 회복	4.4%	3.8%	8.2%	3.8%	3.8%	7.6%	5.0%	3.8%	8.8%
2024	회복 확장	-2.3%	4.5%	2.2%	-2.6%	4.6%	2.0%	-0.9%	4.4%	3.5%

나. 혼합형(회사채 + 국채) ETF

티커	BLV	BAB	BOND
운용사	뱅가드	인베스코	핌코
종류	장기국채+장기회사채	투자등급 미국 지방채	투자등급 회사채
시가 총액	5,550 (약 8.0조 원)	1,040 (약 1.5조 원)	5,213 (약 7.6조 원)
수수료	0.03	0.28	0.55
듀레이션	13.4	8.0	6.7
운용 type	패시브	패시브	액티브
비고	국채 52.5%, 회사채 45.2%	이자소득세 부과 미국 지방채[1]에 투자 (캘리포니아 23%, 뉴욕 13.3%, 텍사스 11.3% 등)	운용역에게 상당한 재량을 부여, 벤치마크 (Bloomberg U.S. Aggregate Index) 대비 초과수익을 추구

연도	사이클	BLV 기준가	BLV 배당	BLV 합계	BAB 기준가	BAB 배당	BAB 합계	BOND 기준가	BOND 배당	BOND 합계
2015		-7.9%	4.4%	-3.5%	-4.8%	4.7%	-0.1%	-2.8%	4.1%	1.3%
2016	확장후기	2.7%	4.2%	6.8%	0.3%	4.3%	4.6%	-0.1%	2.9%	2.8%
2017		6.7%	3.6%	10.3%	5.5%	4.0%	9.5%	1.8%	2.9%	4.7%
2018	확장후기 침체초기	-8.0%	4.1%	-3.9%	-3.3%	4.2%	0.9%	-3.0%	3.5%	0.4%
2019	침체초기 회복	14.7%	3.6%	18.2%	6.7%	3.8%	10.4%	4.9%	3.4%	8.3%
2020	Tail Risk 회복	9.3%	5.8%	15.1%	5.8%	3.0%	8.7%	4.9%	2.7%	7.6%
2021	확장	-6.1%	3.4%	-2.8%	-1.6%	2.6%	1.0%	-3.3%	2.4%	-0.9%
2022	확장후기 침체초기	-29.6%	4.2%	-25.4%	-22.0%	3.4%	-18.6%	-17.3%	3.2%	-14.1%
2023	침체초기 회복	3.0%	4.1%	7.0%	4.7%	3.7%	8.3%	2.2%	4.1%	6.2%
2024	회복 확장	-8.2%	4.7%	-3.6%	-2.8%	4.0%	1.1%	-2.2%	5.0%	2.8%

1 미국 지방정부 채권이자는 다른 채권이자와 달리 세금 면제라는 혜택이 있다. 그러나 이는 미국 국내투자자에 한하며 해외투자자들은 소재국과 미국과의 이중과세 방지조약에 근거, 소재국에서 이자소득세를 부과하므로 투자유인이 작다. 그런데 2008년 금융위기 당시 부채비율이 높았던 캘리포니아, 일리노이 주 등 미국 지방정부의 연쇄 파산 위기를 맞았다. 이를 막기 위해 연방정부는 해외 기관투자자들을 유인할 목적으로 지방정부가 이자소득세 및 정부보조금을 가산한 쿠폰금리로 지방채를 발행할 수 있게끔 허용했다(American Recovery and Reinvestment Act). 만기는 30년으로 2009년 2월부터 2010년 12월 말까지 한시적으로 진행하였다. BAB는 'Build America Bonds'의 줄임말이다.

3 하이일드 회사채 ETF: HYG(iShares iBoxx $ High Yield Corporate Bond ETF)

1) 우수한 성과가 나는 경기사이클

투자등급 채권형 ETF가 국채상품 대비 높은 배당수익을 얻을 수 있으면서도 부도위험이 거의 없다는 장점은 인정을 하겠다. 그럼에도 불구하고 부도위험에 좀 더 노출되는 한이 있더라도 더 높은 배당수익과 금리하락기에 듀레이션 베팅을 동시에 할 수 있는 투자상품을 찾는 투자자들이 늘어나고 있다. 이는 2008년 금융위기 이후 글로벌 저성장 기조에 따라 급여소득 증가로는 부를 축적하기 어려운 환경에서 어쩌면 당연한 일일지도 모르겠다. 이 조건을 충족하는 금융상품이 하이일드 등급 채권형 ETF이다.

하이일드 채권 역시 투자등급 채권과 마찬가지로 미 국채금리 및 회사채 스프레드 변동에 따른 위험에 노출되어 있다. 회사채 스프레드가 회사 고유의 위험을 반영하므로, 하이일드 회사채 스프레드는 투자등급 대비 높은 수준에서 형성되어 있다. 높은 회사채 스프레드 덕분에 하이일드 회사채를 투자할 경우에, 주기적으로 높은 이자수익을 얻을 수 있으며 스프레드 축소 등으로 금리하락기에 스프레드 축소 폭이 유사한 듀레이션 길이를 가진 투자등급 회사채 대비 크므로 매도 시 더 큰 자본차익을 얻을 수 있다. 물론 반대 상황이 일어날 때에는 높은 배당에도 불구하고 하이일드 등급 회사 자체의 부도위험이 높아지는 관계로 채권가격은 급락할 수 있다.

하이일드 등급의 회사의 주식과 채권수익률을 비교할 때, 주식수익률이 언제나 높다고 대중들은 믿고 있다. 오랫동안 개인투자로 주식을 주로 투자했던 필자도, 워렌버핏과 같은 가치투자자들의 신념을 믿으면서 장기투자를 하면 주식이 채권보다 훨씬 높은 수익률을 얻을 수 있다고 믿었다. 사실일지도 모른다. 그런데 소위 '비이성적인 과열'이 주식시장에 일어나서 아주 비싼 가격에 매입을 해야 하는 환경이라면, 결국 주가에 의해 수익률이 주로 결정되는 주식보다 항상 일정한 이자수익을 얻을 수 있는 하이일드 채권의 기대수익률이 더 높을 때가 있다. 2025년 2월 기준 시점이 그렇다([그림 4-17] 참조).

[그림 4-17] S&P 500 수익률 vs 하이일드 채권수익률 추이(2000. 1.~2025. 2.)

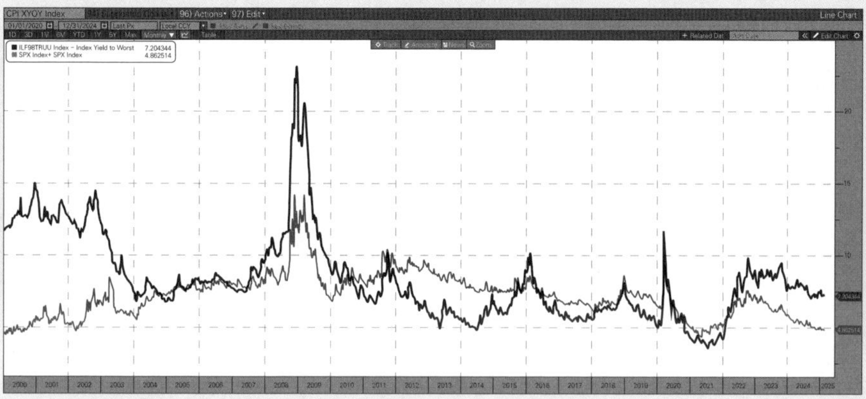

—— S&P 500 수익률(1/PE + 배당수익률)

—— 하이일드 채권(Bloomberg US Corporate High Yield Total Return Index) 수익률

(출처) Bloomberg

하이일드 채권형 ETF는 투자등급 회사채 ETF 가격흐름과 유사한 논리를 가지고 있다. 단, 침체단계에서 안전자산 선호현상이 높아지면 국채금리는 하락하나 회사채 스프레드 확대 정도가 국채금리 하락분을 상쇄함은 물론 투자등급 회사채 스프레드의 그것보다 훨씬 심하다. 반면 확장단계에서는 위험자산 선호현상으로 국채금리가 상승하나 회사채 스프레드가 축소될 때, 하이일드 채권의 스프레드 축소 폭은 투자등급의 그것보다 훨씬 크므로 수익을 얻을 수 있는 구간이다.

국채금리와 회사채 스프레드가 같은 방향으로 상승 및 확대가 되는 확장 후기 단계에서 기준가 하락에 따른 손실은 불가피하나, 여전히 부도위험은 낮은 상황이므로 가격하락 폭은 투자등급 회사채와 비슷하다. 따라서 배당 수익이 높은 하이일드 채권형 ETF가 투자등급 회사채 ETF보다 손실이 덜 하다. 반면 회복 단계와 같이 국채금리와 회사채 스프레드가 동시에 하락하는 구간에서 하이일드 채권이 가장 먼저 수익을 회복하는 모습을 보인다. 즉 침체단계에서 확 벌어졌던 스프레드가 극적으로 좁혀지고, 여기에 국채금리 하락까지 가세하기 때문이다. 따라서 적절한 투자시기는 침체후기 및 회복(투자등급 회사채 ETF와 동일), 여기에 더해 확장초기 단계에서 진입하는 것이 바람직하다.

회복	확장	확장후기	침체초기	침체후기	Tail Risk

※ 음영이 성과가 좋은 사이클이며, 음영 단계 후기가 진입 시기임

2) 상품 개요

이 상품은 ETF 운용사이자 블랙록의 자회사인 아이쉐어즈(iShares)에서 운용하는 ETF로, iBoxx iBoxx USD Liquid High Yield Index의 성과를 추적하도록 설계된 인덱싱 투자 방식을 활용한다. 듀레이션은 약 3년이며, 주로 미국 소재 투자등급에 투자한다(회사채형 커버드콜 ETF인 HYGW가 이 상품을 기초로 하여 만든 파생형 상품임).

[표 4-25] 상품 개요

운용사	출시일	시가총액(달러)	수수료(%)	괴리율(%)	Tracking Error(%)	듀레이션(년)
블랙록	2007. 04. 04.	151억 달러 (21.8조 원)	0.49	0.03	1.39	3.2
벤치마크		iBoxx USD Liquid High Yield Index				

3) 성과측정

2008년 금융위기 이후 유럽, 일본 중앙은행은 기준금리를 마이너스로, 미국 연준은 제로금리까지 낮추고 각국 국채를 매입(유로존 중앙은행인 ECB는 회원국 국채를, 일본은 ETF까지 매입)하는 양적완화 정책을 장기간 실시하였다. 여기에 구조적인 경기둔화, 즉 뉴노멀 경제 패러다임이 결합되어 채권은 상당기간 저금리를 유지했다. 회사가 부도가 나서 경제에 조금이라도 악영향을 미치는 것을 방지하기 위해 중앙은행과 정부는 언제든지 돈이라는 '바주카포'를 쏠 준비가 되어 있었다. 따라서 하이일드 등급과 같이 부도위험이 비교적 높은 기업도, 좀비와 같이 회생할 수 있을 것이라는 믿음이 투자자들 사이에 퍼져나갔다. 제로금리 아니 마이너스 금리 시대에 하이일드 등급 회사채는 '그나마' 수익률이 높은 채권으로, 수요가 몰려들었다. 그래서 실제 제로금리가 종료된 2022년 초까지 하이일드 등급 회사채를 기초자산으로 하는 이 상품의 수익률은 꾸준히 양(+)의 성과를 거두었다. 반면 2015년은 중국의 경제 경착륙 우려로 인한 회사채 스프레드 확대, 2018년은 연준의 기준금리 인상에 따른 경기침체 우려 확산으로 마이너스를 보였다. 그리고 2022년은 연준의 급격한 기준금리 인상으로 채권의 수요가 급감, 국채금리와 회사채 스프레드가 동시에 확대된 시기로, 높은 배당수익이 기준가 하락을 상쇄하지 못한 채 손실을 입었다.

2025년 2월 기준, 하이일드 회사채 스프레드는 2000년 이후 가장 낮은 수준을 나타내고 있다([그림 4-19] 참조). 반면 안전자산인 국채금리는, 2024년 9월부터 1%를 인하한 연준이 물가상승 우려로 인하 속도를 조정할 뜻을 내비치고 있다. 물가가 급등하는 상황이 아니라면 국채금리는 4.5~5.0% 이내의 박스권을 형성할 것이며 회사채 스프레드는 3년째 지속한 주식시장 과열 분위기와 트럼프 대통령의 관세로 인한 경기둔화 가능성으로 확대될 우려가 있다. 되도록 듀레이션이 짧으면서도 배당수익이 높은 하이일드 채권형 ETF 투자진입을 권하는 이유가 여기에 있다.

[그림 4-18] 기준가 추이(배당수익 제외, 설립일~2025. 2.)

(출처) yahoo finance

[표 4-26] 지난 10년간 성과(%)

구분	2015	2016	2017	2018	2019	2020	2021	2022	2023	2024
경기	확장후기	확장후기	확장후기	확장후기 침체초기	확장후기 회복	Tail Risk 회복	확장	확장후기 침체초기	침체초기 회복	회복 확장
기준가	-10.1%	7.4%	0.8%	-7.1%	8.4%	-0.7%	-0.3%	-15.4%	5.1%	1.6%
배당	5.9%	5.3%	5.1%	5.5%	5.0%	4.9%	4.0%	5.3%	5.7%	6.0%
계	-4.2%	12.7%	5.9%	-1.5%	13.4%	4.2%	3.7%	-10.1%	10.9%	7.6%

[그림 4-19] 하이일드 등급 회사채 스프레드 추이(2000. 1.~2025. 2.)

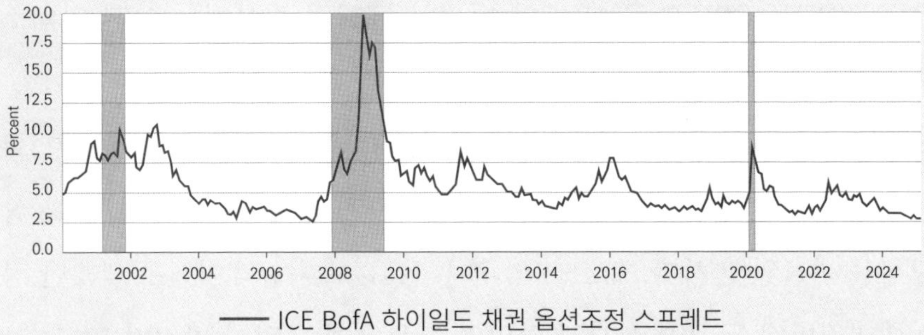

(출처) 세인트루이스 연은

4) 보유종목 분석

이 상품은 미국 소재 기업들이 주로 발행하며, 잔존만기 3~7년 비중이 전체 포트폴리오의 60%를 초과한다. 등급 기준으로는 주로 BB~B 등급 회사채를 편입한다. 업종별로는 미디어, 통신, 에너지 순이다.

[표 4-27] 보유자산 통계(Top 5)

업종	비중(%)	국가	비중(%)	신용등급	비중(%)	실질만기*	비중(%)
미디어	9.4	미국	80.2	BB	39.7	0-1년	1.0
통신	5.8	캐나다	4.4	B	26.2	1-3년	19.9
에너지	5.8	영국	2.2	CCC	19.9	3-5년	39.6
파이프	5.6	케이만	1.9	CC	2.3	5-7년	26.2
상업 서비스	5.0	네덜란드	1.7	C	0.1	7-10년	10.5
				기타	1.6	10년+	2.3

* 잔존만기(조기상환권리 없는 경우) 또는 발행회사가 조기에 상환할 수 있는 권리가 있는 최초일자 기준

(출처) Bloomberg 재편집

5) 유사상품

JNK, SPHY, HYLB 등 HYG와 비슷한 유형의 회사채는 어떤 인덱스를 추종하느냐에 따라 수익률의 편차가 소폭 있을 뿐이지 HYG와 큰 차이는 없다. 이왕 위험을 부담하는 바에 미국에 집중되어 있는 '비교적' 우량한 회사채를 기반으로 한 ETF보다, 이머징마켓 채권에 집중하는 하이일드형 상품도 관심을 기울일 만하다. EMHY의 경우 HYG보다 듀레이션은 약 2년 정도 길고 이머징마켓 국채와 회사채 하이일드 등급에 초점이 맞춰져 있다. 그리고 주로 BB~B에 60% 이상 투자하는 대신, BB등급에 집중하는 ETF(FALN, ANGL, HYBB)와 같은 상품도 있다. '추락천사(Fallen Angel)'의 의미는 투자등급(주로 BBB-)에서 하이일드 등급(BB+~BB-)으로 신용등급이 하락한 기업을 의미한다. 투자등급에서 하이일드 등급으로 강등 될 때, 대체로 회사채 스프레드가 급격히 확대가 되는 경향이 있다. 그래서 이미 BB급을 유지하는 회사채 대비 그들의 시장수익률이 다소 높게 형성된다. 추락천사의 반대의 경우를 '라이징스타(Rising Star)'라고 한다(예를 들면, 테슬라, 넷플릭스와 같은 케이스를 들 수 있음).

[표 4-28] 유사상품 수익률 추이

[단위: 백만 달러]

티커	JNK	SPHY	HYLB
운용사	스테이트스트리트	스테이트스트리트	DWS자산운용
종류	하이일드 회사채	하이일드 회사채	하이일드 회사채
시가 총액	8,063 (약 11.7조 원)	7,239 (약 10.5조 원)	3,521 (약 5.1조 원)
수수료	0.40	0.05	0.05
듀레이션	3.3	3.2	3.1
운용 type	패시브	패시브	패시브
비고	Bloomberg High Yield Very Liquid Index 추종	ICE BofA US High Yield Index 추종	Solactive USD High Yield Corporation 추종

연도	사이클	기준가	배당	합계	기준가	배당	합계	기준가	배당	합계
2015		-12.2%	6.6%	-5.6%	-7.4%	4.3%	-3.1%			
2016	확장후기	7.5%	6.1%	13.6%	7.5%	4.3%	11.7%			
2017		0.7%	5.6%	6.3%	2.7%	4.4%	7.1%	0.0%	5.8%	5.9%
2018	확장후기 침체초기	-8.5%	5.9%	-2.6%	-7.1%	4.1%	-3.0%	-7.2%	6.0%	-1.3%
2019	침체초기 회복	8.7%	5.4%	14.1%	6.8%	5.7%	12.5%	7.7%	5.7%	13.4%
2020	Tail Risk 회복	-0.5%	5.1%	4.6%	0.5%	5.6%	6.1%	-0.6%	5.2%	4.7%
2021	확장	-0.3%	4.3%	3.9%	0.3%	5.1%	5.5%	-0.6%	4.4%	3.9%
2022	확장후기 침체초기	-17.1%	6.1%	-11.0%	-15.9%	6.5%	-9.5%	-15.4%	5.0%	-10.3%
2023	침체초기 회복	5.3%	6.4%	11.6%	4.7%	7.3%	12.0%	5.5%	5.3%	10.8%
2024	회복 확장	0.8%	6.6%	7.4%	0.4%	7.8%	8.2%	1.5%	6.3%	7.8%

티커	EMHY	ANGL	FALN
운용사	블랙록	Vaneck	블랙록
종류	하이일드 국채+회사채	하이일드 회사채	하이일드 회사채
시가 총액	459 (약 0.7조 원)	3,012 (약 4.4조 원)	1,991 (약 2.9조 원)
수수료	0.50	0.25	0.25
듀레이션	5.0	4.9	4.8
운용 type	패시브	패시브	패시브
비고	이머징마켓 국채 및 회사채 하이일드 등급 편입	투자등급에서 투기등급으로 강등된 채권(Fallen Angel)	투자등급에서 투기등급으로 강등된 채권(Fallen Angel)

연도	사이클	기준가	배당	합계	기준가	배당	합계	기준가	배당	합계
2015	확장후기	-4.6%	7.0%	2.4%	-6.6%	5.8%	-0.7%			
2016		8.1%	6.4%	14.5%	18.3%	5.8%	24.1%			
2017		2.7%	5.6%	8.3%	4.1%	5.3%	9.3%	1.4%	7.0%	8.4%
2018	확장후기 침체초기	-11.2%	6.8%	-4.4%	-11.0%	6.0%	-5.0%	-10.1%	6.0%	-4.1%
2019	침체초기 회복	6.6%	5.7%	12.3%	11.9%	5.2%	17.1%	11.1%	5.4%	16.5%
2020	Tail Risk 회복	-2.0%	5.4%	3.4%	7.5%	4.7%	12.2%	8.5%	5.1%	13.7%
2021	확장	-7.1%	5.6%	-1.5%	2.7%	3.9%	6.6%	1.8%	3.4%	5.2%
2022	확장후기 침체초기	-18.8%	7.1%	-11.7%	-18.0%	4.7%	-13.3%	-17.9%	5.1%	-12.8%
2023	침체초기 회복	3.9%	6.7%	10.7%	6.5%	5.3%	11.8%	7.3%	5.4%	12.6%
2024	회복 확장	4.5%	6.4%	10.8%	-0.4%	6.3%	5.9%	1.2%	6.2%	7.4%

티커		USHY			HYGV			HYBB		
운용사		블랙록			Flexshares			블랙록		
종류		하이일드 회사채			하이일드 회사채			하이일드 회사채		
시가 총액		18,752 (약 27.2조 원)			1,463 (약 2.1조 원)			391 (약 0.6조 원)		
수수료		0.08			0.37			0.25		
듀레이션		3.2			3.2			3.5		
운용 type		패시브			패시브			패시브		
비고		ICE BofA US High Yield Constrained Index 추종			Northern Trust High Yield Value-Scored US Corporate Bond Index 추종			BB등급 회사채에 집중		
연도	사이클	기준가	배당	합계	기준가	배당	합계	기준가	배당	합계
2015	확장후기									
2016										
2017										
2018	확장후기 침체초기	-8.1%	6.3%	-1.8%						
2019	침체초기 회복	7.6%	5.9%	13.5%	6.9%	7.9%	14.8%			
2020	Tail Risk 회복	0.4%	5.3%	5.7%	1.1%	6.2%	7.3%			
2021	확장	-0.2%	5.1%	4.9%	-0.3%	6.1%	5.8%	-0.6%	4.2%	3.6%
2022	확장후기 침체초기	-16.2%	6.1%	-10.1%	-18.7%	7.6%	-11.0%	-14.4%	5.0%	-9.3%
2023	침체초기 회복	5.3%	6.6%	11.9%	2.6%	8.0%	10.6%	3.6%	6.3%	9.9%
2024	회복 확장	1.2%	6.9%	8.1%	-0.5%	8.2%	7.7%	0.0%	6.2%	6.2%

4 크레디트 바벨전략: 국채 + 하이일드(IEF(iShares 7-10 Year Treasury Bond ETF) + HYGH(iShares Interest Rate Hedged High Yield Bond ETF))

1) 우수한 성과가 나는 경기사이클

국채는 안전자산을 대표하며 회사채 스프레드는 위험자산 선호를 대표하는 지표이다. 안전자산과 위험자산, 물과 기름과 같은 두 자산의 음(-)의 상관관계를 이용하여 포트폴리오를 구성하는 전략을 크레디트 바벨전략이라고 했다(PART 1의 '크레디트 바벨전략' 참조). 이 전략은 침체후기 및 Tail Risk가 발생할 경우 회사채 스프레드가 확대되면서 발생한 손실을, 안전자산 선호현상으로 국채금리가 하락하여 얻은 가격상승으로 상쇄할 수 있다. 그리고 이 시기에 진입을 할 경우 회복 및 확장 단계에서 금리하락과 회사채 스프레드 축소가 동시에 발생하여 타 전략보다 높은 수익을 얻을 수 있다. 다만 물가가 급등하여 중앙은행이 기준금리를 인상하는 확장후기 초·중기에서는 금리상승과 회사채 스프레드 확대가 동시에 일어나 타 전략 대비 열위에 있다.

회복	확장	확장후기	침체초기	침체후기	Tail Risk

※ ▒ 음영이 성과가 좋은 사이클이며, ▒ 음영 단계 후기가 진입 시기임. ■ 타 채권전략 대비 위험 감소 효과가 나타나 비교우위에 있음

2) 상품 개요

크레디트 바벨전략은 가장 안전하며 듀레이션이 긴 국채와 위험자산인 하이일드 등급 채권을 동시에 매입하면 완성된다. 둘 간의 비율, 그리고 국채 듀레이션, 하이일드 회사채 종류(회사채 스프레드만 노출한 상품을 매입할 것인지 짧은 듀레이션의 하이일드 채권을 매입할 것인지 선택하는 것) 등은 투자자들의 선호도에 따라 얼마든지 변경할 수 있다. 여기서는 가장 기본이 되는 국채 7~10년(법정만기 기준) 및 하이일드 등급 회사채 스프레드 ETF를 각각 50%씩 투자하는 것을 전제로 설명하겠다.

IEF는 미 국채 ETF 운용사이자 블랙록의 자회사인 아이쉐어즈(iShares)에서 운용하는 ETF로, ICE US Treasury 7-10 Year Bond Index의 성과를 추적하도록 설계된 인덱싱 투자 방식을 활용한다. 듀레이션은 약 7년이며, 미 국채 7~10년 만기에 전액 투자하는 상품이다.

HYGH 역시 블랙록의 아이쉐어즈(iShares)에서 출시한 ETF이다. 하이일드 회사채 ETF인 HYG와 금융기관과 사전에 맺은 이자율 스왑계약(HYG에서 나오는 고정금리를 금융기관에 지급하는 대신이에 상응하는 변동금리(SOFR + 회사채스프레드)를 받는 계약)으로 구성되어 있다. 이때 이자율 스왑계약을 통해 금리위험을 제거하고 오로지 회사채 스프레드 변동 위험만 노출되어 있는 상품이다.

[표 4-29] 안전자산(국채) 상품 개요

운용사	출시일	시가총액 (달러)	수수료 (%)	괴리율 (%)	Tracking Error(%)	듀레이션 (년)
블랙록	2002. 07. 22.	320억 달러 (46.5조 원)	0.15	0.00	0.02	7.0
벤치마크		ICE US Treasury 7-10 Year Bond				

[표 4-30] 위험자산(하이일드) 상품 개요

운용사	출시일	시가총액 (달러)	수수료 (%)	괴리율 (%)	Tracking Error(%)	듀레이션 (년)
블랙록	2007. 04. 04.	4.4억 달러 (0.6조 원)	0.52	0.00	1.1	-
벤치마크		BlackRock Interest Rate Hedged High Yield Bond Index				

3) 성과측정

흔히 안전자산을 대표하는 미국 국채는 모든 위험에서 자유롭다고 생각하기 쉽다. 그런데 국채는 듀레이션에 의한 금리 위험이 있다. 일반적으로 동일한 만기라면 쿠폰금리가 높을 수록 듀레이션이 작은데, 안전자산은 하이일드 등급보다 쿠폰금리가 낮기 때문에 동일 만기 기준 듀레이션이 더 길다. 따라서 금리가 급등했던 2022년 중에는 국채 및 크레디트 바벨전략은 손실을 보았다.

2022년 기준금리를 급격히 올리기 전까지 10년 이상 지속되어 온 저금리 시대에는 대체로 위험자산이 안전자산보다 우수한 실적을 보였다. 단, 연준의 기준금리 인상에 따른 경기침체 우려가 확산된 2018년, 코로나19 팬데믹에 따른 급격한 안전자산 선호현상을 보인 2020년 초에는 안전자산 금리 하락, 회사채 스프레드 확대로 국채의 듀레이션 효과가 높았던 시기였다. 가장 높은 수익률을 얻는 시기는 2019년 및 2023년, 회복단계에 진입할 때이다. 이 때는 금리도 하락하고 회사채 스프레드도 축소되는 시기이기 때문이다. 어느 한 쪽이 손실을 볼 때 다른 자산군에서 이익이 발생하여 상쇄하는 성격을 가지므로 경기사이클에 따른 손실 위험과 그 폭을 줄여주는 효과를 보였다는 점에서, 이 전략은 유용하다([그림 4-20] 및 [표 4-31] 참조).

[그림 4-20] 크레디트 바벨전략 효과(2019. 12.~2024. 12.)

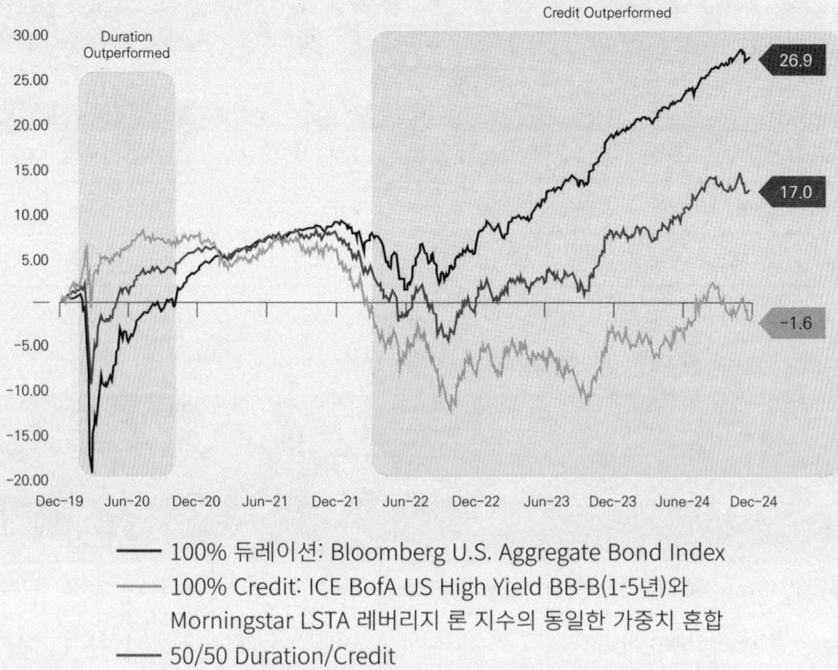

(출처) FactSet, 뉴욕생명투자(https://www.newyorklifeinvestments.com/insights/navigating-market-volatility-credit-duration-barbell-2025, 2025. 2. 16. 검색)

[표 4-31] 포트폴리오별 위험(표준편차) – 낮을수록 위험이 낮다.

포트폴리오	3년	5년	7년	10년
100% 듀레이션	4.57	7.01	6.16	5.44
50/50	5.68	5.57	4.84	4.22
100% Credit	7.72	6.37	5.70	5.01

(출처) FactSet, 뉴욕생명투자(https://www.newyorklifeinvestments.com/insights/navigating-market-volatility-credit-duration-barbell-2025, 2025. 2. 16. 검색)

[표 4-32] 지난 10년간 성과(%)(크레디트 바벨전략)

구분	2015	2016	2017	2018	2019	2020	2021	2022	2023	2024
경기	확장후기	확장후기	확장후기	확장후기 침체초기	침체초기 회복	Tail Risk 회복	확장	확장후기 침체초기	침체초기 회복	회복 확장
기준가	-5.9%	3.6%	1.1%	-4.0%	5.7%	2.6%	-1.1%	-11.8%	1.6%	-0.7%
배당	3.8%	3.2%	3.3%	4.3%	3.5%	2.6%	2.3%	4.1%	5.9%	5.7%
계	-2.0%	6.8%	4.4%	0.4%	9.2%	5.2%	1.2%	-7.7%	7.5%	5.1%

[표 4-33] 지난 10년간 성과(%)(IEF)

구분	2015	2016	2017	2018	2019	2020	2021	2022	2023	2024
경기	확장후기	확장후기	확장후기	확장후기 침체초기	침체초기 회복	Tail Risk 회복	확장	확장후기 침체초기	침체초기 회복	회복 확장
기준가	-0.4%	-0.7%	0.7%	-1.3%	5.8%	8.8%	-4.1%	-16.7%	0.6%	-4.1%
배당	1.9%	1.8%	1.8%	2.2%	2.1%	1.1%	0.8%	2.0%	2.9%	3.6%
계	1.5%	1.1%	2.5%	0.9%	7.9%	9.9%	-3.3%	-14.8%	3.5%	-0.5%

[표 4-34] 지난 10년간 성과(%)(HYGH)

구분	2015	2016	2017	2018	2019	2020	2021	2022	2023	2024
경기	확장후기	확장후기	확장후기	확장후기 침체초기	침체초기 회복	Tail Risk 회복	확장	확장후기 침체초기	침체초기 회복	회복 확장
기준가	-11.3%	7.9%	1.4%	-6.7%	5.7%	-3.6%	1.9%	-6.8%	2.5%	2.7%
배당	5.7%	4.6%	4.8%	6.4%	4.9%	4.1%	3.7%	6.2%	8.9%	7.9%
계	-5.6%	12.5%	6.2%	-0.2%	10.6%	0.4%	5.6%	-0.6%	11.4%	10.6%

5 역 듀레이션 ETF: TBT(ProShares UltraShort 20+ Year Treasury)

1) 우수한 성과가 나는 경기사이클

채권은 금리상승에 취약하다. 자세히 설명하면 채권은 실질금리 및 인플레이션 상승에 취약하다. 실질금리는 이자의 실질 구매력을 나타내는 것으로 대출을 하는 은행 입장에서는 마진의 개념이다. 마진을 높인다는 것은 은행이 대출을 위해서 감수해야 할 위험이 그만큼 높다는 의미이다(위험과 투자자가 요구하는 요구수익률의 관계가 양(+)의 상관관계임을 감안, 신용등급이 낮을 수록 금리가 높다는 것과 유사한 논리라고 이해하자). 인플레이션은 물가이다. 경기가 과열되는 데도 연준을 비롯한 중앙은행이 늑장 대응을 할 때, 관세나 감세와 같이 인위적으로 물건 값을 올리는 정책 등이 벌어질 때 일어난다.

금리를 구성하는 실질금리와 인플레이션 상승의 기미가 보일 때, 투자자들은 '강물을 거스르는' 투자를 통해 수익을 얻을 수 있다. 이것을 위해 만들어진 상품이 '금리 인버스' ETF이다.

여기서 금리 인버스 상품은 주로 국채금리에 대칭하는 것으로 경기사이클이 확장에서 확장후기에 빛을 보는 상품이다. 단, 이 상품은 채권의 기본 조건인 발행자가 투자자에게 고정이자를 지급하는 구조를 거슬러, 고정이자를 내주고 변동금리 이자를 수령하는 동시에, 보유하고 있는 기초자산을 담보로 차입을 해서 추가로 금리상승에 베팅하는, '레버러지형 인버스' 상품이 대부분이다. 따라서 장기투자보다는 경기사이클에 맞는 '단타' 투자가 적합하다.

회복	확장	확장후기	침체초기	침체후기	Tail Risk

※ ▒ 음영이 성과가 좋은 사이클이며, ▒ 음영 단계 후기가 진입 시기임

2) 상품 개요

이 상품은 프로쉐어즈(ProShares)에서 운용하는 ETF로, ICE U.S. Treasury 20+ Year Total Return의 성과를 -2배 추적하도록 설계된 인덱싱 투자 방식을 활용한다. 듀레이션은 인덱스의 -2배인 -32년이며, 인버스 및 레버리지(2배)를 위해 벤치마크를 기초로 한 토탈리턴스왑(Total Return Swap)으로 구성되어 있다.

[표 4-35] 상품 개요

운용사	출시일	시가총액(달러)	수수료(%)	괴리율(%)	Tracking Error(%)	듀레이션(년)
프로쉐어즈	2008. 04. 29.	3억 달러 (0.4조 원)	0.91	0.00	42.8	32.3
벤치마크		ICE U.S. Treasury 20+ Year Total Return				

3) 성과측정

2021년 초부터 물가 상승이 본격적으로 일어났음에도 연준은 상품을 제조하고 공급하는 공급망이 노동인력 이탈 및 코로나로 인한 공장 셧다운 등의 요인에 의한 것으로 판단, 물가상승이 일시적이라고 판단했다.[1] 그래서 기

1 연준이 물가상승을 억제하는 것은 주로 소비자물가를 억제하기 위함으로 금리를 인상한다. 그런데 2021년 중 연준이 언급한 공급 부족에 따른 물가 상승은, 금리와 관계없이 공급을 확대하는 노동인구의 증가, 셧다운된 생산시설 정상화의 요인이 맞다. 이런 공급망과 관련한 사항은 연준의 통화정책과는 무관하다는 점에서, 이 시기의 물가상승은 '일시적'이라고 판단할 수 있다. 이 판단 자체는 옳았지만 연준이 간과한 한 가지 사실은, 노동력 부족은 일시적인 것이 아니라 코로나19로 인해 경제구조 자체가 변한 것이며 노동시장에 남아 있는 인력들의 임금의 급등, 슈퍼울트라 양적완화와 오랜 기간 제로금리로 인해 금융시장에서 막대한 돈을 벌어들인 '파이어족'들의 가처분 소득 증가였다. 이 소득 증가가 소비 증가로 이어졌으며, 소비자물가를 대표하는 CPI가 손을 쓸 수 없을 정도의 상승으로 이어졌다. 결국 연준은 급격한 기준금리 인상으로 뒤늦게나마 물가 안정에 나섰다.

준금리 인상을 주저하고 물가는 걷잡을 수 없이 상승하게 된다. 결국 2022년 연준은 기준금리를 급격히 올리게 되고 이에 따라 인플레이션은 점차 안정을 찾게 되지만 실질금리가 기준금리를 따라 급격히 올라가게 되면서 명목금리도 급등을 한다. 종류를 불문하고 대부분의 채권형 ETF는 이 시기에 상당한 손실을 입게 되지만, 금리 인버스 ETF만은 예외였다. 2022년, 그리고 트럼프 대통령 당선 및 물가상승 재림 우려가 있던 2024년에 이 상품의 수익률은 주가 상승 부럽지 않은 수치를 보였다.

그런데 유사한 확장후기에도 불구하고 2015~2017년에는 물가상승이 높지 않았고, 금리인상의 명분이 물가상승보다는 제로금리로부터의 정상화에 가까웠기 때문에 금리인상 폭과 속도가 매우 천천히 진행되었다(2015년 1회, 2016년 1회, 2017년 3회). 따라서 저금리가 지속되었고 실적이 우수해야 할 사이클임에도 불구하고 이 상품의 수익률은 마이너스였다.

[그림 4-21] 기준가 추이(배당수익 제외, 설립일~2025. 2.)

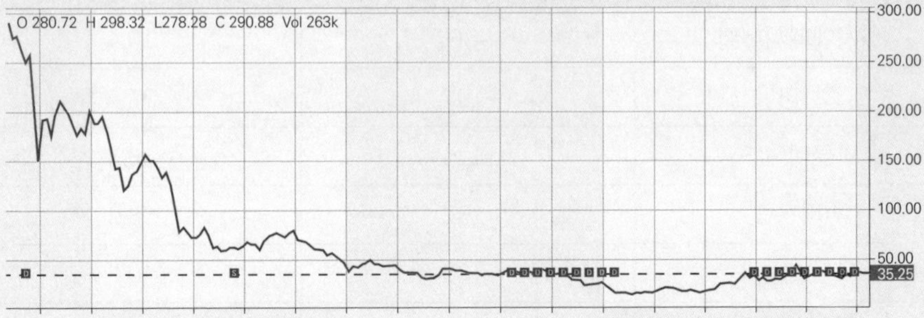

(출처) yahoo finance

[표 4-36] 지난 10년간 성과(%)

구분	2015	2016	2017	2018	2019	2020	2021	2022	2023	2024
경기	확장후기	확장후기	확장후기	확장후기 침체초기	침체초기 회복	Tail Risk 회복	확장	확장후기 침체초기	침체초기 회복	회복 확장
기준가	-5.0%	-7.4%	-17.2%	4.0%	-24.5%	-38.1%	2.9%	92.4%	-7.1%	21.3%
배당	0.0%	0.0%	0.0%	1.0%	2.1%	0.3%	0.0%	0.4%	5.0%	4.6%
계	-5.0%	-7.4%	-17.2%	5.0%	-22.3%	-37.8%	2.9%	92.8%	-2.1%	25.9%

4) 보유종목 분석

이 상품의 보유종목은 벤치마크를 기초로 한 토털리턴스왑으로 수익구조는 다음과 같다. 듀레이션이 16년인 벤치마크가, 금리 1%p 상승으로 −16% 가격이 하락했다면(가격변동(%) = −(듀레이션 × 금리상승분(%p) = 16년 × 1%p), 운용사인 프로쉐어즈는 도리어 32%의 수익(= 16% × (−2배))을 얻게 되는 구조이다.

[표 4-37] 토털리턴스왑 현황(2025. 2. 기준)

상대 금융기관	가치(액면+손익)(백만 달러)	비중(%)
소시에테제네럴	-36	-10.4
뱅크오브아메리카	-107	-31.1
바클레이즈	-125	-36.3
씨티은행	-132	-38.2
모건스탠리	-138	-40.0
골드만삭스	-149	-43.2

(출처) 프로쉐어즈(https://www.proshares.com/our-etfs/leveraged-and-inverse/tbt, 2025. 2. 17. 검색)

5) 유사상품

2025년 2월 기준, 물가상승 압력이 존재하나 대체로 연준은 기준금리 인하 속도를 조절할 뿐이지 금리인상 가능성은 거의 없다. 장기금리가 상승할 경우 오히려 듀레이션 베팅 또는 이자수익 제고를 위한 상품에 투자 기회를 엿보고 있지, 금리의 추세적 상승을 생각하는 투자자들은 적다. 그러나 트럼프 2.0 행정부는 각종 관세(대중국 관세, 철강 및 알루미늄 25% 관세 부과, 그리고 4월부터 상호 관세 – 부가세 적용 국가는 부가세도 관세의 일부로 포함하겠다는 입장)를 실시하고 감세를 하겠다는 의지를 보이고 있다. 따라서 물가 상승으로 추세적인 금리 상승 가능성도 있다.

인버스 상품은 레버리지 배수에 따라, 레버리지 없는 상품(x1)인 TBF, 레버리지가 3배인 TMV가 있다. 금리상승을 예측하나 위험선호에 따라 레버리지 배수를 선택할 수 있다. 그리고 하방위험을 막기 위해 금리 상승 시 콜옵션을 실행하여 행사 금리를 지급하고 변동금리를 수취하는 스왑션(스왑과 옵션의 합성어)을 가지고 있는 PFIX 도 금리상승 시 수익을 얻을 수 있는 상품이다.

[표 4-38] 유사상품 수익률 추이

[단위: 백만 달러]

티커	TBF	TMV	PFIX
운용사	프로쉐어즈	디렉션(Direxion)	심플리파이(Simplify)
종류	금리인버스	금리인버스	금리인버스
시가 총액	90 (약 1,300억 원)	191 (약 2,770억 원)	190 (약 2,770억 원)
수수료	0.95	1.01	0.50
듀레이션	-16.1	-48.3	-41.6
운용 type	패시브	패시브	액티브
비고	벤치마크(ICE U.S. Treasury 20+ Year Total Return)의 -1배	벤치마크(The ICE U.S. Treasury 20+ Year Bond Index)의 -3배	3~5년 만기의 스왑션 – 기초자산 20년 국채금리 4.5% 이상 시 행사 가능 (고정금리 4.5%에 지급, 변동금리 수취)

연도	사이클	기준가	배당	합계	기준가	배당	합계	기준가	배당	합계
2015		-1.7%	0.0%	-1.7%	-11.8%	0.0%	-11.8%			
2016	확장후기	-3.4%	0.0%	-3.4%	-14.3%	0.0%	-14.3%			
2017		-8.5%	0.0%	-8.5%	-26.5%	0.0%	-26.5%			
2018	확장후기 침체초기	3.3%	1.0%	4.2%	4.0%	0.7%	4.7%			
2019	침체초기 회복	-11.0%	1.9%	-9.1%	-34.2%	1.7%	-32.5%			
2020	Tail Risk 회복	-19.4%	0.2%	-19.1%	-54.1%	0.4%	-53.7%			
2021	확장	1.3%	0.0%	1.3%	0.8%	0.0%	0.8%			
2022	확장후기 침체초기	42.4%	0.4%	42.8%	150.2%	0.0%	150.2%	92.1%	1.2%	93.3%
2023	침체초기 회복	2.4%	5.2%	7.6%	-9.7%	4.0%	-5.7%	2.6%	0.6%	3.2%
2024	회복 확장	16.3%	4.1%	20.4%	39.8%	3.4%	43.2%	35.9%	3.4%	39.3%

04

후살타 전략 2 - 스프레드 전략

스프레드는 회사채 스프레드, 그리고 장단기 스프레드 두 개로 나눌 수 있다. 회사채 스프레드는 [Formula 1-3](21쪽 참조)과 같이 회사채 수익률에서 유사한 만기의 안전자산 수익률을 뺀 수치이다. 장단기 스프레드는 동일한 기업 또는 국가 등이 발행한 채권 중 만기가 긴 것과 짧은 것의 수익률 차이이다. 회사채 스프레드는 발행자 고유의 위험만을 남긴 것으로 위험자산 선호현상을 예상하는 경우 스프레드 축소(= 수익률 하락)가 나타난다. 반면 장단기 스프레드는 일반적으로 장기 수익률이 단기 수익률보다 높은 것이 일반적이며, 경기사이클에 따라 차이 정도, 또는 경기확장 후기 및 침체 초기 단계에서는 오히려 단기금리가 장기금리보다 높은 현상을 보이기도 하다. 장단기 스프레드 전략은 주로 미 국채 장기금리(10년 또는 30년) 및 단기금리(2년)를 이용한다.

1 고정금리 회사채 스프레드 전략: LQDH(iShares Interest Rate Hedged Corporate Bond ETF)

1) 우수한 성과가 나는 경기사이클

분명히 위험자산 선호 시그널이 분명하다. 주식시장은 그야말로 불(Bull)장이고 암호화폐는 하루에 수십 %씩 상승하고 있다. 그런데 회사채 시장 등 채권 위험자산들은 맥을 못추고 있다. 왜 이럴까?

그 이유는 위험자산과 대척점에 있는 국채금리 움직임에 있다. 위험자산이 '득실'거리면, 안전자산은 외면 받는다. 그 이유는 보유하고 있던 국채를 팔고 위험자산을 매입하려는 투자자 성향에 기인한다. 그렇다면 채권만을 운용하는 기관투자자나 채권투자를 선호하는 개인은 마냥 눈 뜬 채로 코가 베여야 하는가?

이 때 회사채 스프레드의 축소만을 기대하며 투자하는 전략이 유용하다. 회사채를 보유한다는 것은 국채와 회사채 스프레드 두 개를 보유한다는 의미와 같다. 여기서 회사채 보유는 그대로 두되, 보유한 국채를 삭제하고 회사 고유의 위험인 회사채 스프레드만 남겨두는 것이다. PART 1에서도 설명했듯이 고정금리 회사채(여기에는 미국 이외 국가들이 발행한 달러채권도 포함됨)에서 회사채 스프레드만을 남기기 위한 방법은 1) 미국 국채 선물을 매도, 2) 보유 중인 국채 매도 또는 국채를 시장에서 직접 빌려서 매도를 하는 공매도, 3) 고정금리 회사채에 대해 금융기관과의 이자율 스왑(스왑은 '바꾼다' 라는 의미로 내가 가지고 있는 것과 상대방이 가지고 있는 것을 서로 맞바꾼다는 말)을 통해 받고 있는 고정금리를 지급하는 대신에 변동금리(달러채권은 연방정부의 신용등급과 동일한 SOFR + 회사채 스프레드)를 받는 계약을 하는 것이다. 국내 기관투자자들의 경우 대체로 선물시장에서 보유 중인 회사채의 듀레이션에 맞춰서 미국 국채선물 계약 수를 정하고 매도를 한다. 국채선물시장이 24시간 중 23시간을 운영하기 때문에 언제든지 거래를 할 수 있기 때문이다. 은행과 같이 단기물을 조달하고 장기물을 투자 또는 대출하는 기관[1]은 보유자산을 이자율 스왑을 통해서 듀레이션을 줄이는 방법을 채택하기도 하다. 개인투자자는 직접 회사채 스프레드만을 노출하는 전략을 만들 수 없기 때문에 (만들 수 있더라도 경제성이 전혀 없음) 회사채 스프레드만을 노출하는 ETF 상품에 투자함으로써 동일한 효과를 거둘 수 있다. 일반적으로 위험자산 선호현상이 강한 회복 및 확장국면에서 이 전략은 효과가 있으며, 진입시기는 침체 후기 또는 Tail Risk 때 멘탈을 단단히 잡고 투자하거나, 금리가 상승하는 시점인 회복 중반이 적합하다.

회복	확장	확장후기	침체초기	침체후기	Tail Risk

※ ▒ 음영이 성과가 좋은 사이클이며, ▒ 음영 단계 후기가 진입 시기임

2) 상품 개요

이 상품은 ETF 운용사이자 블랙록의 자회사인 아이쉐어즈(iShares)에서 운용하는 ETF로, 운용사가 자체적으로 만든 BlackRock Interest Rate Hedged Index의 성과를 추적하도록 설계된 인덱싱 투자 방식을 활용한다. 안전자산 포지션을 없애고 회사채 스프레드만 남겨둔 상태로써 채권 듀레이션은 변동금리 주기와 일치한다(대체로 7일 이내). 단 회사채 스프레드에 대한

1 은행의 주요 자금조달 수단은 개인들이 예치하는 예적금에 있다. 그중에서도 언제든지 현금인출기에서 뺄 수 있는 수시입출금이 대부분을 차지하고 있다. 그런데 혹자는 "은행이 발행하는 채권이 5년 만기도 있고 10년 만기도 있던데요?"라고 질문할 수 있다. 그렇다. 은행도 장기채권을 발행한다. 그런데 채권을 발행할 때 정해진 고정금리를 바로 이자율스왑을 통해서 변동금리 지급, 고정금리 수취의 형태로 바꾸게 된다. 변동금리는 시장금리 변동에 따라 그 금리가 변하므로 실제 금리민감도인 듀레이션이 금리의 변동주기와 일치한다. 은행의 부채계정이 사실상 단기라고 말하는 이유이다.

듀레이션은 그대로 남아 있다(기초자산인 LQD 듀레이션이 8.3년임을 감안할 때 회사채 스프레드 1bp(= 0.01%) 축소 시에 약 0.08%의 가격이 움직이는 셈).

[표 4-39] 상품 개요

운용사	출시일	시가총액 (달러)	수수료 (%)	괴리율 (%)	Tracking Error(%)	듀레이션 (년)
블랙록	2014. 05. 27.	4.6억 달러 (0.7조 원)	0.23	0.34	2.63	-
벤치마크		BlackRock Interest Rate Hedged Index				

3) 성과측정

이 상품은 이머징 마켓의 경기 침체 우려가 있었던 2015년, 미국발 경기 둔화 우려가 있던 2018년에 안전자산 선호현상이 높아지고 회사채 스프레드 확대로 마이너스 수익률을 보였다. 반면 회복기인 2019년, 그리고 회복 및 확장기인 2023년과 2024년은 높은 성과를 거두었다. 주목할 해는 2022년이다. 2015년 및 2018년과 같은 마이너스 수익률이긴 하지만, 당시 연준의 급격한 기준금리 인상과 함께 채권금리가 같이 오르던 시기로 듀레이션에 기반한 채권가격, 그리고 기업가치가 할인율 상승으로 하락하면서 주가가 동시에 급락했던 시기였다. 그럼에도 불구하고 회사채의 듀레이션 효과를 제거했던 터라, 손실폭은 크게 제한되었다. 당시 회사채 스프레드는 기준금리 인상 및 경기둔화에 대한 일각의 우려에도 불구하고 견고한 경제지표로 인해 확대폭이 제한되었다. 금리가 상승하는 구간에서 회사채 스프레드 전략이 효과를 보는 대표적인 예이다.

그러면 2025년 2월 기준, 이 전략은 유효할까? [그림 4-16]과 같이 회사채 스프레드는 2000년 이래 25년 최저치이다. 스프레드 축소 기대값보다 확대의 기대값이 더 높은 시기라는 것이다. 대표적인 위험자산인 주식시장의 밸류에이션은 지나치게 높고([그림 4-23] 참조) 암호화폐 시장은 트럼프 대통령 취임 이후 규제완화라는 명과 관세, 지정학적 리스크 등의 암이 공존하는 가운데 점진적인 가격 상승 추이를 보이고 있다. 경기둔화 우려가 높아져 위험자산 가격 조정 때 진입을 모색해 보자.

[그림 4-22] 기준가 추이(배당수익 제외, 설립일~2025. 2.)

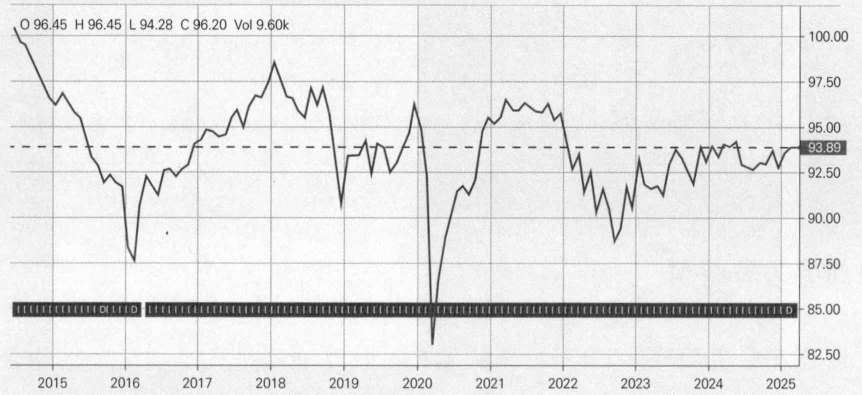

(출처) yahoo finance

[표 4-40] 지난 10년간 성과(%)

구분	2015	2016	2017	2018	2019	2020	2021	2022	2023	2024
경기	확장후기	확장후기	확장후기	확장후기 침체초기	침체초기 회복	Tail Risk 회복	확장	확장후기 침체초기	침체초기 회복	회복 확장
기준가	-5.0%	2.6%	3.5%	-6.8%	6.1%	-0.7%	0.2%	-5.5%	2.9%	-0.4%
배당	0.0%	2.3%	2.4%	5.1%	3.1%	2.2%	1.6%	3.7%	7.7%	7.6%
계	-5.0%	4.9%	5.9%	-1.7%	9.2%	1.5%	1.8%	-1.7%	10.6%	7.2%

[그림 4-23] 버핏 지수(Buffet Index): 미국 시가총액의 합/미국 GDP(1980. 1.~2025. 2.)

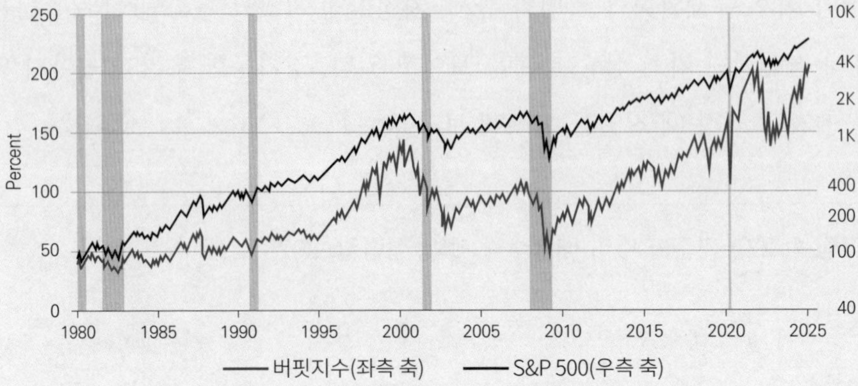

(출처) MacroMicro (https://en.macromicro.me/charts/406/us-buffet-index-gspc, 2025. 2. 18. 검색)

4) 보유종목 분석

이 상품은 LQD를 기초자산으로 기초자산의 만기분포에 맞도록 고정금리 지급, 변동금리 수취의이자율 스왑을 통해 회사채 스프레드에 베팅하는 구조를 만든 ETF이다. 구체적인 스왑 내역은 [표 4-41]과 같다.

[표 4-41] 주요 스왑내역

만기	지급 고정금리(%)	비중	고정금리 종류
2027. 9. 22.	0.490	1.3	OIS(Overnight Index Swap) 금리(미국 금융기관 간 거래할 때 1일짜리 적용금리이며, 우리나라 콜금리와 유사한 의미)
2030. 10. 19.	0.778	1.0	
2031. 12. 15.	1.242	0.7	
2035. 9. 25.	0.910	1.7	
2040. 10. 19.	1.108	1.7	
2045. 3. 30.	0.863	2.1	
2050. 9. 18.	1.060	1.8	
2050. 10. 19.	1.185	1.5	

(출처) iShares(LQDH Factsheet(2024. 12.), https://www.ishares.com/us/literature/fact-sheet/lqdh-ishares-interest-rate-hedged-corporate-bond-etf-fund-fact-sheet-en-us.pdf, 2025. 2. 18. 검색)

5) 유사상품

고정금리 회사채를 기초로 국채보유를 제거하고 회사채 스프레드만 남겨둔 상품으로는, 투자등급 중 10년 이상의 장기채권을 기초로 한 IGHG와 하이일드 회사채 중심의 HYGH가 있다.

[표 4-42] 유사상품 수익률 추이

[단위: 백만 달러]

티커		IGHG			HYGH		
운용사		프로쉐어즈			블랙록		
종류		투자등급 회사채			하이일드 등급 회사채		
시가 총액		284 (약 4,121억 원)			440 (약 6,379원)		
수수료		0.30			0.52		
듀레이션		-			-		
운용 type		패시브			패시브		
비고		FTSE Corporate Investment-Grade에 포함된 회사채 매입(평균만기 15.1년) 및 국채 선물(10년 및 30년) 매도로 회사채 스프레드 위험만 노출			HYG를 기초자산으로 하며, 고정금리 지급 & 변동금리 수취의 이자율 스왑을 통해서 듀레이션 효과를 지우고 하이일드 회사채 스프레드 위험만 노출		
연도	**사이클**	**기준가**	**배당**	**합계**	**기준가**	**배당**	**합계**
2015	확장후기	-5.4%	3.6%	-1.7%	-11.3%	5.7%	-5.6%
2016		4.2%	3.4%	7.5%	7.9%	4.6%	12.5%
2017		1.0%	3.4%	4.4%	1.4%	4.8%	6.2%
2018	확장후기 침체초기	-7.7%	4.1%	-3.5%	-6.7%	6.4%	-0.2%
2019	침체초기 회복	8.7%	3.5%	12.2%	5.7%	4.9%	10.6%
2020	Tail Risk 회복	-2.3%	2.8%	0.5%	-3.6%	4.1%	0.4%
2021	확장	-1.6%	2.5%	0.9%	1.9%	3.7%	5.6%
2022	확장후기 침체초기	-4.4%	3.3%	-1.1%	-6.8%	6.2%	-0.6%
2023	침체초기 회복	6.0%	5.0%	11.0%	2.5%	8.9%	11.4%
2024	회복 확장	3.7%	5.1%	8.8%	2.7%	7.9%	10.6%

2 변동금리 회사채 스프레드 전략: JAAA(JANUS HENDERSON AAA CLO ETF)

1) 우수한 성과가 나는 경기사이클

채권을 영어로 Fixed Income이라고 한다. 직역을 하면 고정수익(증권)이라고 하는 것인데, 언뜻보면 지정된 날짜에 지정된 쿠폰이자율에 따라 채권투자자들에게 지급하는 증권이라는 뜻이다. 대체로 채권금리는 고정금리로 대부분 되어있다. 그런데 채권은 고정금리 형태만 있는 것이 아니다. 발행할 때 주기적으로 변동하는 기준금리에 회사채 스프레드 또는 기간 스프레드(미국채 변동금리채의 경우 적용)를 가산하여 채권투자자들에게 지급한다고 하면 그것 또한 고정수익(증권)의 정의에 포함될 수 있다.

앞 장에서 고정금리 회사채를 국채 선물 매도, 국채 현물 (공)매도, 그리고 이자율 스왑(고정금리 지급, 변동금리 수취)을 결합하면 미 국채금리 상승 시 가격하락 위험을 제거할 수 있다. 즉 듀레이션을 사실상 0으로 만든다는 것이다. 그런데 너무 번거롭다. 처음부터 채권을 발행할 때 주기적으로 변동하여 듀레이션 위험을 삭제한다면 얼마나 편할까? 그것이 변동금리이다.

2022년 이전만 해도 런던 금융시장 내에서 글로벌 금융기관 간 대출 및 차입금리로 사용했던 LIBOR(London Inter-Bank Offer Rate)를 사용했다. 회사채의 경우 주로 LIBOR 3개월 만기 단위를 기준금리로 한 변동금리 채권을 발행했다. 그런데 2012년 주요 글로벌 은행의 LIBOR 조작을 통한 부당이득을 취득한 사실이 파이낸셜 타임즈에 의해 폭로되면서 이 금리체계의 신뢰성이 급격히 떨어지고 새로운 은행 간 단기금리를 모색했다. 2017년 연준이 도입한 무위험 기준금리인 SOFR(Secured Overnight Financing Rate, 미국채 담보 기반 단기대출/차입금리)가 2022년 이후 본격적으로 달러채권에 도입

되면서 이제 달러표시 변동금리 체계는 SOFR에 회사채 스프레드가 가산되는 형태로 바뀌었다.

변동금리형 회사채는 금리가 상승하면서 스프레드가 축소되는 구간에서 실적이 좋다. 특히 금리상승, 회사채 스프레드 축소가 일어나는 확장국면 및 회사채 스프레드는 정체하나 국채금리 상승으로 이자수익이 증가하는 확장 후기에 실적이 좋다. 진입시기는 스프레드가 급격히 벌어지는 침체단계, 그리고 금리가 상승국면에 진입하기 직전인 회복 후기 및 확장 단계에 적합하다.

회복	확장	확장후기	침체초기	침체후기	Tail Risk

※ 음영이 성과가 좋은 사이클이며, 음영 단계 후기가 진입 시기임

2) 상품 개요

이 상품은 뮤추얼펀드 및 ETF 운용사인 야누스 핸더슨에서 운용하는 ETF로, CLO AAA등급 채권에 투자한다.

[표 4-43] 상품 개요

운용사	출시일	시가총액 (달러)	수수료 (%)	괴리율 (%)	Tracking Error(%)	듀레이션 (년)
야누스 (JANUS)	2020. 10. 16.	199억 달러 (28.8조 원)	0.21	0.16	-	0.13
벤치마크		액티브형으로 없음 (비교대상으로 JP Morgan CLOIE AAA Index 사용)				

CLO는 Collateralized Loan Obligation, 즉 담보부 대출 기반 구조화 채권의 줄임말로 미국 소재 은행이 보유한 대출채권(이를 레버러지 론이라고 부르기도 함)을 특수목적회사(Special Purpose Vehicle, 이하 'SPV')에 매각하고

SPV는 이것을 가장 안전한 AAA부터 가장 위험한 Equity 트랜치로 나누어 투자자들에게 재차 매각하는 형태를 보인다([그림 4-24] 참조). 참고로 레버러지 론은 차입자의 신용등급이 하이일드 등급, 즉 BB+ 이하 기업들이 대부분을 차지한다. 그리고 원리금배분은 AAA등급 투자자들이 우선하여 받으며, 등급이 내려갈 수록 원리금 회수 순위는 후순위로 밀리게 된다. 대신 등급이 내려가면 고수익을 얻을 수 있는 기회가 생기므로 투자자들의 성향에 따라 선호하는 트랜치는 다르다.

[그림 4-24] CLO 구조도(예시)

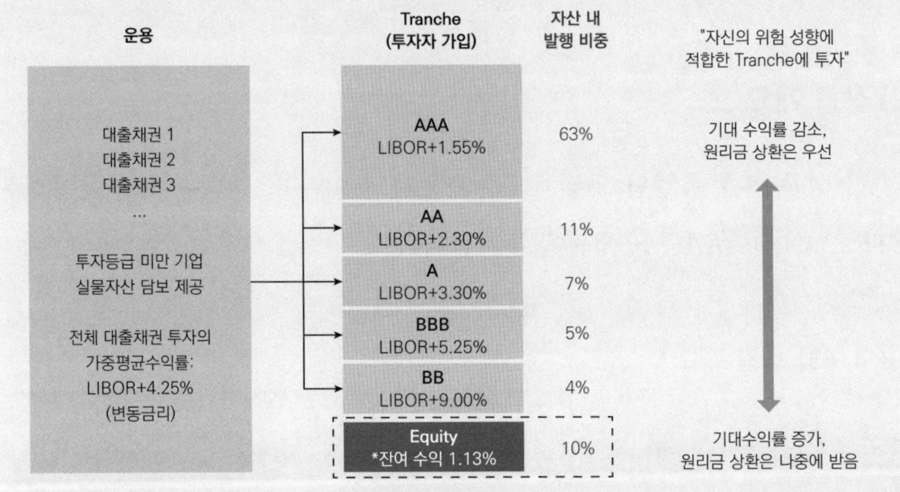

이 상품은 금융상품의 위험가중치에 따라 자본비율을 산출하는 은행 및 보험사에서 선호하는 상품이다. 왜냐하면 이 상품을 구성하는 기초자산의 신용등급이 AAA급이므로 위험가중치가 회사채 중 가장 낮으면서도 회사채 스프레드 기준, 투자등급 회사채의 그것보다 높기 때문에 수익성도 좋다. 무엇보다도 기초자산인 레버리지 론은 기본적으로 부동산 등을 담보로 한 대출이기 때문에 회수율도 높은 것이 특징이다([그림 4-25] 참조).

[그림 4-25] CLO AAA vs US 회사채 스프레드 추이(2016. 1.~2023. 1.)

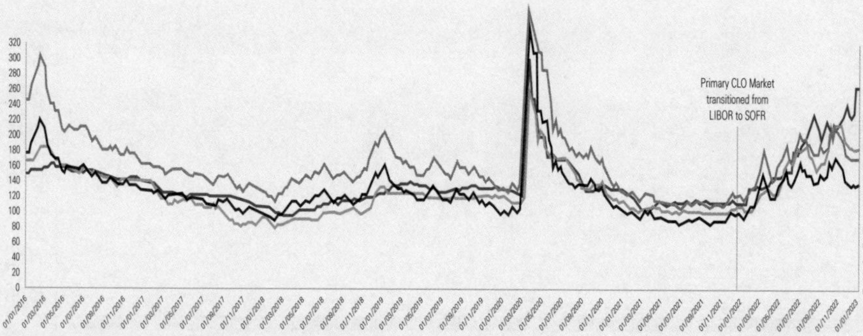

(출처) RBC Global Asset Management(https://institutional.rbcgam.com/documents/en/common/article/us-primary-clo-aaa-securities.pdf, 2025. 2. 19. 검색)

3) 성과측정

이 상품은 2020년에 출시한 비교적 신생상품으로 전체 주기를 파악하기는 어려우나, 2022년 금리와 스프레드가 동시에 상승, 확대가 되는 채권 암흑기에도 타 채권 ETF 상품 대비 수익률을 선방하였다. 금리가 충분히 상승한 2023년, 그리고 2024년에는 스프레드까지 축소되는 모습을 보이면서 높은 수익률을 시현하였다.

[그림 4-26] 기준가 추이(배당수익 제외, 설립일~2025. 2.)

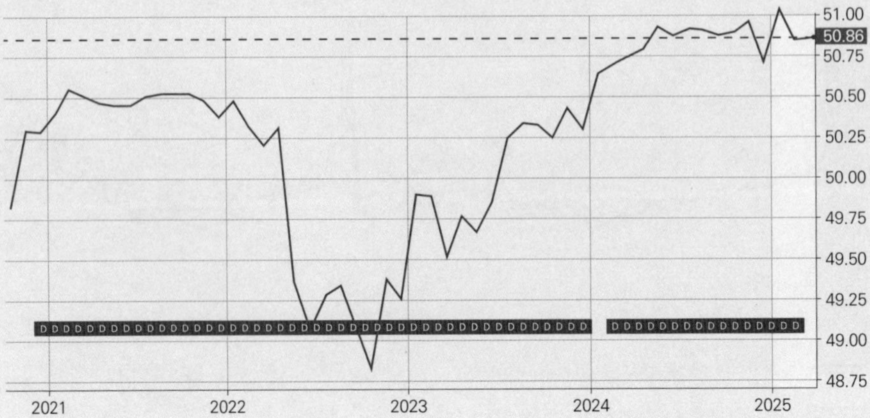

(출처) yahoo finance

[표 4-44] 지난 10년간 성과(%)

구분	2015	2016	2017	2018	2019	2020	2021	2022	2023	2024
경기	확장후기	확장후기	확장후기	확장후기 침체초기	침체초기 회복	Tail Risk 회복	확장	확장후기 침체초기	침체초기 회복	회복 확장
기준가							0.2%	-2.2%	2.1%	0.8%
배당							1.2%	2.8%	6.1%	6.4%
계							1.4%	0.6%	8.2%	7.2%

4) 보유종목 분석

이 상품의 기초자산인 레버러지 론 차입자 기준으로 서비스업, 하이테크, 금융서비스 순의 비중을 보이고 있으며, CLO 평균만기는 약 4.96년이다. 참고로 미국의 레버러지 론의 경우, 대체로 원리금 분할 상환 형식이다.

[표 4-45] 보유자산 통계(Top 5)

업종	비중(%)	국가	비중(%)	신용등급	비중(%)
서비스	12.9	미국	100.0	AAA	102.8
하이테크	10.8			AA	0.5
금융서비스	9.7			A	0.5
헬스케어	9.0				
미디어	5.6				

※ 평균만기: 4.96년, 평균 듀레이션: 0.13년

(출처) 상품 Factsheet

5) 유사상품

변동금리 회사채 ETF는 이 상품과 같은 CLO형, 이 상품의 기초자산인 레버리지 론 자체를 운용하는 ETF, 그리고 변동금리형 일반회사채 등으로 나눌 수 있다. CLO는 투자자들의 위험성향에 따라 보유 등급을 달리 하여 투자할 수 있는데, 보다 높은 위험을 추구하는 JBBB, CLO의 투자등급 트랜치와 가장 위험한 에쿼티 트랜치의 크레딧 바벨을 유지하는 CLOI 등 다양한 투자전략을 실행할 수 있다. 레버리지 론은 차입자 신용등급이 주로 B급에 집중되어 있는 것이 특징으로 고정금리형 하이일드 및 HYGH와 같이 금리를 헤지한 후 회사채 스프레드에 집중되어 있는 채권보다 더 높은 스프레드를 보이면서도 담보부 대출 특성 상 회수율이 높다는 장점을 활용할 수 있다.

하이일드 등급 기업이 변동금리형 차입을 위해서 주로 은행에서 대출을 이용하는 반면, 투자등급은 직접 금융시장에서 변동금리형 채권을 발행한다. 투자등급 변동금리 상품은 스프레드의 변동성이 작으면서도 금리 상승 시 이자수익이 높아지는 장점, 그리고 기관투자자의 경우 위험가중치가 낮아 위험조정 자본비율을 제고할 수 있는 장점이 있다.

[표 4-46] 유사상품 수익률 추이

가. CLO형

[단위: 백만 달러]

티커		PAAA			JBBB			CLOI		
운용사		PGIM(푸르덴셜)			야누스 핸더슨			Vaneck		
종류		레버리지론 기초 CLO			레버리지론 기초 CLO			레버리지론 기초 CLO		
시가 총액		2,253 (약 3.3조 원)			1,795 (약 2.6조 원)			872 (약 1.3조 원)		
수수료		0.19			0.49			0.40		
듀레이션		0.03			0.18			0.07		
운용 type		액티브			액티브			액티브		
비고		AAA등급			BBB 92%, BB 3.7%			AAA 20.8%, AA 25.1%, A 11.3%, BBB 8.8%, Not rated 34.0%		
연도	사이클	기준가	배당	합계	기준가	배당	합계	기준가	배당	합계
2015	확장후기									
2016	확장후기									
2017	확장후기									
2018	확장후기 침체초기									
2019	침체초기 회복									
2020	Tail Risk 회복									
2021	확장									
2022	확장후기 침체초기									
2023	침체초기 회복				7.5%	8.1%	15.6%	3.0%	5.6%	8.6%
2024	회복 확장	1.3%	5.9%	7.2%	2.5%	7.6%	10.2%	1.2%	6.7%	7.9%

나. 레버리지 론

티커	BKLN	SRLN	FTSL
운용사	인베스코	스테이트 스트리트	퍼스트 트러스트
종류	레버리지 론	레버리지 론	레버리지 론
시가 총액	10,332 (약 15.0조 원)	9,303 (약 13.5조 원)	2,347 (약 3.4조 원)
수수료	0.65	0.70	0.87
듀레이션	-	-	-
운용 type	패시브	액티브	액티브
비고	벤치마크(Morningstar LSTA US Leveraged Loan 100 Index(USD))를 추종, BBB 10%, BB 31.3%, B 55.7%	벤치마크(The Markit iBoxx USD Liquid Leveraged Loan Index) 이상 수익추구, BBB 1.0%, BB 11.5%, B 82.1%	벤치마크(Morningstar LSTA US Leveraged Loan 100 Index(USD)) 이상 수익추구, BBB 5.2%, BB 22.1%, B 65.1%

연도	사이클	기준가	배당	합계	기준가	배당	합계	기준가	배당	합계
2015	확장후기	-6.8%	4.1%	-2.7%	-5.4%	4.4%	-0.9%	-3.3%	3.9%	0.6%
2016		4.3%	4.5%	8.8%	2.9%	3.9%	6.9%	3.6%	3.7%	7.3%
2017		-1.4%	3.5%	2.1%	-0.7%	4.0%	3.4%	-1.1%	3.6%	2.6%
2018	확장후기 침체초기	-5.5%	4.5%	-1.0%	-5.3%	5.0%	-0.3%	-5.2%	4.3%	-1.0%
2019	침체초기 회복	4.8%	4.9%	9.6%	4.2%	5.4%	9.6%	5.3%	4.4%	9.7%
2020	Tail Risk 회복	-2.4%	3.6%	1.2%	-2.0%	4.9%	2.9%	-0.7%	3.5%	2.8%
2021	확장	-0.8%	3.1%	2.3%	0.0%	4.4%	4.4%	0.7%	3.2%	3.9%
2022	확장후기 침체초기	-7.1%	4.9%	-2.2%	-10.4%	5.7%	-4.6%	-6.9%	4.8%	-2.2%
2023	침체초기 회복	3.2%	8.6%	11.8%	2.5%	8.4%	11.0%	3.3%	7.6%	10.9%
2024	회복 확장	-0.5%	8.4%	7.9%	-0.5%	8.6%	8.1%	0.4%	7.6%	8.0%

다. 일반 회사채형

<table>
<tr><th colspan="2">티커</th><th colspan="3">FLOT</th><th colspan="3">VRIG</th></tr>
<tr><td colspan="2">운용사</td><td colspan="3">블랙록</td><td colspan="3">인베스코</td></tr>
<tr><td colspan="2">종류</td><td colspan="3">투자등급 회사채</td><td colspan="3">투자등급 회사채</td></tr>
<tr><td colspan="2">시가
총액</td><td colspan="3">8,270
(약 12.0조 원)</td><td colspan="3">1,238
(약 1.8조 원)</td></tr>
<tr><td colspan="2">수수료</td><td colspan="3">0.15</td><td colspan="3">0.30</td></tr>
<tr><td colspan="2">듀레이션</td><td colspan="3">-</td><td colspan="3">-</td></tr>
<tr><td colspan="2">운용 type</td><td colspan="3">패시브</td><td colspan="3">액티브</td></tr>
<tr><td colspan="2">비고</td><td colspan="3">벤치마크(Bloomberg US Floating Rate Note < 5 Years Index(USD)) 추종, AAA 28.9%, AA 21.0%, A 45.4%, BBB 4.5% 등 투자등급 회사채에 집중</td><td colspan="3">AAA 42.2%, AA 14.6%, A 31.3% 등 투자등급에 집중하며, 낮은 듀레이션 및 저변동성을 바탕으로 안정적인 수익과 매매차익을 추구</td></tr>
<tr><th>연도</th><th>사이클</th><th>기준가</th><th>배당</th><th>합계</th><th>기준가</th><th>배당</th><th>합계</th></tr>
<tr><td>2015</td><td rowspan="3">확장후기</td><td>-0.2%</td><td>0.5%</td><td>0.3%</td><td></td><td></td><td></td></tr>
<tr><td>2016</td><td>0.6%</td><td>1.0%</td><td>1.5%</td><td></td><td></td><td></td></tr>
<tr><td>2017</td><td>0.2%</td><td>1.5%</td><td>1.6%</td><td>0.8%</td><td>2.4%</td><td>3.2%</td></tr>
<tr><td>2018</td><td>확장후기
침체초기</td><td>-0.9%</td><td>2.4%</td><td>1.5%</td><td>-2.3%</td><td>2.9%</td><td>0.6%</td></tr>
<tr><td>2019</td><td>침체초기
회복</td><td>1.1%</td><td>2.8%</td><td>3.9%</td><td>1.3%</td><td>3.1%</td><td>4.5%</td></tr>
<tr><td>2020</td><td>Tail Risk
회복</td><td>-0.4%</td><td>1.2%</td><td>0.9%</td><td>0.1%</td><td>1.6%</td><td>1.7%</td></tr>
<tr><td>2021</td><td>확장</td><td>0.0%</td><td>0.4%</td><td>0.4%</td><td>0.3%</td><td>0.8%</td><td>1.1%</td></tr>
<tr><td>2022</td><td>확장후기
침체초기</td><td>-0.8%</td><td>2.1%</td><td>1.3%</td><td>-1.4%</td><td>2.4%</td><td>1.0%</td></tr>
<tr><td>2023</td><td>침체초기
회복</td><td>0.6%</td><td>5.7%</td><td>6.2%</td><td>1.1%</td><td>6.0%</td><td>7.1%</td></tr>
<tr><td>2024</td><td>회복
확장</td><td>0.5%</td><td>5.8%</td><td>6.3%</td><td>0.5%</td><td>6.1%</td><td>6.6%</td></tr>
</table>

3 장단기 커브 전략(스티프닝): STPU LN(Amundi US Curve steepening 2-10Y UCITS ETF Acc)

1) 우수한 성과가 나는 경기사이클

흔히 햄릿형 투자유형이 있다. 듀레이션 베팅을 하자니 금리가 상승하면 손실을 입을 것을 걱정하고, 회사채 스프레드 전략을 펴자니 경기침체가 도래해서 안전자산 선호현상이 강해짐을 두려워한다. 하이일드 등급에 집중적으로 투자해서 이자수익을 높이려고 하니 회사가 부도날까 봐 걱정을 한다. 투자를 결정할 때 결정요인을 단순하게 가져갈 필요가 있다. 듀레이션 위험도 싫고 이자수익에도 별로 관심이 없는 투자자에게 유용한 전략이 있다. 그것은 바로 장단기 금리 차이를 이용한 방법이다.

아무리 가장 안전한 자산인 미국 국채라도 그 만기가 길어져서 투자자가 받아야 할 원금을 늦게 받는다면 불확실성이 커지게 된다. 예를 들면, 1년 후에 도래하는 미 국채의 경우에는 확실하게 원금을 회수할 수 있지만, 30년 후 도래하는 국채의 경우 발행 후 만기까지 최대 7명의 미국 대통령이 바뀌는 긴 세월이다. 그리고 채권의 생존기간인 30년 이내에 달러를 기반으로 한 기축통화국의 지위가 중국, 인도 등의 매서운 추격으로 그 지위를 내려놓을 수도 있다. 따라서 투자자들은 일반적으로 만기가 긴 채권에 대한 요구수익률, 즉 시장금리를 높게 요구한다. 이 논리에 따르면 장단기 금리 차이는 양(+)의 숫자를 나타내는 것이 당연하다.

햄릿형 투자자들은 당연히 장단기 금리차이가 플러스를 보일 것으로 생각하고, 만약 특이한 경우로 그 금리차이가 역전이 되거나 거의 같다면, 이제는 머뭇거리지 않고 자신있게 투자할 수 있을 것이다.

장단기 금리 차이는 경기 침체가능성을 나타내는 지표이다. 장기금리는 일반적으로 10년을 사용하나, 시장에서 바라보는 단기금리와 연준 등 경제 사이클을 주목하는 연구기관들의 단기금리에는 차이가 있다. 시장에서는 2년 국채금리를 단기금리로 삼아 매매수단으로 이용하는 반면, 연준 및 연구기관들은 미 국채 3개월 단기금리를 이용해 경기침체 여부를 판가름 한다. 실제 뉴욕 연방은행은 경기침체 가능성을 미 국채 10년과 3개월 금리 차이를 이용하여 산출한다([그림 4-27] 참조).

[그림 4-27] 12개월 후 경기침체 가능성 추이(1960.1.~2025. 1.)

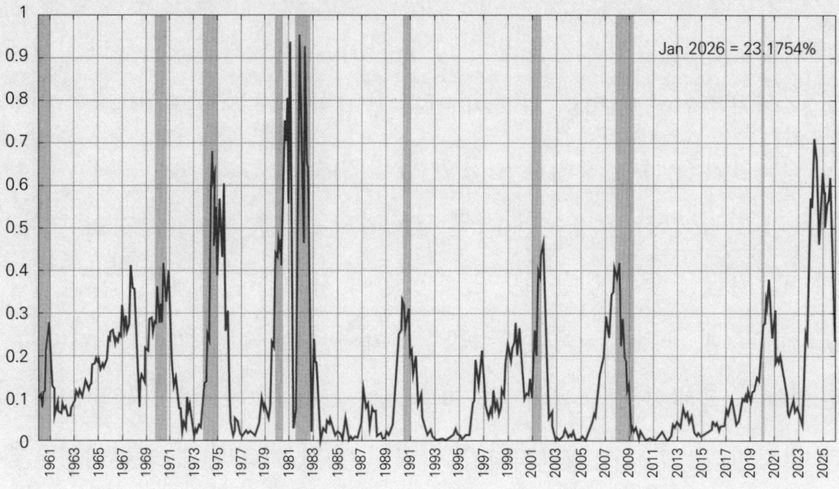

(출처) NY FED(https://www.newyorkfed.org/medialibrary/media/research/capital_markets/prob_rec.pdf, 2025. 2. 20. 검색)

장단기 금리차이가 커지는 구간(이하 '커브 스티프닝')은 2가지 경우가 있다. 첫번째는 경기가 확장국면에 들어서서 경제성장률이 상승하고 이어 임금, 물가 등이 동반 상승하는 단계에서 일어난다. 두번째는 경기가 급격한 둔화 모드나 9·11테러, 금융위기 등 Tail Risk가 발생할 때 연준의 급격한 기준금리 인하로 단기금리 인하 폭이 장기금리의 그것 대비 더 클 때 발생한다. 따라서 진입시기는 침체초기 단계에서 일반적으로 일어나는 장단기 금리 역전현상 때 진입을 하거나, 수차례 기준금리 인하, 그 밖의 완화적인 통화정책 수단으로 위기를 극복하는 단계에서 더 이상 연준의 추가 완화정책이 더 이상 없을 것으로 예상되는 회복 단계의 중반 이후 진입하는 것이 유리하다.

회복	확장	확장후기	침체초기	침체후기	Tail Risk

※ ▒ 음영이 성과가 좋은 사이클이며, ▒ 음영 단계 후기가 진입 시기임

2) 상품 개요[1]

이 상품은 프랑스의 대표적인 운용사인 아문디 그룹에서 운용하는 ETF로, 10년 국채 매도와 2년 국채 매수 포지션으로 구성된 커브 스티프닝에 베팅하는 전략을 사용한다. 참고로 이 상품은 런던에 상장되어 있는 티커(STPU LN)를 기준으로 하며, 런던 이외에 이탈리아, 독일, 프랑스 등에 상장되어 있다(런던을 제외한 다른 상품은 모두 유로표시 통화임). 커브 스티프닝을 만들 때 일반적으로 금리 변동위험을 없애기 위해 듀레이션을 0으로 맞춘다(자세한 내용은 PART 1의 장단기 커브 전략 – Case 참조). 벤치마크인 SOLACTIVE USD DAILY (X7) STEEPENER 2-10 Index는 2~10년 커브가 1bp 확대될 때마다 이 펀드의 수익률이 7bp(= 0.07%) 상승하는 구조로 만들어졌다. 이 상품은 벤치마크를 추종하는 패시브형이며, 배당 발생 시 이를 투자자에게 배분하지 않고 재투자하는 ETF이다.

1 필자의 '20년 차 신 부장의 채권투자 이야기'에서 커브 스티프닝 전략을 소개할 때 단기 국채 ETF인 VGSH와 7~10년 국채 매도(인버스) ETF인 TBX 간 결합한 포트폴리오를 소개한 바 있다. 당시에 이 ETF가 출시와 겹치는 시기(2023년 5월)로 실제 투자가능 상품이 아니었음을 밝힌다. 커브 스티프닝에 베팅하는 단일 ETF가 있다면 굳이 결합하여 비용을 더 쓸 필요는 없다고 판단한다. 한편 커브 플래트닝 전략을 추종하는 ETF는 2025년 2월 기준에는 없다.

[표 4-47] 상품 개요

운용사	출시일	시가총액 (달러)	수수료 (%)	괴리율 (%)	Tracking Error(%)	듀레이션 (년)
아문디	2023. 5. 16.	2.7억 달러 (0.4조 원)	0.30			-0.02
벤치마크		100% SOLACTIVE USD DAILY (X7) STEEPENER 2-10 Index				

3) 성과측정

2008년 금융위기 당시 연준은 제로금리 및 양적완화라는 전대미문의 슈퍼 완화적 통화정책을 펼치면서 장기금리 역시 단기금리 수준으로 하락했다. 이는 2020년 코로나19 팬데믹 당시에 재현되는데 장단기 커브가 완만해지면서 커브 스티프닝 전략은 재미를 보지 못했다. 오히려 기준금리의 급격한 인상시기인 2022년에는 장단기 금리차가 역전되면서 손실이 발생했다. 그러나 이를 기점으로 2023년 7월을 마지막으로 연준은 기준금리 인상을 멈췄고 금융시장은 연준이 곧 금리를 인하할 것이라고 믿게 되었다. 그 결과 2023년 수익률이 플러스로 전환되었고 이듬해인 2024년에는 본격적으로 플러스 수익률을 보였다. 2025년 2월 기준, 연준은 기준금리 인하 속도를 다소 느리게 하겠다고 밝히고 있는 반면 트럼프 2기 정부 출범 후 중국과 같은 소위 '적국' 뿐만 아니라 멕시코, 캐나다 등 우방에게도 관세의 칼을 뽑아들면서 물가 압력을 보이고 있다. 따라서 이러한 상황이 유지되는 한, 2~10년 장단기 커브는 스티프닝을 예측한다.

[그림 4-28] 기준가 추이(배당수익 제외, 설립일~2025. 1.)

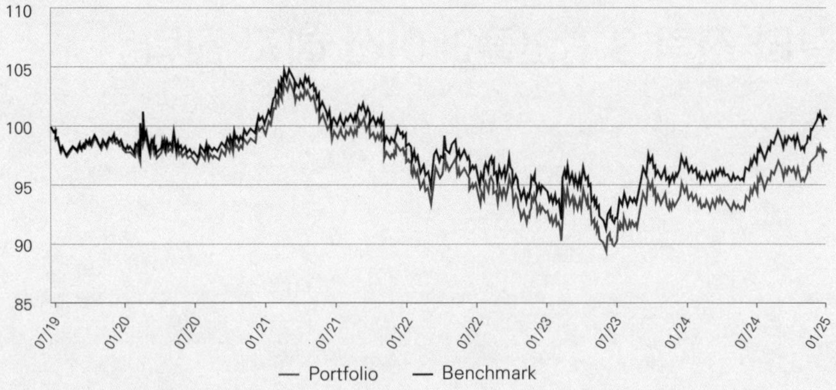

(출처) 상품 Factsheet(2025. 1. 31)

[표 4-48] 지난 10년간 성과(%)

구분	2015	2016	2017	2018	2019	2020	2021	2022	2023	2024
경기	확장후기	확장후기	확장후기	확장후기 침체초기	침체초기 회복	Tail Risk 회복	확장	확장후기 침체초기	침체초기 회복	회복 확장
기준가						-0.45%	-1.06%	-4.19%	0.10%	4.15%
배당						-	-	-	-	-
계						-0.45%	-1.06%	-4.19%	0.10%	4.15%

4) 보유종목 분석

이 상품은 2년 국채 선물 매입과 10년 국채 선물 매도로 구성한다. 듀레이션 효과를 제거하기 위해서 2025년 2월 기준, 2년 비중은 포트폴리오의 403.25%, 10년 비중은 -91.74%(여기서 음(-)의 부호는 매도를 의미함)를 차지하고 있다.

05

후살타 전략 3 - 인플레이션 헤지 전략

사실 주식, 상품(commodity)에 있어서 인플레이션은 적당히만 오른다면 영양제이다. 기업은 인플레이션을 반영해서 그들의 매출단가를 인상하여 마진을 높인다. 오히려 인플레이션의 원인이 되는 에너지와 같은 상품은 전형적인 인플레이션 헤지(Hedge, 가격하락 위험을 사전에 방지함을 의미함) 품목으로 인플레이션이 발생할 때 투자수요가 늘어난다.

그런데 채권 투자자들에게는 인플레이션이 결코 반갑지 않다. 채권금리는 실질금리와 인플레이션의 합이기 때문에 인플레이션이 상승할 수록 채권금리가 상승하고, 그 가격은 하락하는 현상을 보이기 때문이다. 그런데 채권금리를 분해해서 실질금리의 하락 또는 인플레이션(여기서 말하는 인플레이션은 현재 인플레이션이 아닌 앞으로 일어날 기대 인플레이션을 의미함) 상승을 기대하는 채권형 상품이 나온다면, 이는 마치 임진왜란 때 일본군의 조총에 전쟁 초기 속수무책이었던 조선군에게 수십발을 한 번에 쏠 수 있는 신기전을 발명하여 적을 막아내는 이치와 같다.

1 실질금리에 베팅하라: TIP(iShares TIPS Bond ETF)

1) 우수한 성과가 나는 경기사이클

미국 국채 중 인플레이션 연계 국채를 TIPS(Treasury Inflation Protected Securities)라고 한다. 필자가 이전의 졸저들에서 인플레이션 연계 채권형 ETF를 소개할 때마다 이 상품을 소개하는 이유가 어쩌면 상품의 티커 때문이기도 하다. 핌코의 채권형 토털리턴(Total Return) ETF(PIMCO Active Bond Exchange-Traded Fund)의 이름이 Bond 여서 '채권하면 Bond ETF구나'라는 브랜드 효과를 톡톡히 본다고 느끼는 이치일까?

TIPS는 실질금리가 하락할 때 가격이 상승하는 원리를 가지고 있다. [Formula 1-8]에서와 같이 실질금리 하락은 1) 명목금리의 하락, 2) 인플레이션 상승에 기인한다. [그림 4-29]에서와 같이 2005년 이후 대체로 명목금리와 실질금리는 같은 방향을 향해 움직였다. 그러나 경기침체기였던 2008년(1) 참조), 2020년(2) 참조) 시기에 명목금리 하락에도 불구하고 실질금리가 일시적이나 급격히 상승했다. 이는 기대 인플레이션 하락, 즉 심각한 디플레이션 우려가 시장에 확산되었기 때문이다. 그리고 주목할 점은 2020년 하반기부터 2021년 말까지(3) 참조) 명목금리는 상승하는 모습을 보이는 반면 실질금리는 오히려 마이너스 금리를 유지하는데, 이때가 코로나19 팬데믹을 극복하기 위해 연준이 역대급으로 돈을 시장에 풀었던 부작용으로 기대 인플레이션 압력이 커졌던 시기였다. 그럼에도 연준은 일손 부족 등의 공급망 붕괴의 이유로 노동인구가 다시 일자리로 돌아오면 자연히 해결될 문제라고 기준금리 인상을 주저했다.

[그림 4-29] 명목금리 및 실질금리 추이(2005.1.~2025. 2.)

(출처) 세인트루이스 연은

[그림 4-29]와 같이 TIPS의 높은 수익을 기대하는 시기는 기준금리 인하기인 회복, 그리고 인플레이션 압력이 높아짐에도 불구하고 기준금리 인상 전인 확장단계이다. 반면 기준금리를 올려 기대인플레이션이 하락하고 실질금리가 상승하는 확장후기 및 침체 단계에서는 피하는 것이 좋다. 실질금리가 급등하는 Tail Risk 및 회복 후반 단계가 TIPS의 투자 적기이다.

회복	확장	확장후기	침체초기	침체후기	Tail Risk

※ 음영이 성과가 좋은 사이클이며, 음영 단계 후기가 진입 시기임

2) 상품 개요

본 상품은 블랙록의 관계사이자 ETF 전문 운용사인 아이쉐어즈가 운용하는 ETF로, 다양한 만기의 TIPS에 투자하는 상품이다. 벤치마크인 ICE US Treasury Inflation Linked Bond Index을 추종한다.

[표 4-49] 상품 개요

운용사	출시일	시가총액 (달러)	수수료 (%)	괴리율 (%)	Tracking Error(%)	듀레이션 (년)
블랙록	2003. 12. 4.	136억 달러 (19.8조 원)	0.19	0.02	0.03	6.6
벤치마크		ICE US Treasury Inflation Linked Bond Index				

3) 성과측정

2015년 이래 이 상품이 성과가 좋았던 시기는 주로 회복단계에서 기준금리 인하 또는 인상 중단 등 완화적인 통화정책에 따라 명목금리가 하락하고 인플레이션 압력이 서서히 높아지는 시기였다(2019, 2020, 2023년). 그리고 명목금리가 상승하고 있던 2021년에는 연준의 기준금리 인상 등 긴축정책을 주저하는 사이 인플레이션 압력이 높아져서 실질금리가 여전히 낮은 수준을 유지하던 때였다. 이때에도 다른 채권형 ETF 대비 상대적으로 높은 수익률을 시현하였다. 반면 기준금리 인상기인 2018년 및 2022년, 그리고 경기침체 우려가 높았던 2015년, 2018년은 마이너스 수익률을 보였다.

2025년 2월 기준, 트럼프 대통령은 연준의 기준금리 인하를 원한다. 트럼프 대통령은 공식적으로 '기준금리 인하보다 10년 국채금리 하락을 원한다'고 한다. 실물경기에 직접적인 영향을 미치는 요인이 장기금리이므로 충분히 일리가 있는 발언이다. 그런데 그는 감세, 관세카드로 물가를 자극하고 있다. 연준은 기준금리를 적어도 인상하는 움직임은 없다. 금리수준이 높아진 2021년 상황이 아닐까?

[그림 4-30] 기준가 추이(배당수익 제외, 설립일~2025. 2.)

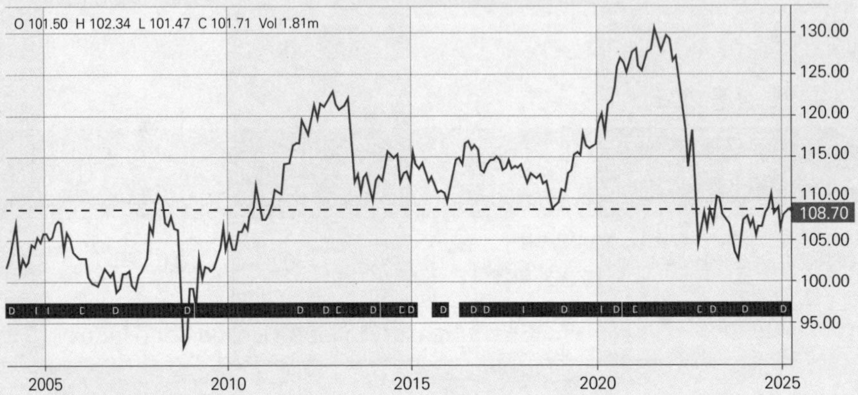

(출처) yahoo finance

[표 4-50] 지난 10년간 성과(%)

구분	2015	2016	2017	2018	2019	2020	2021	2022	2023	2024
경기	확장후기	확장후기	확장후기	확장후기 침체초기	침체초기 회복	Tail Risk 회복	확장	확장후기 침체초기	침체초기 회복	회복 확장
기준가	-2.1%	3.2%	0.8%	-4.0%	6.4%	9.5%	1.2%	-17.6%	1.0%	-0.9%
배당	0.4%	1.5%	2.1%	2.7%	1.8%	1.3%	4.3%	7.0%	2.7%	2.5%
계	-1.7%	4.7%	2.9%	-1.3%	8.2%	10.8%	5.5%	-10.7%	3.7%	1.6%

4) 보유종목 분석

이 상품은 주로 만기 3년 이상 10년 이하의 TIPS에 집중되어 있다.

[표 4-51] 보유자산 통계(Top 5)

지역	비중(%)	자산	비중(%)	실질만기*	비중(%)
미국	99.8	국채(물가채)	99.8	0-1	0.2
				1-3	24.6
				3-5	28.3
				5-7	11.4
				7-10	21.8

* 잔존만기(조기상환권리 없는 경우) 또는 발행회사가 조기에 상환할 수 있는 권리가 있는 최초일자 기준

(출처) Bloomberg 재편집

5) 유사상품

이 상품과 같이 TIPS를 보유하고 있는 유사 ETF들의 차별점은 결국 듀레이션이다. 실질금리 하락에 베팅하면서도 확실하게 실질금리가 내려갈 것이라는 확신을 갖는다면 듀레이션이 긴 상품을 선택할 것이다. 한편 실질금리가 너무 올라서 자칫 경기침체가 발생할 때 연준은 선제적으로 기준금리를 내려왔는데 이때에는 단기 TIPS가 높은 이자수익(이미 금리가 많이 상승한 데에 기인함)과 빠른 금리하락에 따른 평가이익의 장점을 누릴 수 있다. 한편 고정금리 채권(일반 회사채, CMBS(상업용모기지채권), ABS(자산유동화증권) 등 구조화채권 등을 포함)을 보유한 후 인플레이션 스왑을 통해서 인플레이션 및 TIPS 대비 높은 회사채 스프레드로 이자수익을 추구하는 JCPI 및 기존 TIPS의 투자목적에 장단기 금리차이가 다시 정상화되는 과정(기준금리 인하 직전 단계)에서 수익을 시현할 수 있는 IVOL 투자도 인플레이션 압력이 심화되는 시기에 고려해볼 만한 상품이다.

[표 4-52] 유사상품 수익률 추이

가. 듀레이션 중기

[단위: 백만 달러]

티커		SCHP			TIPX			SPIP		
운용사		찰스슈왑			스테이트 스트리트			스테이트 스트리트		
종류		TIPS			TIPS			TIPS		
시가 총액		11,688 (약 16.9조 원)			1,369 (약 2.0조 원)			873 (약 1.3조 원)		
수수료		0.03			0.15			0.12		
듀레이션		6.6			4.5			7.0		
운용 type		패시브			패시브			패시브		
1년 미만		-			-			-		
1~3년		24.8%			30.9%			25.4%		
3~5년		28.2%			33.8%			27.8%		
5~7년		11.5%			14.5%			11.9%		
7~10년		21.8%			20.7%			17.0%		
10년 이상		13.8%			-			17.9%		
연도	사이클	기준가	배당	합계	기준가	배당	합계	기준가	배당	합계
2015	확장후기	-2.0%	0.3%	-1.8%	0.6%	0.5%	1.1%	-2.4%	0.1%	-2.3%
2016		3.2%	1.4%	4.6%	0.9%	1.0%	1.9%	2.9%	1.9%	4.7%
2017		1.1%	1.9%	3.0%	-0.3%	2.8%	2.5%	0.1%	3.0%	3.1%
2018	확장후기 침체초기	-3.9%	2.6%	-1.3%	-2.2%	1.9%	-0.3%	-4.2%	2.8%	-1.4%
2019	침체초기 회복	6.3%	2.0%	8.4%	3.9%	2.5%	6.4%	6.0%	2.6%	8.6%
2020	Tail Risk 회복	9.6%	1.7%	11.3%	6.6%	1.7%	8.3%	9.2%	2.0%	11.1%
2021	확장	1.3%	4.4%	5.7%	1.0%	4.3%	5.3%	1.1%	4.5%	5.6%
2022	확장후기 침체초기	-17.6%	7.2%	-10.5%	-12.6%	6.1%	-6.6%	-18.2%	7.1%	-11.2%
2023	침체초기 회복	0.8%	3.0%	3.8%	0.8%	3.6%	4.3%	-0.7%	3.7%	3.0%
2024	회복 확장	-1.0%	3.0%	2.0%	-0.5%	3.6%	3.0%	-1.0%	3.4%	2.3%

나. 듀레이션 단기

티커		VTIP			STIP			STPZ		
운용사		뱅가드			블랙록			핌코		
종류		TIPS			TIPS			TIPS		
시가 총액		12,228 (약 17.7조 원)			11,068 (약 16.0조 원)			429 (약 0.6조 원)		
수수료		0.03			0.03			0.20		
듀레이션		2.6			2.6			2.9		
운용 type		패시브			패시브			패시브		
1년 미만		19.7%			19.3%			7.9%		
1~3년		38.6%			38.5%			47.0%		
3~5년		41.7%			42.1%			40.3%		
연도	사이클	기준가	배당	합계	기준가	배당	합계	기준가	배당	합계
2015	확장후기	0.2%	0.8%	1.0%	-0.1%	0.0%	-0.1%	-0.8%	0.5%	-0.3%
2016		1.7%	0.8%	2.4%	1.8%	0.9%	2.7%	2.2%	0.6%	2.9%
2017		-0.7%	1.5%	0.8%	-0.8%	1.6%	0.8%	-1.0%	1.5%	0.5%
2018	확장후기 침체초기	-1.8%	2.4%	0.6%	-1.9%	2.5%	0.6%	-2.1%	2.4%	0.3%
2019	침체초기 회복	2.8%	2.6%	5.4%	2.7%	2.1%	4.8%	3.0%	1.9%	4.9%
2020	Tail Risk 회복	3.7%	1.2%	4.9%	3.7%	1.4%	5.1%	3.5%	1.9%	5.3%
2021	확장	0.6%	4.7%	5.3%	1.4%	4.1%	5.5%	1.8%	3.7%	5.5%
2022	확장후기 침체초기	-9.1%	6.8%	-2.3%	-8.4%	6.0%	-2.4%	-9.6%	5.6%	-4.0%
2023	침체초기 회복	1.7%	2.9%	4.5%	1.7%	2.8%	4.5%	2.6%	1.6%	4.2%
2024	회복 확장	2.0%	2.7%	4.7%	2.0%	2.7%	4.7%	2.2%	2.0%	4.2%

다. 장기 듀레이션 및 액티브형

티커	LTPZ	IVOL	JCPI
운용사	핌코	Quadratic	JP Morgan
종류	TIPS	TIPS, 장단기커브 옵션	TIPS, 인플레이션스왑 등
시가 총액	716 (약 1.0조 원)	458 (약 0.7조 원)	667 (약 1.0조 원)
수수료	0.20	1.02	0.25
듀레이션	18.4	-	4.7
운용 type	패시브	액티브	액티브
1년 미만	0.6%	-	9.5%
1~3년		-	31.3%
3~5년		-	25.2%
5~7년		-	10.8%
7~10년		-	22.4%
10~20년	41.2%	-	0.9%
20년 이상	58.2%	-	
비고	-	10년 만기 TIPS와 장단기 커브(2-10년) 콜옵션 등으로 구성하며, 주로 인플레이션 상승 및 장단기 커브 급격하게 확대되는 구간(침체후기 및 회복 단계)에서 수익 발생	주로 Agency MBS, 국채, TIPS뿐만 아니라 다양한 채권을 보유하며, TIPS를 제외한 채권은 주로 인플레이션 스왑(고정금리 지급, CPI 연계 수익률 수취)으로 인플레이션 상승에서 수익 발생

연도	사이클	기준가	배당	합계	기준가	배당	합계	기준가	배당	합계
2015		-9.4%	0.8%	-8.7%						
2016	확장후기	6.8%	2.3%	9.1%						
2017		6.6%	2.2%	8.8%						
2018	확장후기 침체초기	-9.9%	3.3%	-6.6%						
2019	침체초기 회복	15.5%	1.9%	17.4%						
2020	Tail Risk 회복	23.0%	1.4%	24.5%	10.5%	3.4%	14.0%			
2021	확장	3.1%	3.6%	6.6%	-4.0%	3.9%	-0.1%			
2022	확장후기 침체초기	-36.2%	7.8%	-28.4%	-15.8%	3.9%	-11.9%			
2023	침체초기 회복	-2.7%	3.7%	1.0%	-8.5%	3.7%	-4.8%	1.5%	3.5%	4.9%
2024	회복 확장	-8.1%	3.7%	-4.4%	-14.2%	3.8%	-10.4%	0.6%	4.0%	4.6%

2 기대인플레이션에 베팅하라: INFU LN(Amundi US Inflation Expectations 10Y UCITS ETF Acc)

1) 우수한 성과가 나는 경기사이클

매월 3주차 화요일 또는 수요일, 미국 CPI 지표가 발표된다. 모든 주식, 채권투자자들, 나아가서는 가상자산 투자자들의 이목이 집중된다. 이 인플레이션 지표에 의해 채권금리가 요동치고 주가가 흔들릴 수 있다. 왜 이럴까?

시장 예상보다 인플레이션 수치가 높게 나왔다고 하더라도 그 수치 자체는 발표월의 전월말 기준 물가 지표일 뿐이다. 그런데도 지표에 따라 일희일비하는 이유는 앞으로 일어날 인플레이션이 높다, 적당하다를 판단하기 때문이다. 만약 추세적으로 계속 CPI 수치가 높게 나온다면 투자자들은 '앞으로 발표할 물가가 지속적으로 높아지는 게 아닐까?'라는 믿음이 생기게 된다. 이것을 '기대인플레이션이 높아진다'라고 말한다.

미국 기대인플레이션은 주로 10년 만기를 벤치마크로 삼고 있으며, 그 값은 국채금리에서 10년 실질금리를 차감한 수치를 근사값이라고 생각한다. 특별히 이 값을 'Breakeven'이라고 한다.

과거에는 인플레이션 상승기를 예측하기 쉬웠다. PART 3에서 언급한 필립스 곡선에 의해서 경기가 과열되었음을 의미하는 낮은 실업률은 결국 물가 상승으로 이어지며, 반대로 실업률이 높아지면 물가가 하락하는 명확한 관계가 꽤 오랫동안 유지했다. 그러다가 1970년대 두 차례에 걸친 오일쇼크로 물가는 상승하고 경기는 침체하는 스태그플레이션이 이어졌다. 그리고 2008년 금융위기 이후 코로나19 팬데믹 이전까지 연준의 무차별적인 돈풀기에 힘입어 경기가 회복국면에 들어섰음에도 물가는 꽤 오랫동안 연준의 목표치인 2% 밑을 유지했다. 과거와 같이 고용과 물가 간 명확한 반비례 관계를 보이지 않으므로 경기사이클상 어느 지점에서 좋은 성과가 날 것이라고 장담을 하기 어렵다. 그래도 확실히 진입해야 하는 구간은 침체구간을 벗어나기 위해 연준이 기준금리를 급하게 내릴 때([그림 4-31] 음영 구간 참조), 그리고 물가가 오르고 있음에도 불구하고 기준금리 인상을 주저할 때 기대인플레이션 베팅 진입 시점이다([그림 4-31]의 1) 구간). 한 가지 유의할 점은 물가를 잡기 위해 연준이 기준금리를 인상하는 구간에서조차 인플레이션 지표가 높게 나온다고 해도 기대인플레이션이 높게 나타날 것이라는 것과 혼동해서는 안 된다. 어쨌든 기대인플레이션이 꺾일 때까지 연준은 기준금리를 인상하고 돈줄을 쥘 것이기 때문에 확장후기 단계에서는 이 전략을 반드시 피해야 한다.

회복	확장	확장후기	침체초기	침체후기	Tail Risk

※ (진한 음영) 음영이 성과가 좋은 사이클이며, (옅은 음영) 음영 단계 후기가 진입 시기임

[그림 4-31] 10년 Breakeven 추이(2000. 1.~2025. 2.)

(출처) 세인트루이스 연은

2) 상품 개요

이 상품은 프랑스의 대표적인 운용사인 아문디 그룹에서 운용하는 ETF로, 10년 국채를 매도하고 10년 TIPS을 매수하는 기대인플레이션 상승에 베팅하는 전략을 사용한다. 벤치마크인 Markit iBoxx USD Breakeven 10-Year Inflation Index를 추종하는 상품이며, 듀레이션 효과는 없다. 동일한 운용사의 STPU LN ETF처럼 런던증권거래소에서 상장되어 있으며 배당금은 재투자하므로 투자자들에게 배분하는 배당은 없다.

[표 4-53] 상품 개요

운용사	출시일	시가총액(달러)	수수료(%)	괴리율(%)	Tracking Error(%)	듀레이션(년)
아문디	2016. 4. 13.	2.4억 달러 (0.3조 원)	0.25	-0.16	0.82	-
벤치마크		Markit iBoxx USD Breakeven 10-Year Inflation Index				

3) 성과측정

2000년대부터 중국의 값싼 노동력을 기반으로 한 저가 수입품의 범람으로 지난 20여 년간 미국을 포함한 전 세계가 1970년대와 같은 인플레이션 공포를 느낀 적이 없었다. 오히려 인플레이션이 이제 완전히 사라진 경제개념으로 생각하고 MMT(Modern Monetary Theory)와 같이 재정지출을 무제한으로 확대하여 경기를 부양해야 한다는 이론까지 등장할 정도였다. 그런데 심상치 않았던 기운이 감지된 것은 2020년 말부터였다. 이때부터 기대인플레이션이 급격히 상승하기 시작하고 금융시장에서는 물가 상승 불안에 휩싸였다. 그런데도 연준은 기준금리를 2021년 내내 제로금리를 유지하였다. 따라서 2021년 10%에 가까운 수익을 얻었다. 기준금리를 중단한 2023년,

그리고 기준금리를 인하했음에도 여전히 물가가 2%에 도달했다는 확신을 심어주지 못한 2024년은 여전히 기대인플레이션 압력이 높음을 파악할 수 있다.

[그림 4-32] 기준가 추이(배당수익 제외, 설립일~2025. 1.)

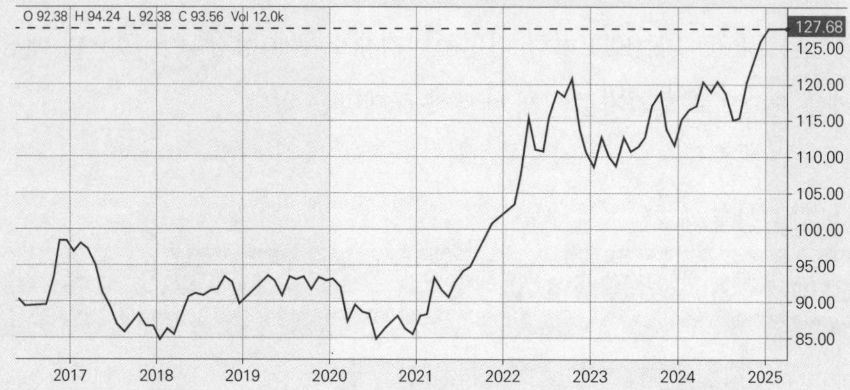

(출처) yahoo finance

[표 4-54] 지난 10년간 성과(%)

구분	2015	2016	2017	2018	2019	2020	2021	2022	2023	2024
경기	확장후기	확장후기	확장후기	확장후기 침체초기	침체초기 회복	Tail Risk 회복	확장	확장후기 침체초기	침체초기 회복	회복 확장
기준가			0.1%	-1.1%	1.3%	0.9%	9.7%	2.4%	4.6%	6.5%
배당			-	-	-	-	-	-	-	-
계			0.1%	-1.1%	1.3%	0.9%	9.7%	2.4%	4.6%	6.5%

4) 보유종목 분석

이 상품이 10년 내외 국채를 매도하고 유사만기 TIPS를 매입하는 구조이다. 따라서 국채금리가 상승하거나 실질금리가 내려가는 현상, 즉 Breakeven 현상이 발생하면 수익을 얻는다.

[그림 4-33] 보유 내역(TOP 10)

	% of assets(Index)
TII 1.75% 01/34	27.93%
TII 1.875% 07/34	27.88%
TII 1.375% 07/33	20.05%
TII 1.125% 01/33	12.21%
TII 0.625% 07/32	7.41%
TII 0.125% 01/32	4.53%
US TSY 3.5% 02/33	−0.57%
US TSY 3.375% 05/33	−3.82%
US TSY 4.5% 11/33	−22.50%
US TSY 4.375% 05/34	−27.26%
Total	**45.86%**

※ TII: TIPS, US TSY: US Treasury(미 국채)

(출처) 상품 Factsheet(2025. 1. 31. 검색)

06

후살타 전략 4 - 하이브리드 전략

지금까지 채권으로 기대할 수 있는 수익의 원천, 금리와 관련한 ETF를 살펴보았다. 그런데 안정적인 수익을 추구하는 채권투자자라고 하더라도 오로지 금리, 그리고 듀레이션에 의존한 수익에 100% 만족할 수 없다. 전통적으로 채권의 수익을 높이려면 신용등급이 낮은 회사채, 그리고 듀레이션이 긴 채권에 투자하여, 원금상환에 지장이 없고 금리가 하락하는 국면을 기대(인버스의 경우 금리 상승)하는 것 이외에 수익을 추가할 수 있는 방법은 한계가 있다. 투자자들은 채권투자를 할 때 주식보다는 변동성이 작으면서 일정한 수익을 얻기 위함이지만, 기회가 있다면 추가수익을 얻기 위한 방법을 찾는다. 채권투자 시 금리 및 듀레이션 이외에 추가 수익을 얻을 수 있는 방법으로는, 발행사의 주가와 연계하여 주가 상승 시 주식과 같은 방향으로 수익을 얻을 수 있는 전환사채와 신흥국 통화표시 정부채 등을 투자함으로써 높은 이자수익과 경기가 회복기에 접어들어 달러가 하락하는 국면에서 환차익으로 추가 수익을 얻을 수 있는 로컬통화표시 채권에 투자하는 방법 등이 있다.

1 전환사채 ETF: CWB(SPDR Bloomberg Convertible Securities ETF)

1) 우수한 성과가 나는 경기사이클

전환사채 투자자들은 짬짜면을 주문할 때의 심정과 같다. 적어도 투자원금은 만기가 되어 상환받되, 발행사의 주가가 상승했을 때 추가수익을 동시에 기대할 수 있다([그림 1-9] 참조). 발행사는 전환사채를 주식으로 전환했을 때 기존 주주들의 지분이 희석된다는 단점은 있으나, 주식으로 전환할 수 있는 권리를 투자자들에게 부여하는 대신 차입비용(쿠폰이자)을 낮출 수 있기 때문에 주로 신용등급이 낮거나 기업의 규모가 크지 않은 회사들이 정상적으로 채권을 발행하기 어려운 환경일 때 조달수단으로 사용한다.

미국 전환사채 주요 용어

[그림 4-34] 전환사채 발행내용(테슬라 1.25% 쿠폰이자 2021년 3월 1일 만기 전환사채)

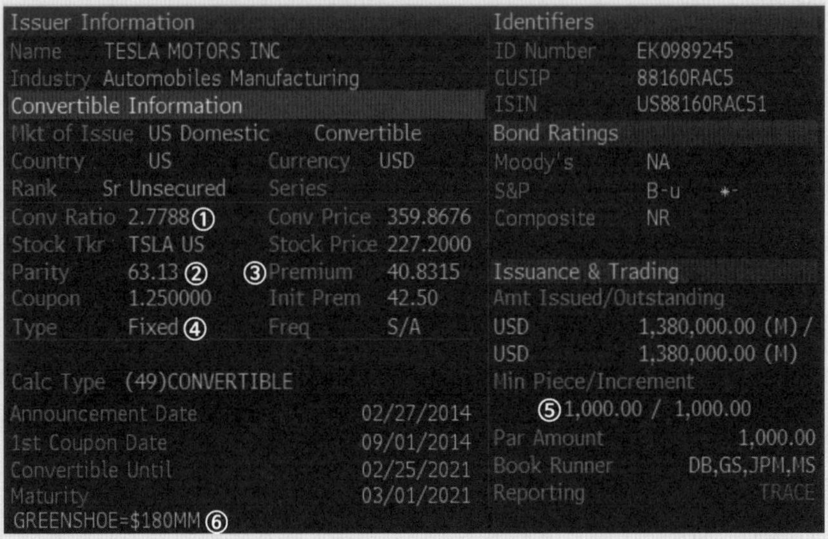

(출처) Bloomberg

① Conversion ratio(전환비율): 액면가(⑤) / 전환가격(Conv Price)

② Parity(패리티, %): 현재 주가 / 전환가격

③ 프리미엄(%): (현재 채권가격 – 패리티) / 패리티

④ 쿠폰금리 종류: 고정금리(Fixed) / 변동금리(Variable or Floating)

⑤ 최소발행단위/증가단위: 1,000달러가 최소 발행단위이며, 이후 1,000달러 단위로 증가

⑥ Greenshoe option(그린슈 옵션): 증권사 등 인수기관이 발행사와 사전에 약정된 발행금액 이외 임의로 추가 발행할 수 있는 권리 – 투자자 수요가 높아 추가 발행 니즈가 있을 때 행사

[기타 주요 용어]

1. Bond Floor: 계속기업 가정 시, 주가가 0으로 하락했을 때 채권가격
2. Delta(델타): 주가가 1% 변동할 때 전환사채의 가격 변동비율
3. Gamma(감마): 주가 1% 변동할 때 전환사채의 델타 변동비율

필자가 전환사채를 운용했을 당시 주로 사용한 전략이 두 개가 있다. 첫 번째는 프리미엄이 낮은 전환사채를 매입하는 경우인데, 주가가 행사가격 대비 낮은 경우에 유용하다. 보통 발행물 전환사채가 행사가격이 주가 대비 약 30~40% 높게 형성되어 있으면서 프리미엄이 가장 낮은 수준에서 형성하는 경우가 많아, 발행물 매입 후 단기 트레이딩으로 매각하는 전략으로 수익을 얻었다.

두 번째는 감마가 극대화될 때이다. 감마가 가장 큰 경우는 전환사채 투자자가 주가의 흐름이 상승 국면을 보이는 상황에서 '아, 이거 잘하면 전환사채가 주식으로 전환될 수도 있겠다'라는 기대감이 가장 높아질 때이다. 일반적으로 델타가 약 30~50% 범위를 유지할 때 감마값이 가장 크다. 주가 상승 구간에서 감마값이 극대화된 전환사채를 매입할 때 높은 수익을 얻을 수 있다.

지금이야 S&P 500 지수에 당당히 편입되어 있으며 시가총액 1.1조 달러에 달하는(전 세계 시총 순위 8위) 대형 기업으로 성장했지만, 테슬라는 [그림 4-34]와 같이 2014년 발행 당시에는 앞으로 전기차 시대가 올 것이라는 희망 이외에는 불확실성이 가득한 기업이었다. 신용등급 B-(현재는 S&P 기준

BBB)에 불과한 기업이 일반채권을 발행할 때, 높은 이자를 감당하기 어렵다. 따라서 그들이 조달할 수 있는 방법은 1.25%라는 낮은 이자를 투자자들에게 지급하는 대신, 주당 약 360달러에 보통주로 전환할 수 있는 권리를 부여하는 전환사채밖에 없었다. 이때 전환사채에 투자했다면 아마 투자자들은 채권을 주식으로 전환하고 큰 돈을 벌었을 것이다. (2025년 2월 21일 기준 테슬라 종가 337.8달러/주인데, 2020년 5대 1, 2022년 3대 1로 주식분할 했음을 고려하면 분할 전 주가는 주당 5,067달러(=337.8 × 5 × 3)에 이르기 때문임)

전환사채는 주식으로 전환할 수 있는 가격(이하 '행사가격')이 현재 주가보다 훨씬 낮을 때는 채권의 특성을 가지므로 주로 금리흐름에 영향을 받는다. 행사가격이 점점 현재주가에 근접할 수록 주식 가격흐름을 따르게 된다. 따라서 전환사채는 회복, 확장국면에서 높은 수익을 얻을 수 있는 상품이며, 침체후기 및 Tail Risk 단계에서 '멘탈'을 단단히 붙들어 매고 과감하게 투자했을 때 높은 수익을 얻을 수 있다.

회복	확장	확장후기	침체초기	침체후기	Tail Risk

※ ▇ 음영이 성과가 좋은 사이클이며, ▇ 음영 단계 후기가 진입 시기임

2) 상품 개요

이 상품은 ETF 운용사이자 스테이트스트리트의 자회사인 스파이더(SPDR)에서 운용하는 ETF로, Bloomberg U.S. Convertible Liquid Bond Index의 성과를 추적하도록 설계된 인덱싱 투자 방식을 활용한다.

[표 4-55] 상품 개요

운용사	출시일	시가총액 (달러)	수수료 (%)	괴리율 (%)	Tracking Error(%)	듀레이션 (년)
스테이트 스트리트	2009. 4. 14.	44억 달러 (6.4조 원)	0.40	0.03	0.79	1.3
벤치마크		Bloomberg U.S. Convertible Liquid Bond Index				

3) 성과측정

이 상품은 이머징 마켓의 경기 침체 우려가 있었던 2015년, 미국발 경기 둔화 우려가 있던 2018년에 소폭의 마이너스를 보였지만, 탄탄한 미국 경제와 소위 '마르지 않는 샘'과 같은 연준과 연방정부의 유동성 공급으로 미국 주가는 2022년을 제외하고 계속 우상향하는 모습을 보였다. 특히 2020년 코로나19 팬데믹 당시, 20% 이상 하락했던 미국 지수가 연준의 무제한 유동성 공급과 제로금리의 덕택으로 극적으로 상승했던 사례에서 보았듯이, 이 상품의 투자 적기는 바로 아무도 금융시장에 들어오려 하지 않을 패닉 상태일 때이다. 2022년 기준금리의 급격한 인상, 러시아-우크라이나 전쟁에 따른 글로벌 경기 불확실성 등이 겹치면서 손실을 보였지만, 이듬해인 2023년 물가가 안정되자 기준금리 인상을 멈추고 2024년 기준금리 인하, 그리고 인공지능 붐으로 다시 플러스 수익으로 전환하였다.

2025년 2월 기준, 여전히 미국 경제는 탄탄하나 트럼프 행정부는 전방위적인 관세 부과를 통한 협상 테이블에서의 우위를 점하려 하고 있다. 그리고 감세를 통해 금융시장에 긍정적인 영향을 주려 한다. 다만 S&P 500 이 6,000을 돌파하고 수익 대비 주가비율(Price to Earning, PER)이 30 이상인 점을 감안할 때 주가 밸류에이션이 고평가되어 있다([그림 4-35] 참조). 아무리 물건이 좋아도 비싸게 사면 나중에 팔 때 남는 게 없다.

[그림 4-35] S&P 500 PER 추이(2005. 2.~2025. 2.)

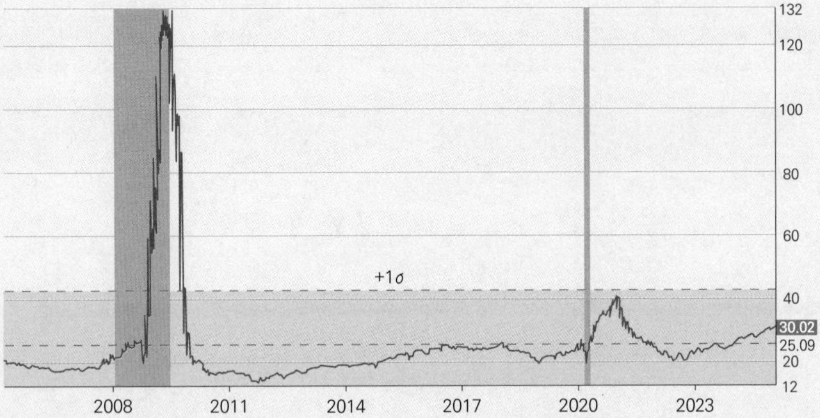

(출처) https://www.gurufocus.com/economic_indicators/57/sp-500-pe-ratio, 2025. 2. 23. 검색

현금 확 늘린 버핏 "그래도 주식" 모호한 해명 … "일본 상사주 더 산다"

미국 증시의 고점에 대한 불안감이 커지는 가운데, 가치투자의 전설로 불리는 워렌 버핏이 2년 넘게 현금 보유량을 늘리고 있는 것으로 확인됐다. 다만 이와 관련해 그는 주주 서한을 통해 현금보다 주식 투자를 선호한다는 방침이 바뀐 적은 없다고 설명했다.

22일(현지시간) 로이터통신 등에 따르면 버핏 회장이 이끄는 버크셔 해서웨이(이하 버크셔)는 연례보고서를 통해 지난해 회사가 보험 사업 호조 등에 힘입어 영업이익이 474억 4,000만 달러로 전년 대비 27% 증가했다고 밝혔다. 3년 연속 최대치다. 투자 수익을 포함한 지난해 순이익은 890억 달러(128조 원)다.

눈길 끈 부분은 현금성 자산 보유액이다. 지난해 말 기준 버크셔는 단기 국채 등 현금성 자산이 3,342억 달러(480조 7,467억 원)라고 밝혔다. 이는 역대 최대 규모로 2023년 말에 비하면 거의 2배 늘어난 것이다. (이하 생략)

(출처) 머니투데이(https://news.mt.co.kr/mtview.php?no=2025022310531068270, 2025. 2. 23.)

[그림 4-36] 기준가 추이(배당수익 제외, 설립일~2025. 2.)

(출처) yahoo finance

[표 4-56] 지난 10년간 성과(%)

구분	2015	2016	2017	2018	2019	2020	2021	2022	2023	2024
경기	확장후기	확장후기	확장후기	확장후기 침체초기	침체초기 회복	Tail Risk 회복	확장	확장후기 침체초기	침체초기 회복	회복 확장
기준가	-7.7%	5.5%	10.8%	-7.5%	18.6%	49.2%	0.2%	-22.4%	12.1%	8.0%
배당	7.5%	4.6%	4.2%	6.2%	3.0%	2.3%	2.0%	2.7%	2.0%	1.9%
계	-0.2%	10.1%	15.0%	-1.5%	21.6%	51.5%	2.2%	-19.8%	14.1%	9.8%

4) 보유종목 분석

이 상품의 기초자산은 미국에 소재한 IT회사(인터넷, 소프트웨어, 전자, 컴퓨터)들이 발행한 전환사채에 집중되어 있다. 만기는 주로 5년 이내로 듀레이션 효과는 크지 않다. 일반적으로

[표 4-57] 보유자산 통계

업종	비중(%)	국가	비중(%)	신용등급	비중(%)	실질만기*	비중(%)
인터넷	14.4	미국	87.1	A	3.7	0-1년	13.8
소프트웨어	14.0	케이만	7.4	BBB	12.7	1-3년	37.1
전자	9.4	버뮤다	1.6	BB	1.4	3-5년	31.2
컴퓨터	5.1	파나마	0.9	B	0.1	5-7년	11.4
헬스케어	4.3	라이베리아	0.6	CCC	0.1	7-10년	0.6
금융	4.2	캐나다	0.5	무등급	82.0	10년 +	1.8

* 잔존만기(조기상환권리 없는 경우) 또는 발행회사가 조기에 상환할 수 있는 권리가 있는 최초일자 기준

(출처) Bloomberg 재편집

5) 유사상품

블랙록(iShares)에서 운용하는 ICVT가 있다. 미국에 소재한 기업들이 발행한 전환사채에 집중되어 있다는 것은 CWB와 유사하다. 단 운용보수가 CWB보다 낮다는 점이 투자자들을 유인할 수 있는 요인이다.

[표 4-58] 유사상품 수익률 추이

[단위: 백만 달러]

티커	ICVT
운용사	블랙록
종류	전환사채
시가 총액	2,648 (약 3.8조 원)
수수료	0.20
듀레이션	1.3
운용 type	패시브
비고	• 벤치마크: Bloomberg U.S. Convertible Cash Pay Bond > $250MM Index • 업종별: 기술 36.3%, 경기순환소비재 22.5%, 필수소비재 9.9% 등 • 신용등급: A 3.9%, BBB 13.7%, BB 4.2%, 무등급 76.0%

연도	사이클	기준가	배당	합계
2015				
2016	확장후기	6.3%	3.1%	9.3%
2017		13.4%	2.6%	15.9%
2018	확장후기 침체초기	-4.7%	4.8%	0.1%
2019	침체초기 회복	19.4%	1.9%	21.3%
2020	Tail Risk 회복	54.0%	4.0%	57.9%
2021	확장	-7.6%	7.7%	0.1%
2022	확장후기 침체초기	-22.1%	1.9%	-20.2%
2023	침체초기 회복	13.1%	1.8%	15.0%
2024	회복 확장	8.1%	2.2%	10.3%

2 이머징로컬 ETF: EMLC(VanEck J.P. Morgan EM Local Currency Bond ETF)

1) 우수한 성과가 나는 경기사이클

오랫동안 우리나라 고액 개인투자자들이 사랑하는 해외채권이 있다. 그것은 바로 브라질 정부채권이다. 한때 증권사나 은행에서 브라질 정부채권만을 판매하는 직원을 뽑을 정도로 그 인기가 대단했는데 그 이유는 다음과 같다. 10% 대의 높은 쿠폰금리, 브라질정부채만의 매력인 이자소득 비과세와 더불어 브라질 통화인 헤알화의 강세를 기대하기 때문이다.

[그림 4-37]에서와 같이 G20 국가의 이머징마켓 중 미국보다 금리가 낮은 국가는 중국이 유일하다. 중국은 미국과 더불어 글로벌 경제를 이끌어 가는 G2 국가이니 논외로 치면, 나머지 이머징 국가는 대체로 미국대비 금리가 높다. 그 이유는 다음과 같다. 우선 미국보다 금리를 높여야만 외국인 투자자들이 자국에 계속 투자할 수 있는 매력적인 수익률을 유지할 수 있다. 이것은 주로 보유하고 있는 달러를 이머징국가의 통화로 환전(달러매도, 이머징국가 통화의 매수 거래)하는 거래가 활발해져 이머징국가의 통화가치를 유지할 수 있게 된다.

[그림 4-37] G20 기준금리 현황(2025. 2. 기준) [단위: %]

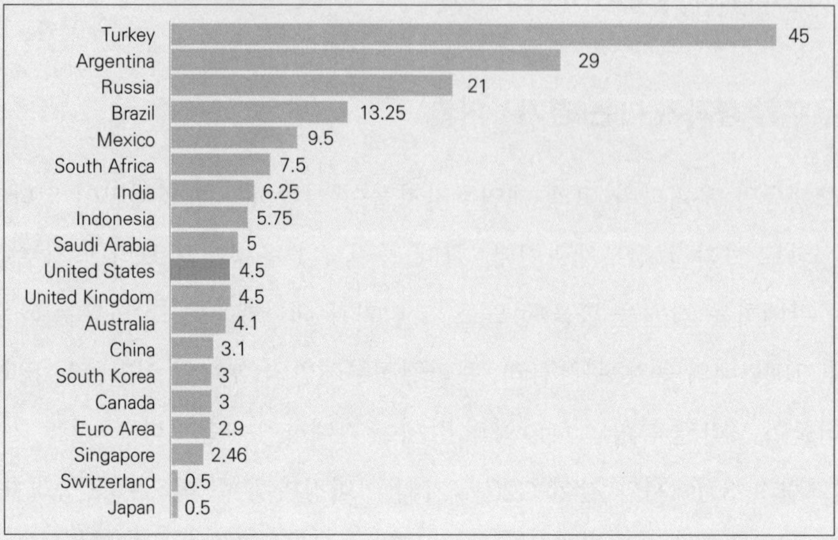

(출처) Trading Economics (https://tradingeconomics.com/country-list/interest-rate, 2025. 2. 24. 검색)

달러가 기축통화이기 때문에 우리나라를 포함한 모든 글로벌 통화는 달러 기준으로 자국의 가치가 표기된다. 이머징 국가들도 예외가 아니다. 따라서 이머징 국가의 통화에 베팅하는 전략은 반대로 달러가치가 약해져야 가능하다. 달러가치 강약의 주기를 보려면 달러 스마일이라는 이론을 간단히 살펴볼 필요가 있다.

[그림 4-38]에서 보듯이 달러는 경기사이클에 따라 마치 입가에 번진 미소의 모양을 하고 있어 이를 달러 스마일이라고 하는 것이다. 달러는 경기침체기에는 안전자산 선호현상으로 이머징 국가의 통화보다 가치가 상승하는 경향을 보인다(① 단계). 연준이 본격적으로 기준금리를 인하하고 금융시장 및 실물경제가 회복하는 단계에서는 이머징 국가 경제가 가파르게 되살아나 그들의 통화가치가 달러 대비 상승하는 경향을 보인다(② 단계). 마지막으로

미국 경제가 가파르게 성장하는 확장 단계에서는 다시 자금들이 미국으로 몰리게 되어, 달러가치가 다시 상승한다(③ 단계).

[그림 4-38] 달러 스마일

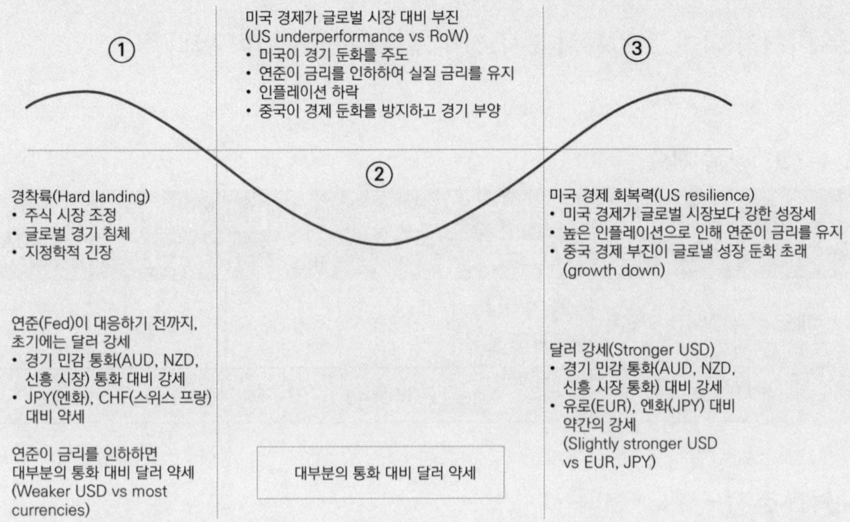

(출처) JP Morgan Asset Management 재편집(https://am.jpmorgan.com/se/en/asset-management/adv/insights/portfolio-insights/pm-perspectives/fixed-income/pm-perspectives-the-evolution-of-the-dollar-smile/, 2025. 2. 24. 검색)

따라서 이머징 국가의 통화에 노출되어 있는 상품은 경기침체 후반기에 연준의 기준금리 인하가 확실시되는 시점에 진입하여 주로 회복기에 성과가 좋은 경우가 대부분이다.

회복	확장	확장후기	침체초기	침체후기	Tail Risk

※ ▒ 음영이 성과가 좋은 사이클이며, ░ 음영 단계 후기가 진입 시기임

2) 상품 개요

이 상품은 뮤추얼펀드 및 ETF 운용사인 밴에크(VanAck)에서 운용하는 ETF로, The J.P. Morgan GBI-EM Global Core Index의 성과를 추적하도록 설계된 인덱싱 투자 방식을 활용한다. 인덱스에 포함한 채권들과 같이 주로 이머징 국가 로컬통화표시 정부채로 구성이 되어 있다.

[표 4-59] 상품 개요

운용사	출시일	시가총액 (달러)	수수료 (%)	괴리율 (%)	Tracking Error(%)	듀레이션 (년)
밴애크	2010. 7. 22.	26억 달러 (3.8조 원)	0.30	0.06	1.05	5.1
벤치마크		The J.P. Morgan GBI-EM Global Core Index				

3) 성과측정

이 상품은 주로 연준의 기준금리 인상, 인하여부에 따라 실적이 엇갈렸다. 2018년 및 2022년 기준금리 인상기에는 달러가 강세를 보이면서 (2018년 달러 강세는 주로 경기침체에 대한 우려가 높아지며 안전자산 선호현상이 높았던 시기이며, 2022년은 물가 상승에 따른 연준의 가파른 금리인상 속도 및 미국 경제가 탄탄했던 시기임) 실적이 부진했고, 2019년 금리인하기 및 2023년 기준금리 인상을 멈추고 인하가 유력했던 시기에는 비교적 높은 실적을 나타냈다. 미국의 기준금리 인상 사이클과 무관하게 실적이 좋지 않았던 때가 2015년이었는데, 당시 중국 경제가 높은 한 자리대 숫자의 성장에서 5% 대의 성장으로 떨어질 것이라는 우려로 신흥국 전체가 경기침체 우려가 있었던 시기였다.

2025년 2월 기준, 트럼프 2.0 행정부는 기본적으로 저금리, 달러약세, 저유가의 3저 효과를 꾀하고 있다. 물론 정책 자체는 관세, 감세 등 강달러를 촉진하는 정책이긴 하지만 말이다. 미국 경제는 2023, 2024년 나홀로 성장을 이루고 주가는 끝없는 상승을 보여왔다. 잠깐의 위기에도 연준의 긴급처방(실리콘밸리은행 파산 등 지역은행 위기(2023년 3월)에 BTFP(Bank Term Funding Program, 연준 은행대출제도) 등 적기의 유동성 공급)으로 조기에 위기를 극복했다. 그런데 지금은 주가의 고평가, 끝없이 낙관적인 인공지능에 대한 기대감 등 일종의 버블이 형성되어 있다는 평가가 있다. 즉 현재시점은 경기확장후반으로 자칫 침체로 넘어가는 경기사이클인 셈이다. 신흥국 통화 베팅의 시기는 현재 시점에서 적기는 아니다.

[그림 4-39] 기준가 추이(배당수익 제외, 설립일~2025. 2.)

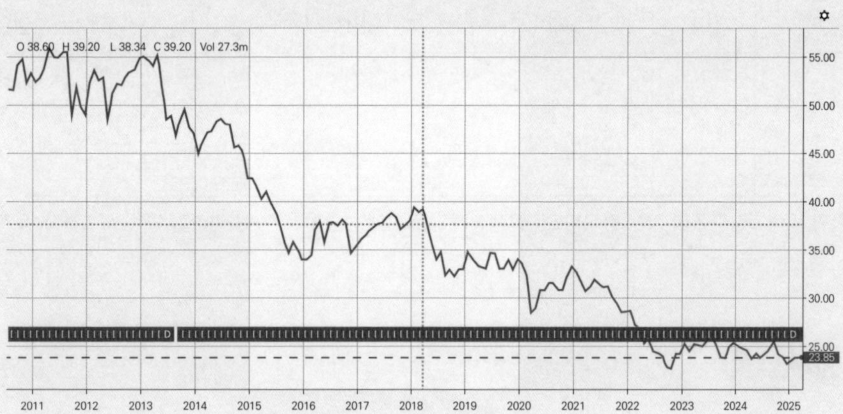

(출처) yahoo finance

[표 4-60] 지난 10년간 성과(%)

구분	2015	2016	2017	2018	2019	2020	2021	2022	2023	2024
경기	확장후기	확장후기	확장후기	확장후기 침체초기	침체초기 회복	Tail Risk 회복	확장	확장후기 침체초기	침체초기 회복	회복 확장
기준가	-19.7%	3.5%	7.8%	-13.1%	3.1%	-2.2%	-14.0%	-15.3%	4.6%	-8.8%
배당	6.3%	5.3%	5.3%	6.5%	6.3%	4.9%	5.2%	5.7%	6.0%	6.5%
계	-13.4%	8.8%	13.2%	-6.6%	9.3%	2.7%	-8.8%	-9.6%	10.6%	-2.3%

4) 보유종목 분석

이 상품의 기초자산은 중국, 말레이시아, 태국 등의 순으로 이머징 국가가 자국 통화로 발행한 정부채로 대부분 구성되어 있다. 듀레이션은 약 5년으로 다소 금리변동 리스크에 노출이 되어 있다.

[표 4-61] 보유자산 통계

업종	비중(%)	국가	비중(%)	신용등급	비중(%)	실질만기*	비중(%)
정부채	92.7	중국	9.1	AAA	6.5	0-1년	5.2
국제기구	6.9	말레이시아	8.4	AA	4.0	1-3년	19.4
전자	0.2	태국	8.0	A	17.2	3-5년	19.9
은행	0.1	인도네시아	7.8	BBB	37.3	5-7년	12.9
		남아공	6.4	BB	10.5	7-10년	19.5
		인도	6.3	B	0.1	10년 초과	23.0

* 잔존만기(조기상환권리 없는 경우) 또는 발행회사가 조기에 상환할 수 있는 권리가 있는 최초일자 기준

(출처) Bloomberg 재편집

5) 유사상품

블랙록(iShares)에서 운용하는 LEMB가 있다. EMLC와 마찬가지로 이머징 국가의 정부채를 보유하고 있는 상품이며, EMLC에 비해서 중국과 인도 비중이 높다. 신용등급 분포는 두 상품 모두 A~BBB급에 집중되어 있고 듀레이션 역시 5년 내외로 비슷한 점을 고려할 때, 결국 달러에 노출되어 있는 로컬통화의 비중(국가별 비중과 일치함)에 따라 택일할 것으로 보인다.

[표 4-62] 유사상품 수익률 추이

[단위: 백만 달러]

티커	LEMB
운용사	블랙록
종류	이머징 로컬통화표시 정부채
시가 총액	331 (약 0.5조 원)
수수료	0.30
듀레이션	5.0
운용 type	패시브
비고	• 벤치마크: .P. Morgan GBI-EM Global Diversified 15% Cap 4.5% Floor Index • 국가별 비중: 중국 14.7%, 인도 7.9%, 브라질 4.7%, 칠레 4.6%, 멕시코 4.6% • 신용등급: AA 4.4%, A 28.3%, BBB 43.7%, BB 22.2%, 무등급 0.5%

연도	사이클	기준가	배당	합계
2015	확장후기	-12.6%	1.5%	-11.2%
2016		6.3%	0.0%	6.3%
2017		12.5%	0.0%	12.5%
2018	확장후기 침체초기	-10.6%	3.5%	-7.2%
2019	침체초기 회복	1.9%	4.4%	6.3%
2020	Tail Risk 회복	3.1%	0.0%	3.1%
2021	확장	-13.3%	3.9%	-9.4%
2022	확장후기 침체초기	-11.5%	0.9%	-10.6%
2023	침체초기 회복	5.8%	1.3%	7.1%
2024	회복 확장	-1.7%	1.4%	-0.4%

에필로그

필자가 채권의 매력에 빠져들어 직장생활의 절반 이상을 해외채권 운용매니저로 살아온 것은, 단지 채권이 정해진 날에 확정이자를 받을 수 있기 때문만은 아니었다. 채권금리를 통하여 경제가 어디로 흘러가고 있는지 알 수 있는 예측 시계가 될 수 있다는 점이다. 투자는 불확실성 속에서 올바른 방향을 설정하고 실행해야 돈을 번다는 점에서 채권금리가 단지 채권투자자들만 주목해야 하는 요소가 아니라 주식, 부동산 등 다른 상품을 투자하는 사람들도 눈여겨봐야 한다는 것이다. 즉, 금리가 올라가면 소위 성장주들의 앞으로 벌어들일 돈의 현재가치가 떨어져 주가가 폭락하는 상황이 연출되고 부동산 투자자들은 은행에서 차입할 때 이자비용이 증가하면서 대출받는 것을 꺼리고, 이어 부동산 가격이 하락하는 원인이 된다.

채권이 단지 안전한 자산이라는 편견도 깨고 싶었다. 채권은 투자하는 방법에 따라 얼마든지 위험한 자산이 될 수 있다. 극단적 예로 쿠폰이자 0%의 100년짜리 채권 가격이 금리 1% 변화에 따라 어떻게 변하는지는 [그림 1]과 같이 나타낼 수 있다. 금리가 0.1%만 움직여도 가격은 약 1% 등락을 보여서 이자율이 4% 이상 되면 이 채권 가격은 0에 수렴하게 된다. 반면 채권금리가 하락하는 방향성을 가질 것이라고 믿는다면 투자자들은 높은 듀레이션의 채권에 베팅함으로써 (때로는 레버러지 2, 3배의 채권형 ETF에 투자) 투자수익을 극대화하려고 한다.

[그림 1] 100년 만기 제로쿠폰 채권 금리별 가격 추이

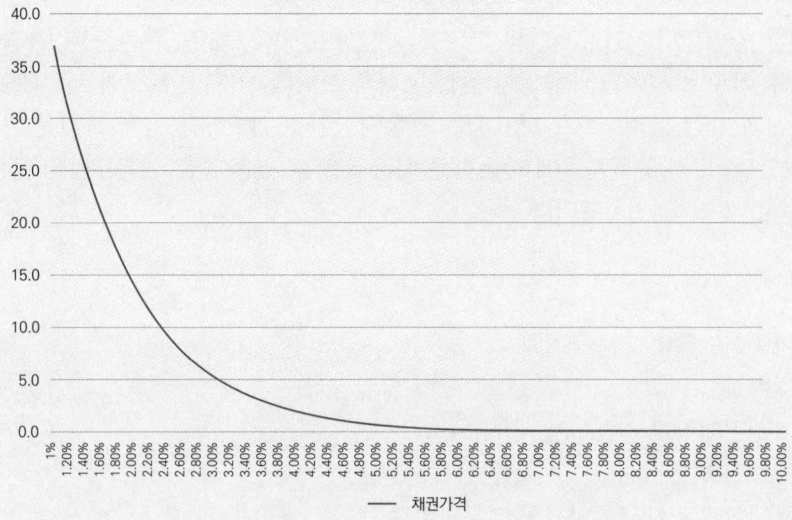

이 책은 2023년 출간한 『20년 차 신 부장의 채권투자 이야기』의 내용에 충실하되, 독자들이 마치 사전을 들고 다니면서 궁금한 사항을 쉽게 찾아 투자에 적용할 수 있게끔 재구성하였다. 필자가 해외채권 운용, DCM에 오랜 기간 근무를 했지만, 책을 집필하고 과거 썼던 책을 다시 보면서 새롭게 공부함과 동시에 채권시장을 좀 더 먼발치에서 바라볼 수 있는 뜻깊은 기회가 된 점에 스스로 감사함을 느낀다. 그리고 필자가 소개한 ETF가 모든 채권전략을 커버하는 것이 절대 아니다. 매번 새로운 구조의 상품이 출시되면서 채권전략을 풍성하게 한다. 예를 들면, 최근에는 이자수익을 극대화하는 커버드콜에 이어, 가격 하락위험을 방어하는 '버퍼(Buffer; 칼라(Collar)라고도 함)' 상품이 주식형 ETF 중심으로 출시하고 있다. 필자가 바라는 바는 이렇게 새로운 구조의 채권형 상품들이 출시되어 필자가 쉬지 않고 업데이트하면서 독자들에게 소개할 수 있는 기회를 되도록 많이, 그리고 오래 갖는 것이라 할 수 있다.

마지막으로 필자에게 끊임없이 배움과 집필의 동기를 부여하고 있는 나의 사랑하는 아내에게 감사의 말씀을 올린다.

신년기

국제재무분석사(CFA)이자 국제대안투자분석가(CAIA)
글쓰기를 좋아한다. 그리고 평생 교육을 실천하고 있다. 채권, 토큰증권, 그리고 블록체인 분야로 커리어와 배움의 범위를 넓혀가고 있다. 이제 비트코인으로 대표되는 가상자산과 채권과 주식으로 대표되는 전통자산을 융합한 금융상품 출시를 위해 노력하고 있다. 그리고 독자들에게 공감을 이끌어낼 수 있는 좋은 금융 관련 서적을 평생 쓰는 것이 또 다른 목표이다.

■ 학력

- 한영외국어고등학교 중국어과
- 고려대학교 경영학과
- 카네기멜런대학교 경영학 석사(MBA)
- 건국대학교 부동산대학원 석사(금융투자전공)
- 성균관대학교 핀테크융합전공 박사과정 수료

■ 주요 경력

- 한국산업은행 발행시장실
- KEB하나은행 증권운용부(해외채권 운용)
- 현대해상화재보험 투자금융부(해외채권 운용)
- 마이다스에셋자산운용 구조화증권 파트장(해외채권형 펀드 운용)
- 신한은행 GMS 본부 해외채권 Cell Leader
- 갤럭시아머니트리 신규사업본부장(상무)

■ 저서

- 20년 차 신 부장의 채권투자 이야기(지음미디어, 2023)
- 20년 차 신 부장의 경제지표 이야기(지음미디어, 2023)
- 20년 차 신 부장의 금융지표 이야기(지음미디어, 2023)
- 부자 아빠는 주식투자만 가르치지 않는다(지음미디어, 2024)
- 트럼프 2.0 시대, 미국 ETF에 투자하라(지음미디어, 2025)
- 코인 초보투자자를 위한 돈 되는 지식(공저, 메이트북스, 2025)

■ 논문

- 가상자산 현물 상장지수집합투자기구(ETF) 도입을 위한 법적 쟁점과 과제-비트코인 현물 ETF를 중심으로, 증권법연구, 25(2), 159-196(주저자)

채권의 바이블, 그리고 ETF

초판발행 2025년 7월 5일

지은이 신년기
펴낸이 안종만·안상준

편 집 이혜미
기획/마케팅 정성혁
표지디자인 BEN STORY
제 작 고철민·김원표

펴낸곳 (주) 박영사
서울특별시 금천구 가산디지털2로 53, 210호(가산동, 한라시그마밸리)
등록 1959.3.11. 제300-1959-1호(倫)
전 화 02)733-6771
f a x 02)736-4818
e-mail pys@pybook.co.kr
homepage www.pybook.co.kr
ISBN 979-11-303-2331-2 03320

정 가 23,000원